高迪传

未曾驯服

[荷] 海斯·范亨斯贝根（Gijs Van Hensbergen）著

徐国强 李静韬等 译　李晖 审校

生活·讀書·新知 三联书店　生活書店出版有限公司

图书在版编目 (CIP) 数据

高迪传：未曾驯服 /（荷）海斯・范亨斯贝根著；徐国强等译. --北京：生活书店出版有限公司，2024.6

ISBN 978-7-80768-473-2

Ⅰ. ①高… Ⅱ. ①海… ②徐… Ⅲ. ①高迪 (Gaudi,Antoni 1852-1926) –传记 Ⅳ. ① K835.516.16

中国国家版本馆 CIP 数据核字 (2024) 第 102427 号

责任编辑　李方晴
封面设计　泽　丹
版式设计　张　红
责任印制　孙　明
出版发行　生活書店出版有限公司
（北京市东城区美术馆东街22号）
邮　　编　100010
图　　字　01-2024-2086
经　　销　新华书店
印　　刷　北京启航东方印刷有限公司
版　　次　2024年7月北京第1版
2024年7月北京第1次印刷
开　　本　880毫米×1230毫米　1/32　印张13.125
印　　数　0,001—4,000
字　　数　289千字
定　　价　68.00元

（**印装查询**：010-64052066；**邮购查询**：010-84010542）

1

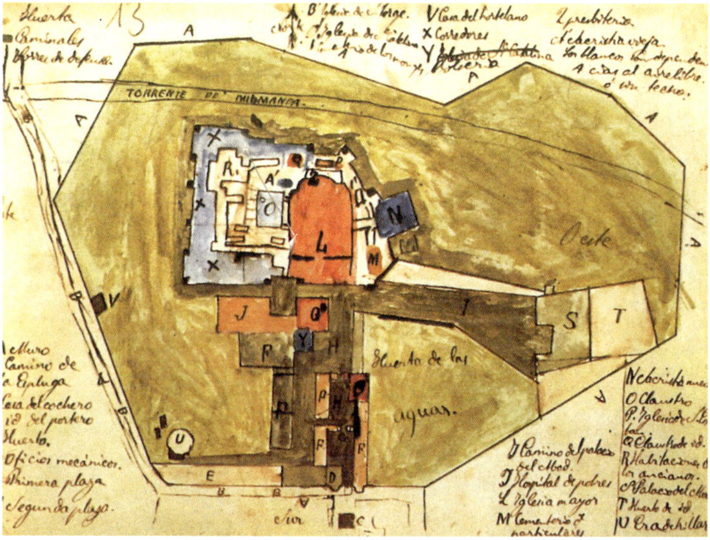

上 _ 波夫莱特修道院平面图，根据高迪与爱德华多在1870年编绘的图示指南复制

下 _ 奇想屋

上 _ 以灰膏为基底的砖艺拼镶，桂尔别墅门房屋角的细部

下 _ 为了装饰桂尔别墅外墙而嵌入灰膏的瓷片线条

3

上＿比森斯之家外景

下＿卡尔韦特之家内景

上 _ 桂尔宫一座烟囱的细部，完美体现了碎瓷拼镶工艺

下 _ 竖立在圣家堂使徒塔中央的一棵多彩柏树

上 – 美景屋

左下 – 美景屋大门上方的窗户

右下 – 纹饰丰富的瓷凳分列于大门两侧

上 _ 桂尔公园的屋顶市集，右后方是欧塞比・桂尔的住所

下 _ 环绕着桂尔公园中心广场的蛇形长椅的靠背，椅面有反向拼写的铭文“圣母玛利亚”

左上 _ 蛇形长椅上的贝壳和打碎重拼的盘子

右上 _ 巴特略之家

右下 _ 桂尔纺织村教堂地下墓室中，细砖肋拱把目光导向窗口

上 – 米拉之家的屋顶远景

左下 – 1913 年的明信片，绘有当时刚完工的米拉之家。街上有马拉四轮车和有轨电车

右下 – 米拉之家的屋顶造像

9

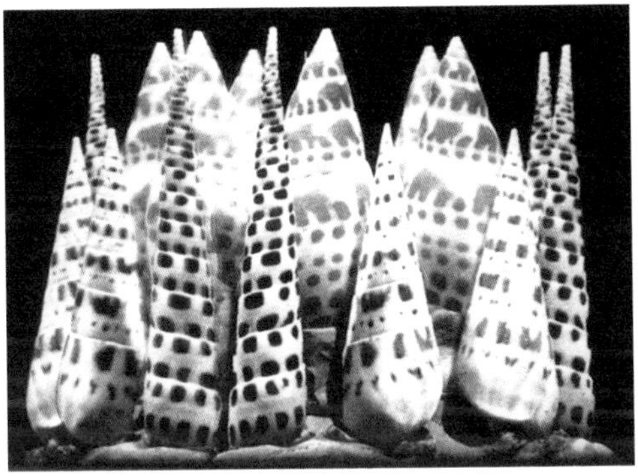

左上 _ 用地中海贝壳拼成的类似高迪建筑的艺术藏品——自然之大书

右上 _ 约翰 · 罗斯金 1846 年的素描，画面内容是对阿尔卑斯山山峰的研究

下 _ 蒙特塞拉特山的圣殿

上 – 1904 年，高迪与桑塔洛一家在前往蒙特塞拉特山远足的旅程中。高迪在左边，罗莎坐在中间

下 – 考尔德若拉庄园，这是高迪一家在留多姆斯的房子

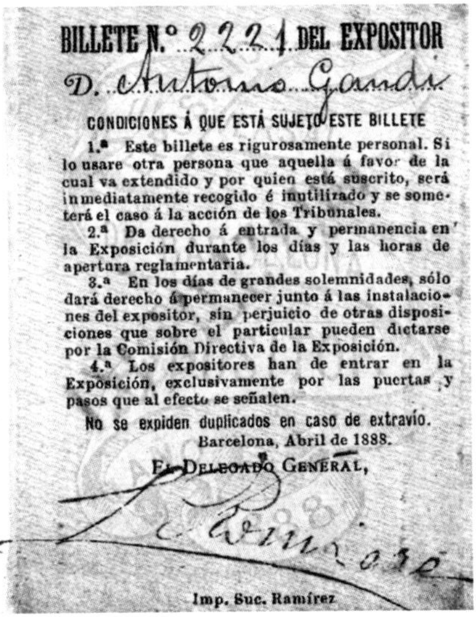

BILLETE N.° 2221 DEL EXPOSITOR

D. Antonio Gaudí

CONDICIONES Á QUE ESTÁ SUJETO ESTE BILLETE

1.ª Este billete es rigurosamente personal. Si lo usare otra persona que aquella á favor de la cual va extendido y por quien está suscrito, será inmediatamente recogido é inutilizado y se someterá el caso á la acción de los Tribunales.

2.ª Da derecho á entrada y permanencia en la Exposición durante los días y las horas de apertura reglamentaria.

3.ª En los días de grandes solemnidades, sólo dará derecho á permanecer junto á las instalaciones del expositor, sin perjuicio de otras disposiciones que sobre el particular pueden dictarse por la Comisión Directiva de la Exposición.

4.ª Los expositores han de entrar en la Exposición, exclusivamente por las puertas y pasos que al efecto se señalen.

No se expiden duplicados en caso de extravío.

Barcelona, Abril de 1888.

El Delegado General,

Imp. Suc. Ramírez

上 _ 1875 年高迪绘制的墓地大门，这是他在建筑学院的设计之一

下 _ 1888 年巴塞罗那世博会的参展方入场证。高迪当时负责大西洋运输公司的展台

上 – 比森斯之家的阿拉伯吸烟室

下 – 比森斯之家著名的小棕榈叶围栏

上 _ 位于阿斯托加的主教宫，建于 1887—1893 年

下 _ 桂尔别墅的雕龙大门。门柱塔顶的装饰细节丰富，下方建筑内收藏有高迪的演讲桌

上 – 圣德肋撒教会学校的大厅。悬链线拱顶营造出微妙的戏剧效果

下 – 圣德肋撒教会学校悬链线拱造型的窗户，它与内部的斯巴达式走廊相互呼应

左上＿位于莱昂的波提内之家，建于1891—1892年

左中＿卡尔韦特之家获奖的正立面，建于1898—1900年

左下＿位于马略卡岛的帕尔马大教堂

右上＿桂尔宫的两座大门之一，这是典型的悬链线拱，约建成于1888年

上 _ 美景屋内横跨房顶的薄砖拱

左下 _ 在美景屋的侧面，碎石和覆层与古怪的窗户融为一体

右下 _ 美景屋的访客首先可以看到大门上向圣母祈祷的铸铁文字

上 _ 奥皮索的素描，以高迪在四月斋期间的禁食为描述内容

下 _ 毕加索 1902 年的素描《饥饿》

——“非常重要！我要跟你们谈几件非常重要的事，跟上帝和艺术都有关系。”

——“好啊，你想谈上帝和艺术就谈吧。可是我家几个孩子都饿着肚子呢。”

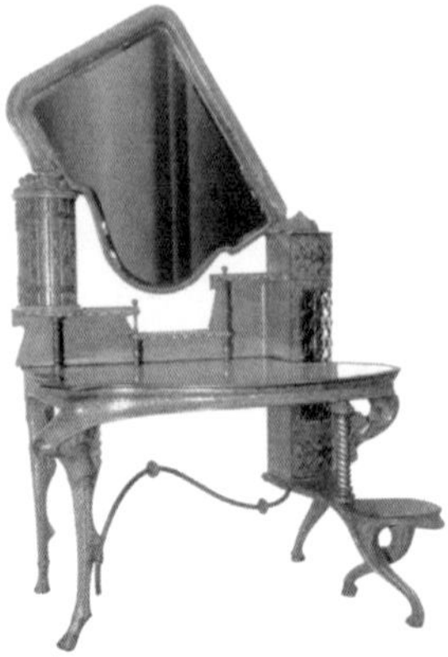

左上 _ 现代主义风格建筑的样品：托里诺咖啡馆，建于 1902 年

左下 _ 高迪为托里诺咖啡馆设计的阿拉伯风格厅堂

右上 _ 桂尔宫里唐娜罗莎·桂尔的梳妆台

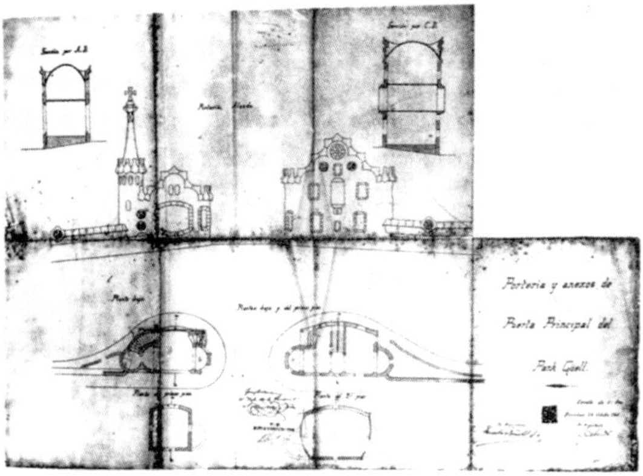

左上＿桂尔公园入口处两座门房的素描图，附有签名

左中＿桂尔公园的路桥

左下＿桂尔公园的围墙，门前空地上有牧羊人，摄于 1906 年

右上＿萨尔瓦多·达利坐在桂尔公园的蛇形长椅上

左上 – 路易・多梅内奇 – 蒙塔内尔

左下 – 克劳迪奥・洛佩兹，第二代科米利亚斯侯爵

中上 – 诗人神父哈辛托 – 贝达格尔

右上 – 欧塞比・桂尔

右下 – 桂尔文艺沙龙，欧塞比・桂尔坐在当中，他的秘书比科紧挨着他

左上 _ 格劳主教

中上 _ 托拉斯 – 巴热主教

右上 _ 弗兰塞斯克 · 贝伦格尔

左中 _ 何塞普 · 马里亚 · 胡霍尔

右中 _ 霍安 · 马拉加利

下 _ 霍安 · 鲁维奥 – 贝利韦尔

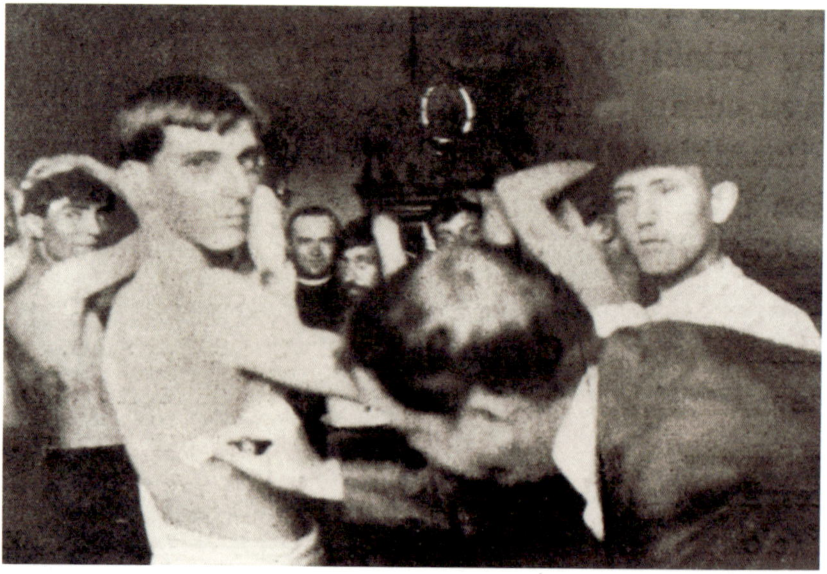

上 _ 桂尔纺织村的素描图

下 _ 桂尔纺织村的工人们在接受挑选，准备为在事故中受工伤、需要移植皮肤的人提供帮助。经过外界宣扬，这些捐献者获得了国王和教皇的表彰

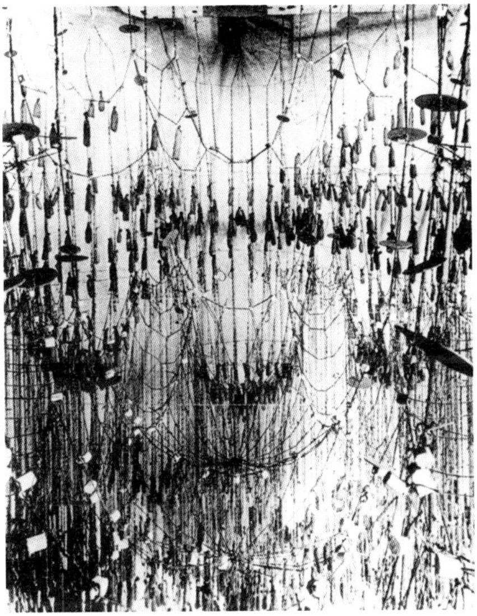

左上＿为建造桂尔纺织村教堂地下墓穴而制作的绳索模型

右上＿模型坠挂着丸袋，以便在拍摄过后进行倒置，作为后续工作的参考

下＿桂尔纺织村教堂地下墓室的有顶门廊区，它完美体现了高迪掌控材料和空间的天赋

上 _ 巴特略之家的大门

左下 _ 高迪设计的巴特略之家外观质感平滑。毗邻建筑是普伊赫设计的阿马特耶之家，它的新古典主义细节与前者形成了鲜明对比

右下 _ 明信片上的加拉夫酒窖，摄于 1910 年前后

25

上 _ 约 1900 年的圣家堂

下 _ 圣家堂表现耶稣诞生的正立面

上 _ 洛伦索・马塔马拉，高迪忠实的雕塑师助手

中 _ 舞蹈的骨架，用于帮助高迪更深刻地理解人体的内在结构

下 _ 霍安・马塔马拉，雕塑师，著有未出版的自传《旅行路线》

左上 – 圣家堂中的高迪工作室

右上 – 六趾的古罗马百夫长在屠杀无辜者，位于圣家堂耶稣诞生立面

下 – 真人大小的神圣家族群雕，位于圣家堂耶稣诞生立面

上 – 米拉之家拉伸扭曲的石膏天花板

下 – 米拉之家外景

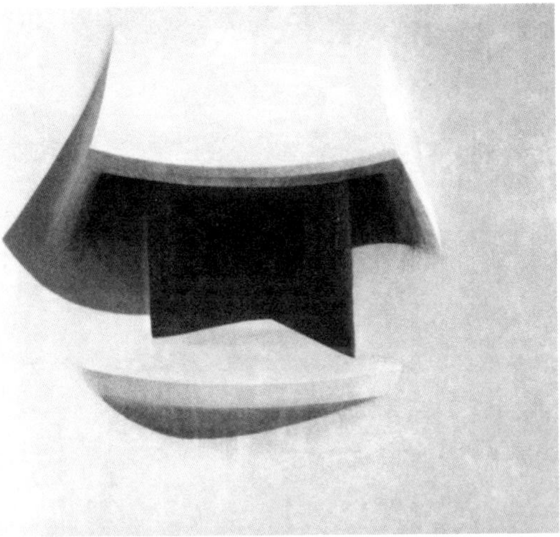

上＿米拉之家朝向天井的窗子，带有线条和阴影

下＿高迪设计的米拉之家地下室网格窗

左上 – 1906 年的政治明信片，庆祝达成脆弱的加泰罗尼亚团结协定

右上 – 被挖掘出的修女尸体堆放在一起，成为 1909 年的反宗教暴乱的恐怖记录

中 – 1907 年的明信片，庆祝加泰罗尼亚团结党在本地选举中获胜。左上为极具天赋的年轻建筑师、政治家，以及未来的加泰罗尼亚联邦主席何塞普・普伊赫 – 卡达法尔奇

下 – 1909 年 7 月 28 日，悲剧周时期俯瞰巴塞罗那，当时有三十多座宗教建筑被毁

左上 _ 高迪向枢机主教拉戈内西解说圣家堂

右上 _ 安东尼·高迪为1910 年巴黎博览会拍摄的正式照片

下 _ 高迪在圣体节游行队伍中，1924 年

上 – 霍安・马塔马拉雕刻的高迪遗容面模，1926 年

下 – 高迪的葬礼队伍

献给我的孩子

亨德里克斯（Hendrikus）、

罗莎（Rosa）和

赫斯特（Hester）

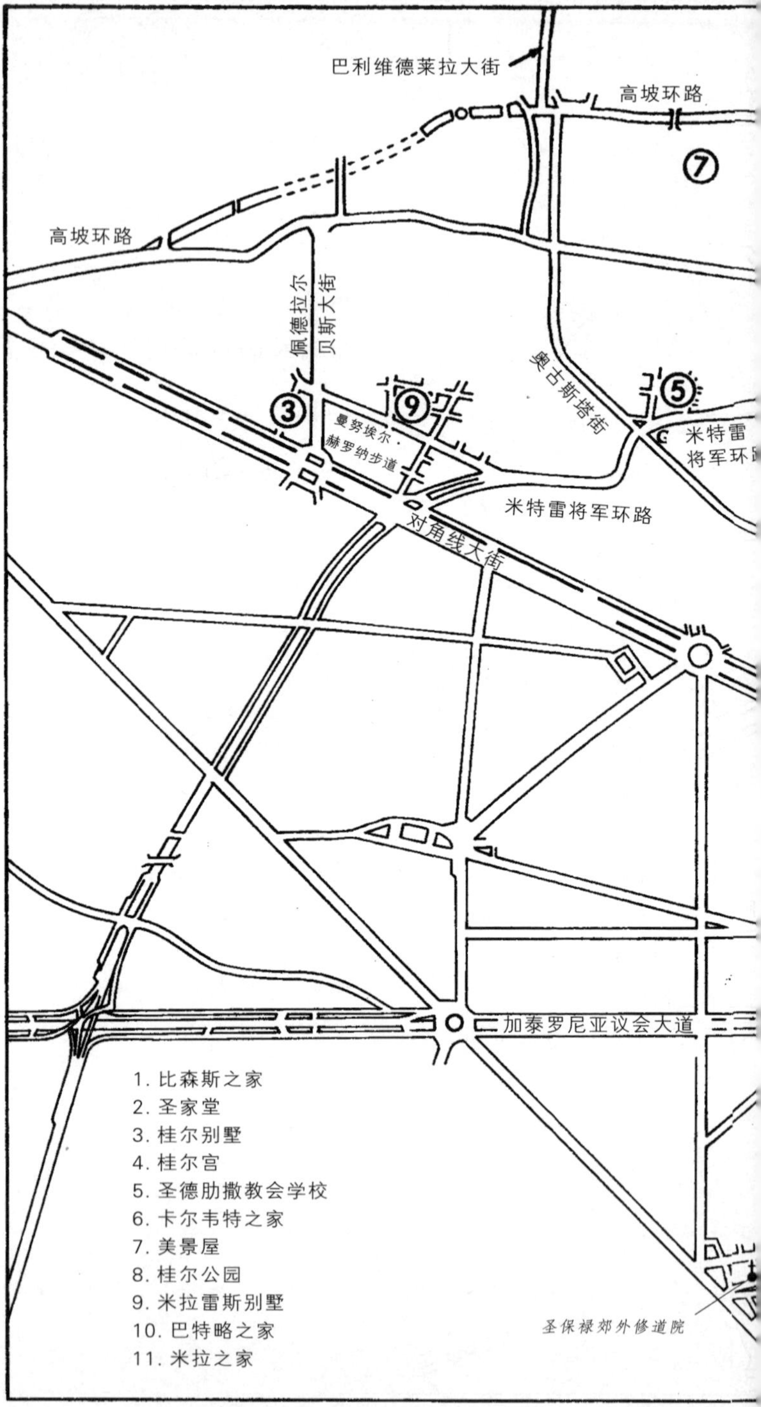

1. 比森斯之家
2. 圣家堂
3. 桂尔别墅
4. 桂尔宫
5. 圣德肋撒教会学校
6. 卡尔韦特之家
7. 美景屋
8. 桂尔公园
9. 米拉雷斯别墅
10. 巴特略之家
11. 米拉之家

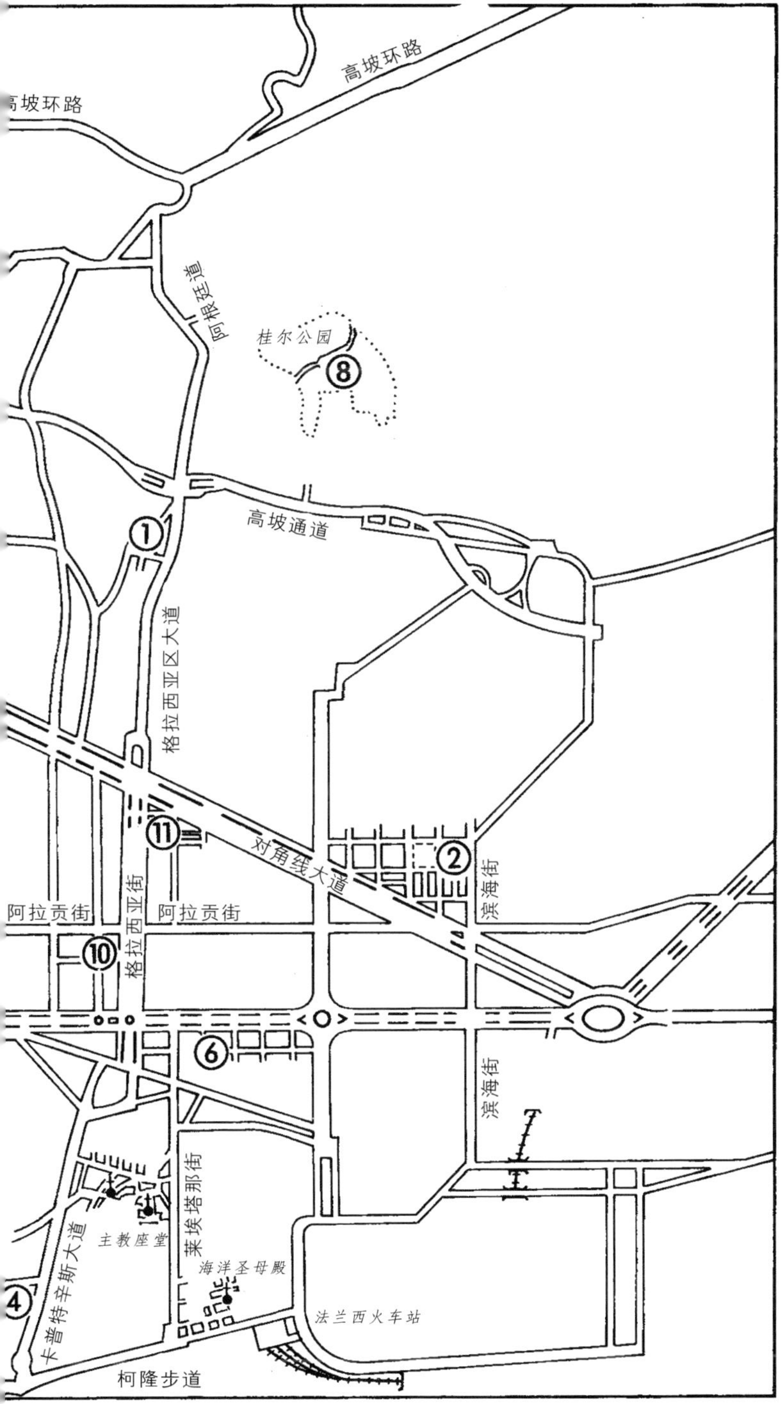
高坡环路
高坡环路
阿根廷道
桂尔公园
8
1
高坡通道
格拉西亚区大道
11
对角线大道
2
滨海街
阿拉贡街
阿拉贡街
格拉西亚街
10
6
滨海街
莱埃塔那街
主教座堂
卡普特辛斯大道
海洋圣母殿
4
法兰西火车站
柯隆步道

与高迪有关的巴塞罗那

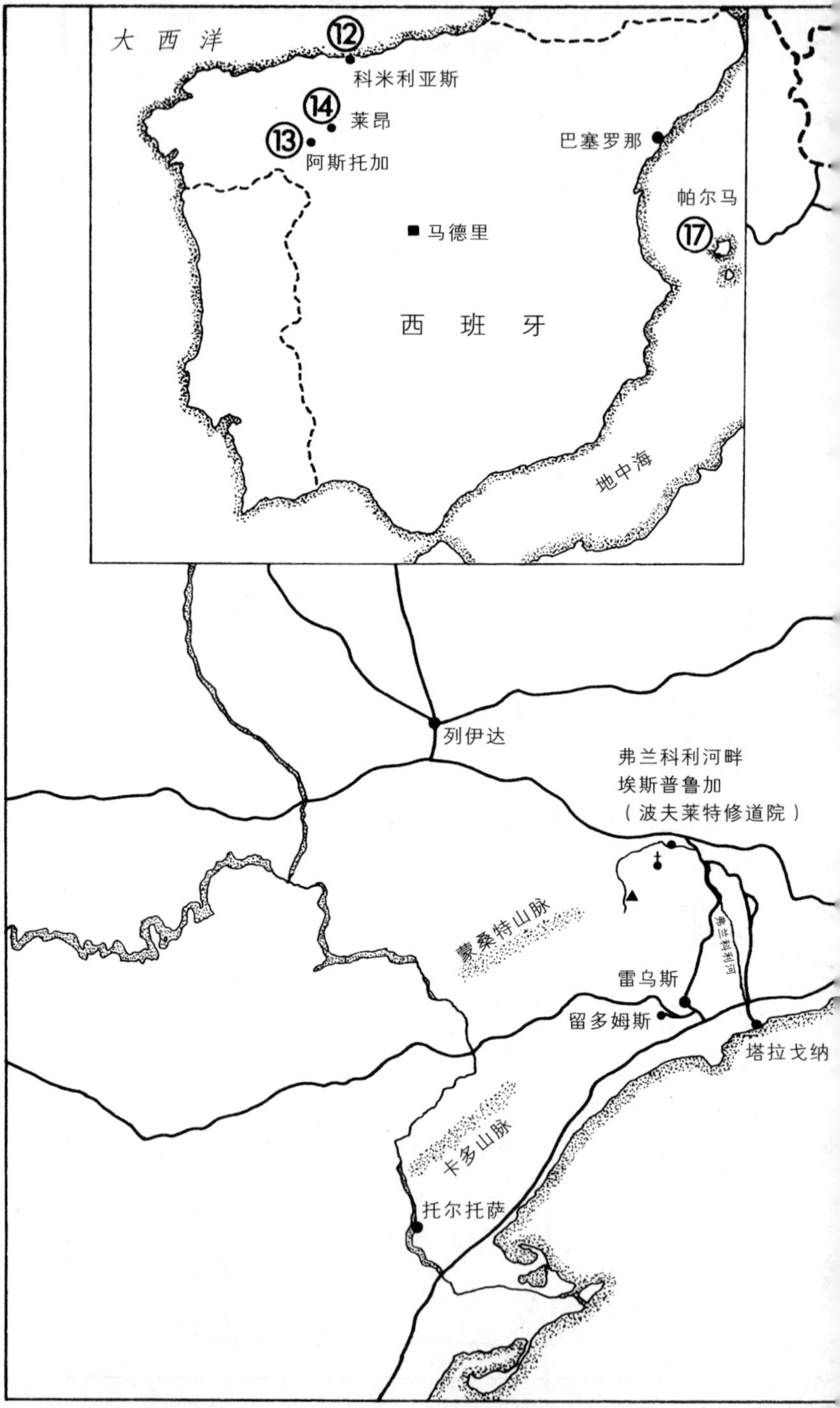
大西洋
⑫
科米利亚斯
⑭
莱昂
⑬
阿斯托加
巴塞罗那
帕尔马
⑰
马德里
西班牙
地中海
列伊达
弗兰科利河畔
埃斯普鲁加
（波夫莱特修道院）
蒙桑特山脉
弗兰科利河
雷乌斯
留多姆斯
塔拉戈纳
卡多山脉
托尔托萨

与高迪有关的加泰罗尼亚

理性的人让自己适应世界，

而不理性的人坚持尝试让世界适应自己。

因此，一切进步都有赖于不理性的人。

萧伯纳

George Bernard Shaw

《人与超人》

Man and Superman

目　录

CONTENTS

序 言

很少有艺术家能像高迪一样彻底影响我们对一座城市的感知。很少有建筑家能被证实是其所属文化的标志性人物。然而，对于高迪、巴塞罗那和加泰罗尼亚而言，这三者却永远地交织在一起。过去如此，现在仍然如此。

高迪已经盛名远播，可以说他是世界上最著名的建筑家。无论是在日本和韩国，还是在德国和拉丁美洲，人们都对高迪留下的建筑遗产赞颂不已。一位日本景仰者这样描述自己的惊叹感觉：在日本，高迪的作品只会放在博物馆里，而在巴塞罗那，它却与整个城市的结构融为一体。也许高迪真正的魅力在于他作品里体现出纯粹的亲近感。他的一些作品充满了迪士尼式的世俗味道，但从最积极的角度看，它们在形成感官冲击的同时，又体现出深刻的质朴感。艺术要面向所有人，这是一种慷慨且人性化的想法。今天，高迪的建筑艺术再一次成为时尚。

高迪是一个极度着眼于当代的人物：他是整体论者，注重于精神层面，拥有惊人的创造力。他也是一个环保主义者：他回收破碎的瓷片、旧陶器、儿童玩具、纺织厂的旧针具、打包棉布用的金属捆扎带、床座弹簧、工业锅炉的废旧内衬，用来进行建筑设计创作。

高迪就像是 20 世纪的达·芬奇，他是艺术家兼发明家的完美化身。他的想象力异常丰富，能灼穿陈腐的样本教材。他禀赋里具有一种令人称奇的能力，可以想象出某个建筑，再将它变为现实。他以这种方式，开创了一种全新的建筑类型学。

一些人发现高迪的作品难以理解，并且不承认高迪风格的丰饶广袤。对于这些人而言，高迪的一座座高塔是濒临崩塌的征兆，然而高迪却总能吸引到各种不同类型的观众。他对细节的敏锐眼光极具日本特色，他深挚的宗教情感带有明显的天主教特征——然而，他设计的白色阁楼房间结构醒目，却显示出纯正加尔文宗的气质。

时至今日，高迪的建造工程还在继续——在他坟墓以外的地方。上帝曾是他最重要的主顾。用高迪的话说，根本不用为这位主顾赶时间。上帝已经为沙特尔大教堂和塞维利亚大教堂的完工等待了数百年，按照这类标准，圣家堂就算再建造一百五十年也不为过。

这种状况注定将发生改变。假如目前稳定汇入的捐款不至于枯竭，圣家堂预计将在 2030 年前后竣工。

高迪的建筑艺术就像一本摊开的书。然而作为巴塞罗那孤独的“美学祭司”，他的个人形象却从来罕为人知。他始终是一个谜，是最后一位逃过传记作家凝视目光的现代艺术巨匠。

以往许多关于高迪的研究，并没有把他置于特定的文化背景来看待，而宁愿把他描绘成孤身穿行在加泰罗尼亚舞台的身影，抑或将笔墨聚焦于他精巧的建筑形式。然而，高迪生平里的众多关键事件，对于这位建筑师其人其作和他的密友圈而言堪称试金石和导火索的那些事件，却都被逐一忽略。举例来说，1898 年西班牙丧失了它的帝国地位，1909 年很多女修道院和教堂被焚毁的“悲剧周”，都对高迪和友人及其赞助者产生了强烈影响，并完全改变了他的工作模式。

加泰罗尼亚的政治形势十分复杂，冲突可谓一触即发。加泰罗尼亚和西班牙（卡斯蒂利亚王朝）之间不稳定的联盟是局势极为紧张的原因之一。正因如此，只要条件允许，我都会引用西班牙和加泰罗尼亚作家的文字，让他们各自表述。

在西班牙内战之前，一些西班牙知识分子和政治家意识到各种危险状况的存在，但是悲剧在于，他们无力阻止步步迫近的危机态势。很少有人曾像高迪那代人一样进行如此严酷的自我剖析。很少有人愿意置身于如此痛苦的自我探索过程。他们的大多数批评在当时显得犀利尖锐，在今天看来仍然切中肯綮。改革与反动潮流之间的社会与政治张力，形成了高迪作品的潜台词与内在隐藏结构。

给这样一位谜一般的人物立传，是极为复杂的事情。除了研究方法，还有其他各种问题。西班牙内战伊始，高迪的个人资料和工作档案全部遭到毁坏。1936 年 7 月 20 日，圣家堂的地下墓室被人闯入，接下来的两天里，高迪的图稿、记录和模型被焚毁或打碎。同月，高迪的朋友、圣家堂的本堂神父吉尔·帕雷斯（Gil Parés）在附近的采石场遭暗杀身亡。不过，关于高迪生命的最后十五年，我们几乎知道他每天每时每刻都在做什么。高迪是一个作息极有规律的人，你能通过他的日常起居来核对怀表的时间：弥撒、晨祷、三钟经，晚间漫步到教堂去告解。我们知道他在几点钟买晚报，以及从哪一家报亭购买。但是在空荡寂静的告解室里，他的灵魂涌动已经永远地消失不见。

高迪宣福协会（Asociación Pro Beatificación de Antoni Gaudí）进

行多年游说，并通过出售宣传册和祝祷卡片的形式，竭力推动教廷为高迪举行宣福礼。他们终于接近实现这一目标了。1998 年夏天，巴塞罗那大主教里卡德·玛丽亚·卡莱斯（Ricard Maria Carles）正式启动这个进程，他宣布高迪为建筑业的主保圣徒。这还有待于梵蒂冈的批准认可。按照大主教的说法，他是一位建筑艺术家，并且完成了一份神秘的作品，只有十字架若望[1]的杰作《心灵赞歌》（*Cántico Espiritual*）可与其媲美。正如罗斯金（John Ruskin）描写弗拉·安杰利科（Fra Angelico）的话，他远不只是一位艺术家，其实他是“获得神启的圣徒”。

[1] St John of the Cross（1542—1591），又称 San Juan de la Cruz，西班牙神秘学家、诗人及教义师。——译者注

导言

这位西班牙天才最成功的作品
是其通过不懈努力而创造的成果，
它们给个人的特质赋予生命和完美属性。
这些特质从传统的根源萌发，成熟却迟缓。
这样的果实因为稀缺而备受珍视：
它们在其他国度已经踪迹难寻，它们产生的
要素，已经失去效力。

——梅嫩德斯·皮达尔（Menéndez Pidal），《物质与道德苦行》[1]

在备受尊崇与诘难的同时，安东尼·高迪仿佛戈雅画笔下忧郁沉思的巨人，赫然耸立在20世纪的上空。和大多数神话一样，真正的高迪被数十年来的忽视与浅薄批评层层遮蔽，弄得面目模糊。

[1] Menéndez Pidal, R. & Starkie, W., "Material and Moral Austerity", *The Spaniards in their History*, Hollis & Carter, London 1950, p. 135.

佛朗哥政权对加泰罗尼亚文化身份的扼杀政策长达四十余年，包括对高迪作品意义的淡化。但是仍然有人称高迪为“建筑界的但丁”。他们是尚未竣工的圣家堂的热情拥护者，认为这座高耸的建筑物已经成为“加泰罗尼亚民族神学”的唯一代表。但是大多数时候，他却被视为困陷在中世纪风格泥沼的恐龙遗骸而遭到忽视。

然而，20 世纪 60 年代，人们对高迪再次萌发兴趣。在圣家堂的台阶上，沿着桂尔公园五颜六色的蛇形长椅，桀骜不驯的加泰罗尼亚反正统文化与蜂拥而至、热爱自由的欧洲年轻人迎面邂逅。到了 70 年代，高迪的建筑成为一批电影的理想背景，例如安东尼奥尼导演的《过客》(*The Passenger*)，其主演为杰克·尼科尔森（Jack Nicholson）和玛利亚·施奈德（Maria Schneider）。

我们至今仍然未能更加深入地了解高迪的真实面貌。他没有英语传记。现有的传记都以西班牙语和加泰罗尼亚语写成：最好的高迪研究仍然集中于建筑欣赏的稳妥分析角度。他采用的双曲线和悬链线的精巧设计，仍然饱受争议，人们对他的经验主义也疑惑不已。但是关于高迪本人，我们依然只有他的十余张照片。他的深居简出，可谓众人皆知。

1913 年，高迪曾经告诉乌拉圭首都蒙得维的亚《理性报》(*La Razón*）派来的记者：

> 人类可以分为两种类型：说话的人与做事的人。前者诉诸语言，后者付诸行动。我属于第二种。我缺乏充分表达自己的手段。我无法向任何人解释清楚我的艺术观念。我甚至还没有将它们具体落实为概念。我向来没有时间去

反思它们。我的时间都花在了工作上。

他的话看似有些道理。高迪热衷于运用富有创意的形体和色彩搭配，但是他的建筑也包含了可以清楚解析的意义，就像是罗马式环形壁画或哥特式教堂一样。高迪的自传被书写在石头上；被书写在破碎瓷片、龟甲、扭曲的金属、彩色玻璃和抛光的金面上；被写在水泥与灰膏之间。要想构建他的个人形象，我们必须更加仔细地观察他营造的建筑、他的每一处居所、他崇敬的事物，以及他想象力的诸多来源——他自己所称的“自然这部大书”。

人们对高迪的欣赏，总体来说是建立在对他一无所知的基础之上。尼古拉斯·佩夫斯纳（Nikolaus Pevsner）爵士在《现代设计的先锋人物》（*Pioneers of Modern Design*）[1] 里对高迪略而不谈，这集中体现了英国人对他的轻蔑看法。伊夫林·沃（Evelyn Waugh）甚至无法打起精神从出租车里下来对高迪的作品加以审视。加泰罗尼亚作家卡莱斯·索尔德维拉（Carles Soldevila）按照这种思路写过一篇精彩的讽刺小品。高迪刚去世不久，索尔德维拉写过一篇随笔文章《介绍巴塞罗那的艺术》，阐明了自己对付高迪热爱者的策略：

> 不要赞成他们的判断，也不要公开驳斥它。让他们顺着建筑表现主义的斜坡自动滑下去吧。[2]

---

[1] 罗杰·弗莱（Roger Fry）写道：“我只是从火车上看见了它浑如远古时期大地懒一般的骨架，现在看起来比以前更加脏乱，它毫无生气，与其说是一栋建筑，还不如说是一堆废墟。” Fry, R., *A Sampler of Castile*, 1923.

[2] 译自 Sobrer, Josep Miguel, *Catalonia, a Self-Portrait*, Indiana University Press, Bloomington and Indianapolis, USA 1992.

乔治·奥威尔的说法甚至更有煽动性，他在《向加泰罗尼亚致敬》（*Homage to Catalonia*）一书中写道：

> 我去看了大教堂［原文如此］，它是一座现代的大教堂，是世界上最丑陋的建筑之一。它有四个带齿饰的尖顶，跟霍克瓶[1]的形状一模一样。与巴塞罗那的大多数教堂不同，它在大革命期间没有受到损坏。人们说它是因为“艺术价值”而幸免于难的。我觉得，那些无政府主义者好不容易有了机会却没有把它炸掉，品位真是差极了……[2]

高迪在德国和美国评论家那里的待遇要好得多。瓦尔特·格罗皮乌斯（Walter Gropius）赞美高迪的作品说：“圣家堂的一些墙壁真是技术上完美的奇迹。”[3]路易斯·沙利文（Louis Sullivan）是弗兰克·劳埃德·赖特（Frank Lloyd Wright）的老师，他的表述更为热忱：“这是最近二十五年来最伟大的创意建筑。它是以石材为形式的精神象征。”[4]

但艺术家兼建筑师赫尔曼·芬斯特林（Hermann Finsterlin）的反响则最为极端：

> 对于我而言，圣家堂是世界上的建筑奇观之一……圣家堂不是神的居所，而是像泰姬陵一样，是为女神建造的

[1] 德国莱茵地区的白葡萄酒瓶。——译者注

[2] Orwell, G., *Homage to Catalonia*, London 1938.

[3] Gropius, W. 引自 *El Propogador de la Devoción a San José* vol. LXVI, Barcelona, 1 June 1932.

[4] Louis Sullivan 引自 T. E. Tallmadge, *Western Architect* vol. XXI, March 1922.

> 居所，献给他的女神，他饱含神性并因此郁郁寡欢的爱。因为只有心中充满令人惊骇的绝望感，或陷入酒神狄奥尼索斯式的狂喜，才会建造这样的大教堂。只有超人才能够面对如此富有创造力的绝望。[1]

高迪在世时就已经被视为怪人。他的建筑很快显得过时，而他专注虔诚、与人难以共处的个性，也与时代精神背道而驰。迈耶·夏皮罗（Meyer Schapiro）的评述解开了这个悖论：

> 黑格尔曾经极不公允地说：在虔诚的时代，一个人不必为了创造真正宗教意义上的艺术作品而笃信宗教，而在今天，最虔诚的艺术家也未必能创造出这样的作品。[2]

高迪正是马里奥·普拉兹（Mario Praz）笔下“未曾驯服的西班牙”的象征。他身上同时散发着教堂薰香和原罪的浓烈气息。

即使在他的故里巴塞罗那，高迪也已经过时了。年轻的毕加索警告过他，批评家欧赫涅·德奥尔斯（Eugeni d’Ors）打算用笔墨剿灭他。到了普利莫·德里维拉 1923 年专政的时候，高迪的风格已是明日黄花。许多人认为地中海古典主义才能够代表真正的加泰罗尼亚精神，这种冷酷的风格已经取代了高迪的“热烈”气质。

然而，真正给高迪带来毁灭性打击的，却是 1933 年 12 月萨尔

---

[1] Finsterlin, H., *Gaudí und ich*，在《高迪的朋友们》（“Amigos de Gaudí”）里的独白，Barcelona 1967.

[2] Schapiro, M., *Romanesque Art*, Chatto & Windus, London 1977, p. 3.

瓦多·达利对高迪作品充满“溢美之词”，也即发表在超现实主义杂志《米诺陶》上的那篇文章。在这篇标题为《论现代建筑中风格的惊悚之美与可餐之美》(“De la beauté terrifiante et comestible de l'architecture modern style”)的文章中，达利解构、剁碎、消融了高迪的作品整体。在这篇文章中，达利成功地在一代人心目中给高迪建筑打上了“西班牙餐前小吃”艺术的烙印。

高迪的名誉遭到了其他诋毁者的进一步侵害。巴斯克哲学家米格尔·德·乌纳穆诺(Miguel de Unamuno)形容高迪的建筑是“醉酒后的艺术”，精神医生奥利弗·萨克斯(Oliver Sacks)利用高迪的建筑来诊断抽动秽语综合征，尼古拉斯·佩夫斯纳在《反理性主义者》(*The Anti-Rationalists*, 1973)里将高迪归类为沉迷于建筑行为的怪人，就像是法国邮差费迪南·舍瓦尔(Ferdinand Cheval)，他在回家途中捡拾贝壳，装满自己的邮包，然后用三十三年时间建起了一座嵌满贝壳的理想宫殿。这种旁敲侧击，全部都与时尚和品位有关。这些诋毁者最不喜欢的，就是他那些建筑里恣肆不羁的庸俗感，即建筑师T. G. 杰克逊在1904年批评的内容：他“刻意追求新奇怪诞，而这正是所有艺术动机里最粗鄙的一种”。他们把高迪视为某一类建筑师的典型代表：“极度沉迷于优美如画的魅惑，以致荒腔走板。”[1]

高迪是“一个怪物，是像博罗米尼(Francesco Borromini)那样令人无法抗拒的人物”[2]，一个追求不断消退的幻梦的新巴洛克主义者。许多人宣称，高迪充满奇想的建筑充其量只是建筑的异端，是

---

[1] Guerrand, Roger-Henri, 参见 Russell 编 *Art Nouveau Architecture*, Academy Editions, London 1979, p.10.

[2] Benton, T., *Art Nouveau Architecture*, p. 51.

一条歧路。

在整个 20 世纪，高迪一直被孤立排挤，但西班牙其他的伟大天才也是同样的遭遇。奥尔特加－加塞特（Ortega y Gasset）指出，这是西班牙民族性格的宿命：

> 每隔一段时间就会有天才出现，但由于他的作品显得突兀而孤立，所以无法提升整个民族的平庸创作水平。作为单独的个体，他与普罗大众没有任何中间媒介，而出于同样的原因，彼此也没有任何交流。但是这样说并没有体现一个事实：这些罕见的西班牙天才始终有一半属于人民，他们的作品从来不曾完全摆脱平民与通俗的意味。[1]

对于多数的辩护者和批评者来说，聚焦于高迪这位孤独的天才，是合适之举：他被人误解，有些疯狂，性情古怪，是一个最后的浪漫主义者。

然而，过度简单化已经造成了偏颇的描述。在加泰罗尼亚民间说法中，高迪已经被简化为一个清晰可辨的类型化人物——建筑界的苦行隐士。显然，建筑是他的修道会。流传最广的神话是，高迪的最后二十年都在圣家堂的地下墓室里生活和工作，但实际情况是，他只有最后六个月才睡在那里。

在加泰罗尼亚之外，这样的神话有助于使人们对高迪产生怀念；

---

[1] Ortega y Gasset, J., *Invertebrate Spain*, George Allen & Unwin, London 1937, p. 72.

而在他的家乡，对高迪的评价却毁誉参半，并且在两者之间没有调和的余地。他被认为是伪先知——但是却有一个极其活跃的团体在竭力游说梵蒂冈为他举办宣福仪式。像圣若瑟（St Joseph）一样，高迪被奉为所在行业劳动者的象征，是一个信仰手工创造的罗斯金主义者[1]。

在高迪的密切合作者及同代人对他的性格描述里，包含了一整套相互对立的特点：他既高尚又刻薄；既像讲究品位的纨绔子弟又像流浪汉；睿智而又年老昏聩；机敏而又迟钝。所有观察者都非常熟悉高迪，或者自以为非常熟悉；而所有的观察都互相不一致。也许这些说法都对，或者都不对，但不管怎样，他在建筑上的成功和他对宗教的虔诚引发了激烈的反响。

奥尔特加 – 加塞特自以为能够充分理解这一现象。

> 骄傲是一种反社会的力量……一个伟大的民族不能靠骄傲来产生，它会不可避免地导致这个人类种族的退化，而这正是西班牙人身上已经发生的事情。[2]

高迪那一代出了很多极具天赋的作家、诗人、艺术家和建筑师，他们每个人都是奥尔特加规则的例外。高迪并不是独行侠。事实上，他是一群最具活力的建筑师、赞助人、政治家和高级神职人员中的

---

[1] 约翰·罗斯金（John Ruskin，1819—1900），英国伟大的艺术家，认为只有幸福和道德高尚的人才能制造出真正美的东西，而工业化生产和劳动分工剥夺了人的创造性，因此不可能产生好的作品，而且还会产生众多的社会问题，只有回归到中世纪的社会和手工艺劳动，才是唯一的出路。——译者注

[2] Ortega y Gasset, J., *Invertebrate Spain*, George Allen & Unwin, London 1937, p. 156.

一员，他周围都是那个时代最具创新思想的人物。[1]

一般认为，高迪在巴塞罗那市区和郊区完成或未完成的建筑共计九座，在西班牙境内其他地方有三座。就像许多处于 19 世纪和 20 世纪之交、个人风格逐渐被冷落的建筑师一样，高迪也成为城市开发商的牺牲品。高迪（及其工作室）在他的职业生涯中共接受了七十五项设计委托。尽管其中一些从未付诸建造，但是高迪远比我们之前想象的高产。他的设计工作包括：在摩洛哥丹吉尔（Tangier）的圣方济各会修道院、曼哈顿的一家豪华饭店、为数众多的展览会和商品交易会展位、一个早期电影院的室内设计、几处私人礼拜堂、一个花亭、一家时髦咖啡馆的室内设计、一个药店、教会委托的无数设计方案和一系列以前鲜为人知的私人住宅。[2]

只要讨论高迪对建筑史的贡献，就会引起争议。他的作品可以被整齐划分为三个时期：早期折中主义时期、成熟时期、衰落时期。一些历史学家认为把高迪归入欧洲新艺术运动并不合适，其他人则把他视为加泰罗尼亚现代主义者的领袖。现在不同寻常的是，高迪的作品已经变得极度政治化。对于西班牙以外的公众来说，这一点几乎不可理喻。

你对高迪持什么态度，也就粗略映照出你对加泰罗尼亚独立的态度。这一点也适用于高迪与卡斯蒂利亚王朝文化之间的关系。在西班牙境内，对于高迪的欣赏态度已经成为一个令人迷惑却行之有效

[1] *Joan Rubió i Bellver y la Fortuna del Gaudinismo*, Ignasi Solà-Morales Publ., Colegio Oficial de Arquitectos de Cataluña, Barcelona 1975.

[2] 高迪真正的工作近年来已经曝光，参见 1990 年巴塞戈达（Juan Bassegoda i Nonell）教授的《伟大的高迪》（*El Gran Gaudí*）一书，他为此书花费了五十年辛勤的侦探工作。

的社会政治晴雨表。

举世公认的高迪研究专家巴塞戈达教授的视野更为开阔，他将高迪视为国际建筑业群体里不可或缺的一员，同时又具有浓郁的地域表现特征。但是他反对那些花边讨论，比如将高迪视为共济会会员、沉迷于神秘玄学的业余爱好者、极端右翼的天主教徒、法西斯主义者或厌世者。荷兰代夫特大学（Delft University）的某个高迪研究项目出版了一部著作，它开门见山地写道："高迪是一个幻想家吗？他是不是一位狂热的信徒？高迪是理性主义者吗？他是不是恋童癖患者？"[1] 在接受我的访问时，巴塞戈达教授狡黠地看着我。"我正想发表一篇有关高迪传记的研究文章《斗牛士高迪》，看看我从许多廉价的高迪传记里是否也能发现一些真相。"

高迪的外表容易描述：年轻时讲究衣饰仪容，上了岁数后就疏于打理、凌乱不整了。但是他的谈话却很难再现。他不爱写东西，连可以传世的书信也被毁掉了。尽管他自称沉默寡言，但很多朋友和助手却记得他是一个健谈者。然而，高迪最著名的语录里，有许多都不具备真实谈话场景的地道韵味，而像是被人编辑加工过的格言警句，深奥犀利，目的是为了流传后世。

为了寻找到真正的安东尼·高迪，我们必须要让他的关键性格特征摆脱神话的阴影并显现出来。对于加泰罗尼亚人而言，高迪成为天才的原因显而易见——那就是毫不动摇地忠实于自己的原本出身。高迪有能力坚守这条指导原则，从而获得了毕生的滋养。

---

[1] Molema, J., essay collection.

确实，在加泰罗尼亚，想象和意义总是从“显著的细节”里迸发产生。大自然，特别是加泰罗尼亚的大自然，慢慢褪去了它的神秘色彩。只要痴迷地凝望着某个特定对象——风化过后像蜂巢般坑坑洼洼的一块石头，或是一棵古老的橄榄树——各种联想就仿佛普鲁斯特的密集感受那样纷至沓来。

高迪的家乡拜克斯坎普（Baix Camp，意即“低地”）是环绕雷乌斯（Reus）与留多姆斯（Riudoms）的低地。它距离巴塞罗那南端有一小时的车程，是位于地中海与一道山脉之间的耕作平原。这片土地上零星点缀着加泰罗尼亚的特色农舍“玛西亚”（masia），让人心生感触。它绵延贯穿起一座座村庄。所谓村庄，只是乡间房屋的集合，它们的明显标记是各处傲然屹立的浅琥珀色钟楼。每隔几英里，就会出现从山区向海洋方向延展的条形地貌，那是山洪暴发后形成的河道穿过玉米地、橄榄园和杏树林而切割出来的沟壑痕迹。

七岁的时候，我曾在马斯普霍尔斯河（Maspujols）干枯的河床上玩耍。白天，我和我的兄弟们一起寻找蜥蜴，却被蝎子吓得四散奔逃；到了晚间，我们去巴塞罗那 – 巴伦西亚主干线的铁路桥下，用网兜捕捉蝙蝠，用氯仿麻醉好，再送到一位世界顶尖级的蝙蝠研究专家那里。那时候，我几乎从未意识到，在大约一百年前，就在三公里以外，七岁的高迪也曾在同一条河床上往来闲逛。再后来，高迪曾亲切地把这里形容为“世界上最美丽的地方”。我对这一切尚未知晓时，已经捕捉到了拜克斯坎普的美。

“属于空间与环境的人”[1]

就像水流，涓滴不止，穿透顽石，
景观也塑造了其中的人群，风俗塑造风俗。
一个民族，究其根源，是风俗的汇编集合。
瞬间迸发的天才只是为了勾勒它的轮廓。[2]

——何塞·奥尔特加－加塞特

安东尼·高迪－科尔内（Antoni Gaudí i Cornet）的出生就像他的死亡一样，场景混乱不堪，是一个具有争议的话题。

1852年6月25日，雷乌斯市的居民弗兰塞斯克·高迪（Francesc Gaudí）和他的妻子安东尼娅·科尔内（Antonia Cornet）生了一个儿子。这个孩子的洗礼格外仓促。尽管这是安东尼娅的第五个孩子，但是她在此前三个月之内接连失去了

[1] 安东尼·高迪，1924年12月13日。Martinell, C., *Gaudí: His Life, His Theories, His Work*, Editorial Blume, Barcelona 1951, p. 134.
[2] Ortega y Gasset, J., *Invertebrate Spain*, p. 111.

五岁的玛丽亚和两岁的弗兰塞斯克。在怀孕期间，安东尼娅就费尽周折，孩子出生的过程痛苦不堪，所以婴儿诞生还不到一个小时，就被火速送往圣佩雷教堂。万一他不幸夭折，至少灵魂还可以及时获得拯救。

从安东尼·高迪受洗的档案资料来看，关于他何时何地出生，并没有多少可疑惑的空间。反倒是他自己晚年时故意让这件事显得扑朔迷离，他暗示他实际上很可能出生于他父亲的工场里，该工场位于靠近留多姆斯市区边缘的地方。

但是留多姆斯和雷乌斯两地都没有认真对待它们的文化遗产。几座没有文物标识的建筑仍然处于荒废状态，各种素描稿和文档都被锁在巍峨的博物馆大门后面。作为文化遗产，它们几乎不值得争抢。只不过这种情况下，当地始终面临更高的代价损失，包括地方荣誉、知名度，以及对一名未来天主教圣徒的部分所有权。

弗兰塞斯克·高迪的乡村工场考尔德若拉庄园（Mas de la Calderera）距离雷乌斯市西南还有两小时的步行路程。从城市边缘通往留多姆斯的路几乎向西直抵蒙桑特山（Montsant）。不断变化的云气被阻隔在山峦和大海之间，在这片狭窄的平原上来回激荡。有些日子里，卷层云会像一缕缕起绒的棉线横挂在蔚蓝的天空中，但是转眼间，天色会由蓝变紫，隆隆的滚雷声越过高山峻岭，一时间豪雨如注。

马斯普霍尔斯河的干涸河道沿着主路一直通向大海。在公路两边，松软的红色土地上农田耕作痕迹已经趋于平整。河堤两边散布着松脆易碎的转筒刷和浮木碎片，都是从上游村庄冲下来的。沿着河床行走，感觉仿佛穿越了时空：过去几百年来这里几乎没有任何变化。越过田野，留多姆斯教堂的尖顶清晰可见。但是这里没有弗兰塞斯克·高迪工场的任何痕迹。一簇簇意大利石松围绕着偶尔出现的农舍。高高的仙人掌墙也会遮挡人们的视线。这里寂静之至。

沿着这条路走上一公里左右，在一座高丘的遮蔽下，坐落着考尔德若拉庄园。一块金属纪念铭牌标明这里是高迪的出生地。[1] 这是一座简单的二层砖灰结构建筑，一间屋的进深大约五米。两丛巨大、茂密的大蕉几乎使前院永远处于阴凉之中。加上屋后朝向山岭的方形场院和小型荷兰式山墙，整幢房子让人感觉中规中矩。在窗户和每个门口周围，是灰膏上雕刻的希腊回纹简单样式。在正门上方还有一个面朝大海的小阳台，蕉叶轻拂着阳台的栏杆。山墙下方的灰膏墙面，自豪地雕刻了一面加泰罗尼亚的旗帜，是整个设计的中心。房型结构呈现出继续向外扩展的趋势。在它面向河床的一侧有一间单坡屋顶的房屋，那一定是高迪父亲的工场和马厩。树下有几间粗制滥造的狗舍，越发衬托出它的凌乱。这里没有建成博物馆，当然更没有成为圣地。

房子的现任主人是塞瓦斯蒂亚（Sebastia），他在留多姆斯经营着一家烤鸡店。他还销售农产品，规模不大但是生意很好，而这栋房子可以用来存货和遮阴。在只有十米远的塑料大棚里，

[1] 金属铭牌挂在考尔德若拉庄园的正立面上，是 1952 年 6 月 23 日雷乌斯市议会为了庆祝高迪百年诞辰而设置的。当天还为高迪举行了一个弥撒，以祈祷他的灵魂能安全快速地通过炼狱之旅。

种植着销往雷乌斯市场的黄瓜、胡椒和茄子。

走进敞开的大门，中央小客厅几乎永远处于昏暗之中。客厅两头都有门。越过塌陷的沙发向后看，房间后墙有一幅用图钉固定、边角起卷的高迪画像复印件，这是先前几位房主存在的唯一提示物。

大多数记载都认为，高迪出生在雷乌斯市区毗邻普里姆广场（Plaça Prim）的圣霍安路。那里现在是一个不知名的办公区。作为三个幸存于世的孩子当中的最年幼者，高迪对母亲的回忆内容颇感骄傲。母亲说他在整个难产过程中一直奋力挣扎着要活下来。被上天挑选出来去实现某项更崇高的任务，这是贯穿于他生命里的主题。

安东尼·高迪的名字是根据他母亲的名字“安东尼娅”命名的。他的哥哥弗兰塞斯克是长子，按照加泰罗尼亚的习惯以父亲的名字命名。两兄弟分了父母的名字，也争抢着父母的爱。对于刚刚丧失两个孩子的安东尼娅来说，他俩是聊以替代的慰藉。

安东尼·高迪从父母两方面分别继承了悠久的手工艺传统。[1]追溯到17世纪初期，他们的前八代祖先曾做过商人、矿工、农夫、纺织工、锅炉制造工以及铜匠等。高迪为自己承继的一切感到自豪：

---

[1] José María Armengol Viver 研究并绘制了安东尼·高迪家族繁茂的家谱树。它于 1936 年 6 月 21 日首次发表于巴塞罗那报纸《黎明》（*El Matí*）的周日增刊上，当时文章名为《高迪的生成过程》（“La gènesi de Gaudí”）。它被收入 Bergós Massó, J., *Guadí, el hombre y la obra*, p. 19。

> 我具有那种空间理解的能力，因为我是铜匠的儿子、孙子、曾孙子。我的父亲是匠人，我的爷爷也是如此。我母亲家族那一支也有几位匠人，她的爷爷是箍桶匠，她的父亲则是水手，他们都是属于空间和环境的人。这一代代人全都为我做好了准备。[1]

值得注意的是，高迪家谱的根系来源，要远远超出雷乌斯所在的拜克斯坎普地区的范围。1634年，法国克莱蒙费朗（Clermont-Ferrand）行政区的锡乌勒河畔圣康坦市（Saint Quentin-sur-Sioule）的安东尼·高迪，见证了他的儿子霍安（Joan）和留多姆斯市的玛利亚·埃斯屈拉（Maria Escura）的婚姻。前工业化时期的居民生活非常稳定，因此高迪这种跨越国境的血统颇不寻常。这表明加泰罗尼亚在17世纪已经成为跨比利牛斯山文化的一部分，它的语言更接近于法国朗格多克（Languedoc）地区的口语普罗旺斯语，而非西班牙的官方语言卡斯蒂利亚语。在苏格兰、法兰西和普鲁士，也发现了其他的高迪家族分支。巴塞戈达教授甚至还（含糊其词地）指出，18世纪普鲁士有一位高迪将军，他曾在1806年出版了一本关于防御工事及作战帐篷营造方面的书。[2]

高迪的家族传承主要来自雷乌斯和留多姆斯。这一地区的文化为年轻时候的高迪提供了一整套的意象与观念，以及一种毕生的归属感。对于高迪而言，甚至在日后，只要说某人出身

---

[1] 安东尼·高迪，1924年12月13日，引自 Martinell, p. 134。

[2] Bassegoda i Nonell, J., *El Gran Gaudí*, Editorial Ausa, Barcelona 1992, p. 17.

于拜克斯坎普地区就足够了。他童年时代的友谊一直在继续。人们只要看看他有多少来自雷乌斯和塔拉戈纳的合作者，就会明白故乡根源的影响力量是多么强大。[1]

婴幼儿时期的高迪身体虚弱。有一次在肺部感染后，他又得了风湿性关节炎。康复的道路极为漫长。当病情有所好转后，他可以正常上学了，但有时腿瘸得很厉害，只能骑着毛驴去学校。高迪最初的记忆之一，是无意间听到医生在讨论他的健康状况。医生预言，高迪如果不多休息的话，就会死得很早。高迪的反应体现出他顽强的意志力：他听到自己命悬一线的消息后，开始专注精力，一心要挫败医生的看法。[2] 但疾病还是对他造成了伤害。高迪童年时代最亲密的朋友爱德华多·托达·桂尔（Eduardo Toda Güell）回忆道：那时的高迪长得未老先衰，就像地球上有史以来最年迈的朋友。

留多姆斯和不远处的河床是高迪的游乐场。虽然没有玩伴儿，但他很快发现了一个想象的世界，足以匹配他在自然界看到的美与多样性。

在中世纪早期，留多姆斯已经是一个内有城堡、外筑高墙的定居点。19 世纪后期流行的浪漫主义精神造就了一种对建筑废墟的狂热崇拜。留多姆斯位于埃斯科纳波（Escornalbou）山顶修道院和维拉福图尼（Vilafortuny）城堡之间。[3] 附近有两座被认为是罗马人别墅的建筑，它们燃起了人们再次寻获古代财

---

[1] 几乎可以说，19 世纪末的艺术复兴是由雷乌斯主导的。

[2] Matamala, J., *Mi Itinerario con Gaudí*, Unedited manuscript, Catedra Gaudí.

[3] 爱德华多·托达是藏书家、外交官，也是高迪终生的朋友。他买下了埃斯科纳波山顶修道院，这座修道院曾经为圣方济各会所有，但后者于 1835 年被解散，1910—1925 年一度恢复。本章将谈到更多托达的情况。

富的梦想。[1]

但是更具吸引力的传闻是，铁器时代被淹没的村庄利亚韦里亚（Llaberia）就在附近。拜克斯坎普地区有着丰富而复杂的历史遗产。

留多姆斯的生活由于它的瞻礼日和圣徒纪念日而令人瞩目：东方三圣节、狂欢节、棕枝主日、复活节周、圣体节、圣胡安节和圣佩雷节、本村圣徒节、万圣节和圣诞节。

群山则提供了其他的东西。高迪在年幼时就参观过圣佩雷教堂和圣豪梅（Sant Jaume）教堂，他在那里应该听人讲述过蒙特塞拉特山（Montserrat）的传奇故事。当然蒙特罗奇（Montroig）也有自己的黑肤圣母像，然而，探访罗卡圣母殿（Nostra Senyora de la Roca）这个本地圣所，只不过是真正朝圣活动的仿效之举。[2] 在加泰罗尼亚人的宗教生活中，蒙特塞拉特山的地位无法被超越。每一位虔诚信奉天主教的男孩，心中都盼望能踏上加泰罗尼亚的终极朝圣之旅，前往此处。

年轻的高迪从马斯普霍尔斯河畔抬头仰望，周围是一座座教堂尖顶和连绵群山。那里的光线格外明朗，远景被拉近，视野被展平，就像是一幅立体主义的风景画。

在西班牙各地，当光线映照在石头表面，能产生奇幻般的效果，但是在加泰罗尼亚，这种效果几近于神秘。它成为高迪作品的中心主题。欣赏它的首要条件，是从内心深处去感受。

---

[1] 这两座别墅是普拉内斯（Planes）和坦巴（Timba）。

[2] 蒙特塞拉特的黑肤圣母像，据称是基督教产生之初在耶路撒冷雕刻而成的木像。另外，蒙特塞拉特距离留多姆斯有一百三十公里左右的路程，而距蒙特罗奇只有数十公里。——译者注

在拜克斯坎普地区，摩尔人的短期占领带来了一种光线的美学：它以重复的浮雕图案，对表面花饰的安排进行掌控。然而，对于高迪，这永远是一种个人体验，也是一种建筑史的基础知识，并造就了他的天才特质。

从蒙桑特山山顶，人们可以沿着海岸线，向南望见托尔托萨（Tortosa）和埃布雷（Ebre）三角洲的沼泽地。向北面望去，白雪覆盖的比利牛斯山醒目地出现在地平线上，山脉向海岸延伸，与地中海相交会于博乌港（Port Bou）。附近是巴尔斯（Valls），远处是圣科洛马·德克拉尔特（Santa Coloma de Queralt）和佩内德斯自由镇（Vilafranca del Penedes），后两处是高迪母系祖先所在的城市。浮现在远处的，则是蒙特塞拉特山。年轻的高迪一定仰望过层层山峦，并被告知，总有一天他会亲自去拜访它。

在工场的时候，高迪最常去的是留多姆斯。比起雷乌斯来，那里离得更近，高迪可以去看望堂兄妹，也可以去教堂参加礼拜。巴洛克式的圣豪梅教堂面向着村镇的主广场，它的正门气势恢宏，两侧是空壁龛，龛顶各有一个吃得胖胖的小天使，他们正在展开一幅绘有榛子树的卷轴。出于务实的考虑，农事活动的日历安排有时要优先于宗教日期安排。圣博纳文图拉（St Bonaventura）是 17 世纪圣方济各会的会士，也是这个村庄的主保圣徒，他的生日正好处于榛子收获期内。等到当年作物顺利收获，再来纪念这位圣徒，即使不合正统，却更为实际。但是对于这里而言，宗教生活也非常重要。圣博纳文图拉于 1911 年被封为圣徒，但他早在 1662 年就已经长眠在黄金和玻璃制成的灵柩台上供人瞻仰，从而让留多姆斯变成了朝圣之所。即使用今天的眼光来看，对于这个村庄来说，圣豪梅教堂的规模也让人感觉过于庞大。

高迪上学的地方是雷乌斯。然而他在父亲的工场中可以找到许多值得兴奋的东西。

父亲向高迪介绍了家族的工艺传统，他将一片片薄铜板打制成华彩容器的手法让高迪心醉神迷。在工场里，他第一次学会怎样理解空间，怎样在三维空间里进行感觉与想象。对他而言，这些工作将会显示出启蒙发悟的作用。高迪在成为一名成熟的建筑家以后，始终强调父亲这种创造能力的重要影响。[1]

安东尼娅和弗兰塞斯克的婚姻是出于实际考虑。两个铜匠世家由此合二为一，这样安东尼娅的父亲安东·科尔内（Anton Cornet）便可以退休，将他的生意交给有能力的助手，也就是他的女婿。以社会地位相近的手艺人为基本核心而形成的社会圈层，在此显现出它的封闭性。雷乌斯是一个小城市，约莫有2.7万人口，总之是个缺少都市气息的小地方。这一点有利于形成强烈的传统意识。它的具体表现是，当地还维持着中世纪的各类行会与热忱的天主教信仰，同时也容许自由主义思潮在合作运动的推动下获得更大的发展。弗兰塞斯克·高迪的婚姻正

[1] 传记作家经常重复此事，据称高迪从不放过任何机会讲述这一老生常谈。然而，詹姆斯·约翰逊·斯威尼（James Johnson Sweeney）宣称，高迪的一位助手路易·博内特－加里（Lluís Bonet i Garí）认为，高迪更愿意根据立体模型，而不是依据平面图和立面图展开工作，背后的原因是他父亲的榜样作用（Sweeney, J. J. & Sert, J. L., *Antoni Gaudí*, The Architectural Press, London 1960, p. 55）。抛开这些学术上的争论不谈，不难想象高迪向陌生人介绍自己年迈父亲的情形：既是出于礼貌，也是出于尊敬，往往谈到父亲如何在三维想象方面给他提供了最多的教益。一个类似的例子是，英国抽象派画家本·尼柯尔森（Ben Nicholson）曾经宣称，他从台球游戏中所学到的关于色彩措置的知识比他从整个艺术史中学到的都要多。

是这几种貌似无法调和的世界彼此结合的典型代表。但他极不希望哪个儿子再从事他这一行。

也许他已经意识到工业化发展最终将挤垮所有的手工业。但是教育及其带来的可能性，也同样促进了社会流动。弗兰塞斯克·高迪是一位满怀抱负并很受尊敬的手艺人。他担任雷乌斯市政委员会的"莫斯塔萨"（mostassà）[1]，负责度量衡标准——在加泰罗尼亚的第二大工业城市，这个头衔意味着他因为正直诚信而受人尊敬。[2] 弗兰塞斯克敦促、哄骗并鼓励他的孩子们去求学，而只有雷乌斯才能提供较好的教学条件。

高迪接受小学教育的相关记录很少，我们目前所知的事情几乎都来自两个人的回忆，一个是他最早的传记作者何塞普·弗兰塞斯克·拉福尔斯（Josep Francesc Ràfols），另一个是高迪毕生的朋友爱德华多·托达·桂尔。[3] 他一开始是在拉斐尔宫（Rafael Palau）的小学上课，但是很快转到了一所由弗兰塞斯克·贝伦格尔（Francisco Berenguer，高迪未来合作者的父亲）创办的小型学校，它位于蒙特罗尔斯（Monterols）大街一所建筑的顶楼上。就是在这里，年轻的高迪第一次见到了托达。托达曾经回忆起当年上学时一件饶有意味的事情。

有一次在讨论鸟类如何使用翅膀的自然课上，小高迪脱口而出："在我们家的农舍里，小鸡有翅膀，但只是用来跑得更

[1] 又名 mostassaf，阿拉贡王朝时期设置的市政官员名称，负责监督度量衡标准。源于伊斯兰时期的市场和贸易监督职位"穆塔西卜"制度（Muhtasib，原意为"可靠的"）。——译者注

[2] Bassegoda i Nonell, J., *L'Estudi de Gaudí*, 1971—1994 年发表于《圣殿》(*Temple*) 杂志的文章选集，Temple Expiatori de la Sagrada Familia, Barcelona 1996, p. 14.

[3] Toda Güell, E., *Records d'Antoni, Gaudí a Reus abans de 1870, El Matí* supplement, 21 June 1936.

快。”没有条件自在活动，反而教会他怎样去认真看、仔细听。

在 1863—1864 学年中，安东尼·高迪首次出现在雷乌斯市皮亚斯学校（Escuelas Pias）中学部的正式登记簿上。到 1865 年时，高迪家已经搬到了圣维桑斯（San Vicenç）大街另一套位于五楼的公寓里，距离他父亲的工场只有四分钟路程。基督教教义、宗教、道德和宗教史课程构成了高迪中学教育的主要部分，此外还有希腊语、拉丁语、几何学、历史学、修辞学和诗学等课程。

除了在马德里和巴塞罗那的少数几所“自由教育的”学校外，西班牙的国民教育即是天主教形式的教育。这所中学坐落在一所古老的圣方济各会女修道院中，高迪的礼拜仪式就是在那里学习的。每逢星期六下午，他必须参加向圣母玛利亚祈祷的仪式。对于高迪－科尔内家族，让孩子一直在这里学到十六岁已经代表了巨大的进步，要知道，西班牙直到 1845 年才开始普及国民中学教育。如果说中学教育可以用来衡量学生家庭的阶级和经济状况，那么由于学生性别差异而形成的区分则更明显。即使到了 19 世纪 30 年代，这所中学的学生中也仅有八分之一是女孩。对于安东尼·高迪而言，女性的世界只限于灶台和家庭。走出家门后，他就进入了一个由男性主宰的世界。

高迪在学校里并不算早慧。他唯一擅长的科目是几何学，其他科目的成绩从良好到不及格都有。相比之下，他形影不离的朋友托达和何塞·里韦拉（José Ribera）始终都能拿到高分。据托达说，高迪经常生病不能来上课，除此之外，他也痛恨死记硬背式的学习。他最讨厌的就是没完没了地反复吟唱柔声抒情颂歌。学校课堂无法取代父亲的锻造作坊，也比不上在考尔德若拉庄园周围的考古寻觅，或是与朋友们一道出游。

雷乌斯有很多可供消遣的事情。从中世纪早期开始，雷乌斯已成为拜克斯坎普地区的中心贸易城镇，并且显示出足够的国际化特点，足以容纳一小群犹太人在此定居。经过15世纪那场瘟疫的肆虐，雷乌斯在邻近的塔拉戈纳区的宗教管辖下，缓慢地恢复了元气。雷乌斯自始至终保持了其独特而国际化的身份特征。

雷乌斯著名的星期一市场实际上控制了西班牙所有的榛子贸易、伊比利亚半岛杏仁的半数销量，以及从繁荣兴旺的纺织产品到酒类产品的销售。1862年，这里成立了雷乌斯银行，以便为经济扩张提供资金，并从增长中获利。通过附近的萨洛港（Salou）和塔拉戈纳港，雷乌斯直接与其他欧美国家建立了贸易联系。[1] 事实上，甚至在19世纪的贸易高峰来临前，雷乌斯就已经有十二所欧洲领事馆和一所美国领事馆了。

西班牙铁路系统是在没有任何明确规划的情况下发展起来的，但它完全能够满足雷乌斯的需要。1856年塔拉戈纳铁路向公众开放，1863年向内陆延伸到了蒙布朗（Montblanc），最终在1879年延伸到了列伊达（Lleida）。具有重要意义的是，高迪生命的前十五年，见证了所有西班牙人的视野都在不断拓宽，只有地处偏隅的雷乌斯人是一个例外。

---

[1] 1992年，我拜访了现代派建筑纳瓦斯公寓。它位于雷乌斯市中心，建造者是多梅内克 - 蒙塔内尔（Domenech i Muntaner），目前为私人所有。公寓阁楼的天窗曾在西班牙内战中受损。我在它的附近吃惊地发现了一批新艺术运动早期风格的家具藏品。它们随便堆放，状态糟糕：设计者包括麦金托什、索奈特等。大方的主人听说我是荷兰人之后，打开了其中一个书桌，里面有可以追溯到18世纪的原始销售账单，它证实了这是一笔直接与阿姆斯特丹传奇商行绅士运河公司（Herengracht）进行的相当可观的生意。

雷乌斯的财富体现在它的建筑上。中世纪康贝雷堡（Cambrer）的废墟，原本附属于哥特式的圣佩雷教堂。它提示着人们，这个城市在中世纪时曾经十分显赫。这座修道院是依照加泰罗尼亚式哥特风格而采取的一次简洁有效的尝试，同时也凸显出后期文艺复兴和巴洛克风格的增添内容。教堂的塔楼里有一列鹦鹉螺形的巨型回旋石梯，高迪后来将它重新演绎，用于圣家堂的塔楼设计。雷乌斯还有新古典主义的小礼拜堂罗塞堂（Santuari del Roser）和米塞里科迪亚堂（Santuari de la Misericòrdia），以及建于18世纪的同样令人叹服、装饰华彩的梅尔塞堂（Mercè）祭衣室。即使是在上学的路上，高迪也同样可以欣赏和吸收新古典主义建筑的语言，因为18世纪的博法鲁利宫（Palau de Bofarrull）就在他居住的公寓后面。宫殿内部遵循着反宗教改革的模式，被建造成极其华美的巴洛克风格，装饰着一圈栩栩如生的壁画。高度的视觉复杂性、黄金光泽的充盈形象，还有大胆的用色，不再是特例而成为常规，它们奠定了高迪判断品位优劣的标准。

尽管雷乌斯拥有大量财富和建筑遗产，但它依然算是一个偏远的地方。然而在高迪的学生时代，雷乌斯开始变得有名起来，因为那里产生了19世纪西班牙最杰出的两个人：胡安·普里姆（Juan Prim）将军和画家马里亚诺·福图尼（Mariano Fortuny）。普里姆的政治生涯对高迪的教育产生了直接的负面影响。1868年9月，他与塞拉诺（Serrano）将军及海军上将托佩特（Topete）一起发动了政变，从软弱无能的温和派与女王伊莎贝拉二世的手中夺过权力，发表了名为《光荣西班牙》的雄伟宣言。骚乱不可避免地随之而来，萨伏依的阿马迪奥（Amadeo of Savoy）

短暂代理国王职位，最终西班牙第一共和国成立，而普里姆将军此前已遇刺身亡。在第一共和国期间，西班牙在十一个月中换了四任首相。对于高迪这代人来说，他们从十六岁到二十岁这几年时间里，政治教育是建立在互不信任的基础上。不过这仍是令人兴奋的变革时代，也是人们尝试新意识形态的时代。[1]

马里亚诺·福图尼对高迪产生了更实质的影响。高迪当时已经开始显示出他的艺术才能，他为学校的戏剧表演绘制小道具和舞台背景。托达还记得高迪为何塞·索里利亚（José Zorrilla）的《唐璜》倾心设计的那套布景。在戏剧作品里，那位塞维利亚的花花公子由于善良的唐娜·伊内斯（Doña Iñès）的祈祷而侥幸获救。这是一部道德戏，毫无疑问，神父们用它来告诫易受外界影响的小学生们，要防止滥情纵欲的危险。

性格暴躁而古怪的高迪，竟然会对福图尼这样时尚的艺术家表现出兴趣，这似乎有些奇怪。福图尼最著名的绘画《得土安之战》（*The Battle of Tetuan*）描述了普里姆将军大胜摩洛哥军队的情景。他对外表形象的精心雕饰，他借以维持在罗马生活的商业成功状态，几乎是《雷乌斯日报》每周报道的内容，也是本地人的八卦谈资。[2] 他无疑给某个渴盼能够展翅高飞、到雷乌斯以外的世界闯荡一番的年轻人提供了榜样。但是从福图尼身上学习外表修饰和举止做派，或许对于高迪来说，并不比

---

[1] 雷乌斯在卡洛斯战争期间发生过一些最糟糕的冲突事件。当地传说，为了报复七名雷乌斯民兵被拥护卡洛斯的游击队杀害，1834 年 7 月 22 日，22 名神父遭到暗杀。

[2] 福图尼是小型杂志《勉励》（*Fement*）与《今日》（*Avui*）最喜欢的话题，在总部设于雷乌斯演讲大厅的文化俱乐部里，辩论、演讲和沙龙里关于他的讨论无穷无尽。

学习他大胆尝试的精神更重要。[1]

雷乌斯的生活给这个十四岁男孩提供了大量的消遣活动。这里是外部广袤世界的一个微观缩影。高迪最喜爱回忆的是在城市周边的探险。他的冒险伙伴有托达和里韦拉，他们的陪伴很快驱走了他早先感受到的孤独。在学校的时候，他们三个甚至出版了十几期私下传阅的杂志《小丑》(*El Arlequin*)，高迪是该杂志的艺术编辑和主要插图作者。他们的友谊借助于19世纪晚期浪漫主义的习俗而紧密维系在一起。他们彼此交换象征友谊的信物，精心计划他们未来的生涯，并且誓约要让这份友谊永存不灭。而在国境线另一边的普罗旺斯境内，保罗·塞尚(Paul Cezanne)和埃米尔·左拉(Emile Zola)也怀着相似的心情，一起坐在石松树下，缔结了经年持久、波澜起伏的艺术友情。

对于托达、高迪、里韦拉三人组来说，加泰罗尼亚的英雄不可胜数。他们设想着自己登上了征服者豪梅在13世纪的旗舰，出海征服马略卡岛，为加泰罗尼亚争夺海上航线，或者航行至大海深处见证哥伦布的返航。这几个男孩一起作诗，一起探讨骑士精神、浪漫爱情、加泰罗尼亚历史，以及怎样重新树立起一座座民族丰碑。

在布尔加（Burgar）参观罗马人的烧窑旧址时，他们试图找到传闻中的旧石器时代早期遗迹。他们在博埃拉（Boella）寻找青铜时代的墓葬遗址；在前往城墙环绕的蒙布朗镇时，中途逗留于阿尔科韦尔（Alcover）具有罗马风格的拉桑（La Sang）

[1] Collins, G. & Bassegoda i Nonell J., *The Designs and Drawings of Antoni Gaudí*, Princeton University Press 1983, pp. 25-26.

教堂。[1]有一次，高迪带领他们爬到普里奥拉托（Priorato）山上去眺望自己家族在马斯罗奇（Masroig）的土地。

在短篇小说《头颅》（*Calaverada*）中，诗人霍安·马拉加利（Joan Maragall）所描述的几名男性原型显然是这三个朋友。[2]他们每人依次讲述自己的一则私密故事。画家的故事优雅而纯真，诗人的充满欢乐，第三个出场的是一位蓄着淡黄色胡须的建筑师——这是参照高迪设定的，他保持着沉默。他不安和悲哀的眼神让他们联想起无法从成年人堆里脱身的小孩。最终，他这样说道：

> 这是我第一次独立的旅行。我原本要去参观一些教堂，我家里每个人都确切地知道我的去向。我父亲为我制订了一份详细的行程表，甚至为我写下了每处所需停留的时间，不只是以小时计算，实际上他精确到了每一分钟。在我参观过的每个地方，我都要给家里写信，描述那里的建筑和其他遗迹，还要向我忧心忡忡的母亲仔细汇报我那不太稳定的健康情况。

马拉加利显然在很大程度上运用了诗人的创作特权，但他营造的总体氛围却很准确。故事生动描绘了那位爱操心的母亲和指手画脚的父亲，他们几乎彻底扼杀了儿子初次旅行时的

---

[1] 在雷乌斯和塔拉戈纳之间，小乡村康斯坦提也自称拥有一座罗马陵墓和一座别墅，其马赛克装饰的建筑群（当时被隐藏在民居建筑背后）被发现于1877年，此时高迪在巴塞罗那即将攻读完他的建筑学位。

[2] 参见 Maragall, *Proses y Reculls*。

乐趣。

对于三个男孩来说，最令人兴奋的地方是遍布罗马遗址的塔拉戈纳。那里有一个大型的圆形剧场、一个带顶棚的市场、温泉浴室、马戏场、众多的神殿，以及加泰罗尼亚地区唯一的集会广场。

塔拉戈纳本身就是一部西班牙建筑史的缩影，那里有早期基督徒的墓场、朴素的西哥特式建筑和罗马式建筑，当然，最重要的还是哥特式的圣玛利亚大教堂。高迪在审视塔拉戈纳的整个建筑群体时，必然会心生感触：教会建筑既是社群精神的象征，也是它自己极其真切的表达形式；石材和灰膏可以将地域身份与宗教身份牢固地黏合在一起。卡萨内里斯（E. Casanelles）写道：

> 塔拉戈纳的人们就像那里的风景一样，高贵、沉静而容易冲动。不同于个性意识明显的加泰罗尼亚人，他们最容易被界定为具有团体精神的……在此背景下，我们可以理解，这种精神可以孕育辉煌巨大的人类事业，因为它是人们的共同利益所在。[1]

塔拉戈纳的圣玛利亚大教堂建造在一道阶梯状陡墙后上方的高处。它宏伟、坚固并且朴素，里面还隐藏着一个罗马式的修道院回廊，并且采用了三重拱廊门设计，用质地疏松的金色

---

[1] Casanelles, E., *Nueva visíon de Gaudí*, La Poligrafa, Barcelona 1965. English edition 1967, p. 16.

砂岩雕刻而成。回廊朝向天井花园，为人们提供了一个沉思默想的好地方。然而当参观者走进教堂内部时，瞬间就会对冷灰色岩石雕刻的巨大穹顶感到震惊。它的中殿部分将参观者衬托得极其矮小，让他的存在变得微不足道。这种令人晕眩的戏剧效果让人怅然若失，仿佛陷身于乔凡尼·巴蒂斯塔·皮拉内西（Giovanni Battista Piranesi）的铜版组画《想象的监狱》（*Carceri d'Invenzione*），落入了其中某一幅的蛛网纠缠。

塔拉戈纳教会了高迪一点：建筑可以具备情感的力量。高迪暂时回避开自己的同乡，独自凝望着圣玛利亚大教堂，他明白"建筑在彻底的静默中也能够君临统治"。这一刻，他本能地认识到：建筑既可以令人生畏，也可以提振精神。

这种建筑与业余考古活动的结合，形成了高迪对材料的特殊情感，他察觉到了陶器碎片与岩石的美学价值，同时对这些古老而饱经时光磨砺的细节产生了热烈反应。高迪后来说过这样的警句："高雅与贫穷是姐妹，但你绝不能把贫穷与苦难混为一谈。"[1] 或者像毕加索对某位朋友所说的："我热爱贫穷，但问题是它代价可真他娘的高。"胡安·米罗（Juan Miró）同样有那种在日常事物中发现晦涩难解的隐秘之美的特殊天赋。他的一位仰慕者曾经说过："当我捡起一块石头的时候，它是一块石头。当米罗捡起一块石头的时候，它是一个米罗。"尽管彼此殊异，但这三位艺术家都拥有加泰罗尼亚人特有的感性——是从自然里提炼而成。毕加索在奥尔塔（Horta），米罗在蒙特罗奇，而高迪是在留多姆斯。

---

[1] Bassegoda i Nonell, J., *El Gran Gaudí*, p. 31.

对于高迪而言，钟意于黏土坯、烤砖和泥料——这卑微而“不完美”的审美，几乎用了五十年的时间才显出端倪。然而一旦形成这种审美观，并将它与自己所有其他的技艺相结合，高迪就创造出了人类建筑史上最伟大的杰作之一。

旷野里的声音

哦，你这亵渎艺术的懦夫

如果这也算自由！那么自由真是恶臭难当

——爱德华多·托达

三个男孩形影不离，总是在附近的乡下探索，寻找新的古迹遗址。但是据里韦拉说，他们在雷乌斯附近探寻过的所有地方都比不上波夫莱特的西多会（Cistercian）修道院遗址。因为它既是加泰罗尼亚四位国王的墓葬地，也是其王宫所在。这些国王分别是崇礼者佩雷（Pere the Ceremonious）、宽宏者阿方斯（Alfons the Magnanimous）、纯朴者阿方斯（Alfons the Chaste）和仁慈者马蒂（Martí the Humane）。对于这几个男孩在1865—1870年间造访波夫莱特的确切日期，学者们有不同的说法，但最有可能的是1867年夏天。

在收复失地运动[1]时期，波夫莱特对加泰罗尼亚天主教的命运极为重要。西多会修道院始建于1153年，它源自加泰罗尼亚的伯爵王拉蒙·贝伦格尔四世（Ramon Berenguer Ⅳ）作为礼物赐予朗格多克的丰弗雷德（Fontfreda of Languedoc）院长的一块土地。它位于当时被称为新加泰罗尼亚的边境省份，修道院后面有普拉德斯的山麓小丘相遮护。该修道院在此奠基，清楚地表明了基督教对这片荒野的雄心。即使是近在咫尺的塔拉戈纳也直到1129年才再次回归基督教世界，与它相比只早了二十年而已，而且此后四百年间始终处于摩尔人在托洛萨（Tolosa）建立的王国外围边缘。

西多会的教士们选择了公元3世纪埃及隐士、伟人圣安多尼的禁欲主义，是希望隐修生活借此回归纯粹。他们拒绝财富，并追求顺从、清贫和贞洁。在这个过程中，他们建造了宏伟庄严的建筑。在西多会的影响趋于鼎盛之际，大约有1.1万名“白衣修士”居住在三百座修道院中。那时的波夫莱特是稳重妥当的西多会建筑风格的完美典范。

然而，节俭并未影响到建筑架构形制的宏伟。到1185年时，波夫莱特修道院通过前代遗产和社会捐赠，已经拥有了一所规模庞大的图书馆，以及供穷苦困乏者看病的医院。到了1400年，修道院的产业已包括六十个村庄，并通过任命市长而掌控了周边的十个市镇。波夫莱特实际上相当于一个小公国，而负责警戒看护的修道院院长则对它进行控制。在波夫莱特的鼎盛时期，也就是

[1] 收复失地运动（Reconquista），又称复国运动、复地运动，即718—1492年间信奉天主教的伊比利亚半岛各国逐步战胜南部穆斯林摩尔人政权的运动。——译者注

14世纪末期，国王仁慈者马蒂在修道院旁边修建了他的宫殿。

1833年，西班牙陷入了史称卡洛斯战争的内战中。反教权暴乱相继发生，导致整个加泰罗尼亚地区的修道院横遭劫掠。波夫莱特的“白衣修士”们比破坏者们抢先一步，他们收拾行李避乱而去。1835年夏天，劫掠破坏者们进入了修道院的领地，他们开始摧毁建筑，将值钱的东西洗劫一空，拿不走的就放火焚烧。两年后，也就是1837年，这种行为被赋予了某种合法性，当时的首相胡安·阿尔瓦雷斯·门迪萨瓦尔（Juan Alvarez Mendizábal）设法通过了一项法律，使得没收教会财产的行为合法化。一些怀有民主思想的人希望能够借此实现财富和耕地的平均分配。但是富人们很快就以低廉的价格买光了所有地产，让自己的丰厚资财更加充裕。门迪萨瓦尔这种剥夺财产权的大胆措施，在当时被很多人视为政府支持的劫掠行为。至今仍有很多人持这种看法。

在此后的三十年中，波夫莱特时常遭到劫掠，搜寻宝藏者四处掘开坟墓，尚有用处的建筑材料和石材被人盗走。趁火打劫者无法获得的东西，也在风吹日晒下尽皆损毁。这个基督教世界曾经最华美的建筑瑰宝之一，此时却成了被人遗弃的废墟。

然而正是在这一片碎石瓦砾之上，高迪和托达分别奠定了长远而卓绝的事业基础。在波夫莱特薄雾笼罩的山坡，这些“旷野里的声音”召唤着加泰罗尼亚再次回望它的光荣过去。[1]

值得注意的是，部分文献留存至今，包括一些素描和随笔、

[1]《旷野里的声音》（“Voice in the Desert”）是一篇描述高迪和托达早年在波夫莱特工作经历的文章的题目，文章署名若热·米兰达（Jorge Miranda），为莫塞恩·巴雷拉神父的笔名，见*El Correo Catalan*，1926年10月1日。

一份图书目录、托达的一篇诗体颂词，还有一份平面图。这些内容大部分写在一份宣言书的背后。宣言书的签署日期是 1869 年 9 月 25 日，其内容是号召人们在这段艰难时期保持自制。波夫莱特的这批文献异常珍贵，它们切实展现了三位少年感知能力的形成过程。

当时高迪和托达分别只有十七岁和十五岁。托达 1871 年写的颂诗《波夫莱特》还带着一种拿腔弄调的造作：

哦，波夫莱特——无与伦比的王……
你是富饶的乳房，分泌着爱与和平的乳汁
予人慰藉、忧伤而圣徒般的心灵
熠熠发光的科学与真理之星

托达在阴郁的祝祷文字里，借用了当时所有的浪漫主义传统手法。它的后续内容甚至更加激情洋溢：

声名狼藉的刺客们……
所有这一切在响应自由与和平的呼声……
毁坏了我们文化里的诸多荣耀
亵渎了我们英雄的坟墓
四处播种恐怖与对死亡的恐惧……
哦，你这亵渎艺术的懦夫
如果这也算自由！那么自由真是恶臭难当

与托达不同，高迪没有文学方面的雄心。[1]他的激动之情直接来自于那些残破的石头："建筑在彻底的静默中也能够君临统治。"

他们的介入方式不仅是一沓素描稿和笔记，他们还着手展开貌似毫无希望的修道院重建工作。乐观和自信成为他们的主导，掩盖了他们在专业技术上的不足。但对于高迪来说，这些废墟为他提供了第一个建筑学实验室，让他有机会拆开那些建筑物"细小局部"的针脚，并了解其作用原理。例如，在飞扶壁中使用的饰面石材与碎石的比例是多少？拱顶石的重量是多少？高迪对这些遗址里透露的建筑线索感到心驰神往，就像"透过乞丐的褴褛衣衫看到他的裸体"[2]。波夫莱特修道院如同一具解剖模型，筋腱与肌肉都暴露出来供人观看。正如马丁内尔（Martinell）所说："他想象自己面对的是一个寻求帮助的垂死之人。"[3]

他们三人发誓将自己的分分秒秒都奉献给波夫莱特的复兴事业，而后开始规划各自的工作。高迪负责重建围墙、加固穹拱、修葺全部房顶，并且堵住盗宝者开凿的窟窿。里韦拉负责研究波夫莱特的历史及其杰出的人物。托达负责梳理编目有关波夫莱特的图书和档案。托达在承担这些责任的同时，还要抓紧完成一部关于波夫莱特的专著，其收益将用于支付项目初期的全部费用。只要有一点资金，修道院很快就能自给自足。在他们

[1] Martinell, p. 23.

[2] 高迪的备忘录（July 17 1878）。资料来源：《华柱：巴塞罗那广场与步行街路灯华柱设计项目的描述笔记》（*Candelabro: apuntes descriptivos del proyecto de candelabro de grupo para plazas y paseos de la cuidad de Barcelona*）。

[3] Martinell, p. 29.

的五年计划中，男孩们甚至考虑要请一名雇员——让她每天到蒙布朗去卖新鲜的蔬菜。

但这仅仅是开始。除了常规的牲畜饲养以外，还要养一百头牛、养蜜蜂，建一所马匹繁育中心。在参观者午休的时候，男孩们可以去打野兔。他们设想在修道院入口附近修建一个礼品商店，出售仿制的古代钱币，自制的肥皂、蜂蜜、干鲜药草、醋，托达和里韦拉有关波夫莱特的著作，和一批精选的鸟类标本。

高迪和托达十分机敏，也认识到将禁欲主义作为商业原则所带来的局限和财务问题。他们打算安排更多的休闲活动，例如建造一家出售香烟和修道院自酿葡萄酒的咖啡馆，并在里面设置台球桌。咖啡馆同时还将在波夫莱特的情感教育中发挥作用，因为毕竟当地人要从这里了解到“爱的习俗”。

当地优质的泉水和乳制品，可以提供必要条件，在邻近村庄之间形成一套有效的供应体系。于是，这几位年轻的企业家顺理成章地认识到，必须要有真实像样的资本投入，因此他们考虑建设面粉厂、橄榄油压榨厂以及酿酒厂，这个规划很可能出自高迪父亲之手。

以此为起点，他们希望能够迅速扩大到其他的商业领域：锯木厂、制药厂，以及连接至弗兰科利河畔埃斯普卢加（L’Espluga de Francolí）火车站的客运业务。事业的成功有赖于可靠的当地银行，因此他们还要再建立一家银行。

他们这份清单的中间部分，还插入了一段接近于事后补充的内容。它是一项激进的建议，意在寻求政府的年度拨款资助。

他们对大多数可能发生的情况都有考虑安排，包括为不可避免的季节性收入波动进行补贴。冬季，为了弥补不足，他们将砍伐树木、烧制木炭；而在夏季，他们会出售悉心储存在地窖中的冰雪。

然而最大的摇钱树项目将是“波夫莱特旅店”，以及可以自助炊煮的公寓房。这里一切价格公道，还对熟客有一定折扣。客人们别无选择，只能购买波夫莱特的产品。保守地估计，工人们的一半日薪都会通过日常经营挣出来。劳动力方面，他们认为可以先雇十五个人，其中工人十二名，牧羊人、厨师以及普通杂役各一名。

在多次探访遗址的过程中，他们不止一次觉得自己真的是在用政府资产进行演练。但是波夫莱特已经完全荒废。文化遗产的最初产业化，国家历史文物在统筹安排下重建，还要再经过一代人之后才能实现。

这几个小伙子干劲十足，激情洋溢。托达为一百六十余本书和七十多箱文件编制了目录。其中大多数图书似乎属于巴塞罗那的一位古旧书商，他把这些书存放在名为“古本书籍”的店里。托达借来了一些关于会计和博物学的图书，而高迪则选择了有关宗教的图书，如《十字架下的真路》（*El Camino Real de la Cruz*）以及米格尔·科尼利（Miguel Conill）神父所写的弗兰塞斯克·德克拉尔特（Francisco de Queralt）博士的传记，高迪可能是希望借此深入了解自己的德克拉尔特祖先，也就是他母亲一方的祖先系谱。

他们的计划不止于此。几位年轻人的真正设想，是以当代合作原则为基础建立一个模范社群。他们从未考虑过要回归到修道院的最初目标。他们希望波夫莱特雇用的当地建筑工人能够将家人带到这里定居。艺术家们将被这里的美丽吸引，把光线较好的上面几层作为工作室、展览大厅以及自然科学博物馆。

值得注意的是，他们这番设想后来大多数都实现了。托达完成了有关波夫莱特的著作。20 世纪 30 年代，他终于摆脱外交职务，以名誉主席的身份担任了波夫莱特重建基金会的主管领导。

另一方面，高迪则从中领悟了更为深刻的道理。尽管波夫莱特已经不再能吸引他的全部注意力，但他偶尔还是会回到这里。波夫莱特对高迪有着无比重要的意义。他围绕这种乌托邦样板的各式隐含意味而展开的思考，被证明是建筑师进行创作的催化剂。自此之后，在诚实劳动与艺术基础上创立一个完整社会的梦想，一直贯穿于他的作品。

然而，这种梦想在无意间也彰显出他的弱点：凌驾于一切的勃勃雄心、谦逊不足，在确定工作计划的适当规模时容易出现问题。他们对于波夫莱特的工作过于想入非非，他们在手稿中一致同意：波夫莱特的负责人要征用一艘船驶往亚洲，以期寻找到一船乌木和其他珍贵的建筑材料。

高迪和托达常常被噩梦中的景象所折磨：夜行猛禽从墓碑间仓皇逃走，从腐尸的眼窝里射出窥视的目光。这或许是因为他们一直在思考戈雅的蚀刻画《理性沉睡而心魔生》（*The Sleep of Reason Produces Monsters*），画中戈雅本人头枕着手臂，精神委顿地趴在书桌上，四周围绕着危险的鬼怪和属于黑夜的生物。后来高迪在探讨地中海地区的光线质感时，又回忆起了这一点：“南方的人们由于光照程度过剩，因此忽略了理性，创造出鬼怪。”[1]

[1] 在 1870 年写给托达的一封信中，高迪劝告他年轻的朋友：“不要像你对待戈雅的画作那样，当时你既没有仔细描述，也没有把自己的意见告诉我。”

高迪习惯于重复表现自己的理念。鉴于他作为革命者和创新者的声望，从他思想里体现的循环与自足，确实令人惊讶。对建筑与艺术问题的任何公开表述，他都经过了彻底的思考。他在1913年接受采访时声称，他的诸多观念“尚未定型”，但这显然并非事实。[1]他年轻时候的许多想法在经历了建筑工地粉尘噪声的历练之后，本质上毫无减损。

在热情与高度严肃性的背后，高迪还拥有另一种性格成分。他是在真真实实地扮演成年人，将自己戏剧化，并刻意地建构某种人格面具。后来他还会成为品位考究的花花公子。再往后，则是西多会修士和艺术家－祭司。

但是波夫莱特已经发挥出它的魔力。里韦拉并没有让他的两位朋友失望。波夫莱特手稿以戏剧性的收尾毫不含糊地宣布了他们的最终目的：

> 波夫莱特将被重建，因此它永远不会重新落入那些曾经贪婪吞食西班牙人民良知的黑色兀鹫利爪。经过重建，它将从此摆脱那些可怕行为所留下的恐怖记忆。[2]

到了9月，三个年轻人分手了。托达去了马德里，里韦拉向南去了安达卢西亚（Andalucia），但此时决意要成为建筑师的高迪却必须等待。他哥哥在学医过程中已经耗尽了相当数量的家庭资财。

---

[1] 引自 *La Razón*。
[2] 本书作者译自 Bassegoda i Nonell, J., *El Gran Gaudí*, p. 39。

奇迹之城

没有巴塞罗那，加泰罗尼亚人便缺少了
一个融汇自身希望的熔炉……
他们永远也不会拥有锤头与铁砧，
简言之，一个新生民族的锻坊。

——豪梅·比森斯·比韦斯（Jaume Vicèns Vivès）[1]

1867—1868年是高迪在雷乌斯的最后一年，由于他与托达和里韦拉各奔东西，这一年似乎遥遥无期。然而在孤独的状态下，他仍然坚守着波夫莱特的梦想。这不完全是因为它在建筑文化层面的重要性，而是因为它意味着一条命脉。

他把更多时间花费在了父亲的工场里，不过可惜的是，他在那里制作的东西没有一件保存下来。他跟着父亲学会了一切基本技能：火的使用，锤打铜片和弯曲铁板。尽管它们大多数

[1] Vicèns Vivès, J., "Los Catalanes en el siglo XIX", 译自 Fernández-Armesto, F., *Barcelona: A Thousand Years of the City's Past*, OUP 1992, p. 151.

都属于技术而非艺术方面的劳作，但他却因此而掌握了自身技艺的表述规则。在职业生涯的巅峰时期，高迪仍在改进父亲六十年前传授给他的技术。

那一年，高迪只完成了五门必修课程中的三门。他在雷乌斯学习了数学、基督教教义以及历史，剩下的博物学和基础物理将在巴塞罗那的豪梅·巴尔梅斯学校（Instituto Jaume Balmes）完成。不过，他只有一门取得了高分，那就是数学。

高迪后来大肆宣称自己曾经是一名差等生。究竟他是在以漫不经心的态度掩饰自身的傲慢不屑，还是他的智力低于常人呢？他的成就最终告诉了我们需要知道的一切。高迪资质平平，但是却在不断地进步提升。这种缓慢却显著的进步凸显了高迪性格中的一个关键因素——坚忍不拔。[1]这种精神使他能在日后应对惊人的工作负担。

在 19 世纪后期的艺术史上，奋斗被首次视作美德。不事工巧、回归基础要素，成为脱离学院派艺术的方法。像塞尚和梵高这样的艺术家最终能够胜出，恰恰是因为他们表面的拙笨，而不是尽管拙笨，却依旧胜出。他们忠实于自我。年轻的高迪对于重复和抽象深恶痛绝，他已经学会了对各种表面和形体采取直接而实用的调动方式，从而寻找解决方案。

高迪在 1868 年秋天动身前往巴塞罗那时，内心的滋味必定苦乐参半。父子俩在雷乌斯火车站道别时，感到格外辛酸。因为他们彼此都意识到，为了支付这一番闯荡的花销，需要付出

[1] 在他 1863 年上中学的第一年，他的数学完全不行。但是我们看到，到了 1867 年，他的数学已经变得非常优秀了。

巨大的牺牲——父亲卖掉了他在留多姆斯的土地。

高迪离家愈久，愈是思乡心切。这完美地呼应了当时思想界盛行的一场关键运动："复兴运动"（Renaixença），这是某种加泰罗尼亚身份的重生，它通过深刻挖掘加泰罗尼亚在中世纪的过往历史，将发展势头推向现代性。

高迪在 1868 年秋天抵达的巴塞罗那，是一个充满激情、生机勃勃的大都市。巴塞罗那历史浸润深厚，拥有欧洲最大的中世纪城区，同时它也张开双臂欢迎工业革命的到来。即使是在今天，巴塞罗那虽然保守气氛浓郁，但依然是一座懂得怎样与当前变化共处的城市。

巴塞罗那的公共卫生糟糕得出奇，拥挤的居住条件令人无法忍受。在高迪下火车进入这个城市四年后，英国旅行者奥古斯塔斯·黑尔（Augustus Hare）描述了城里庆祝节日的场景：

> 巴塞罗那充满迷人的生机与活力。当我们告别蒙特塞拉特山的荒野，驱车来到城镇时，发现所有欢快活泼、喜爱玩乐的人好像都走上了街头……

他从那里爬上了地势险要的蒙特惠奇山（Montjuïc）要塞，俯瞰城市：

> 当目光越过当地人经常用作藩篱的野生芦荟形成的前景画面，整个城镇看起来就像是一幅地图，摊放在仿佛经过烈火炙烧的棕色平原上，四周群山环绕，大片的平顶房

屋给人一种独特的东方感觉。[1]

但是，这种描述却与年轻的大提琴演奏家帕布罗·卡萨尔斯（Pau Casals）在1883年的观感大相径庭。在这段时期，没有发生任何重大变化，尽管事物在许多方面有所改善。运输变得更为有效，铁路业由于风险投资的增多也得到了巨大发展。建筑业迅速膨胀。古巴出口贸易带来的资金源源不断地流入；银行数量激增；股市行情看涨；大量"有限责任公司"迅速成立。纺织业的繁荣以及航运业和炼钢业的空前增长，以惊人的速度充盈了城市的财源。但是卡萨尔斯写道：

> 多少罪恶啊！多少艰辛与苦难啊！我要问自己：人类被创造出来是要生活在如此肮脏而堕落的环境中吗？……我走在巴塞罗那的街头，感到厌恶，并满心忧虑。[2]

除了学校的科目考试成绩，高迪生命里的这个塑形阶段，并没有留下任何日记或者记录。因此，我们无从知晓他看到的巴塞罗那是哪一幅景象，究竟是肮脏的贫民窟，还是轻松友好的异域乐园。

高迪和卡萨尔斯一样敏感。《波夫莱特手稿》所揭示的正是高迪成长过程中多愁善感的浪漫主义倾向。年轻的高迪是一个理想主义者、爱国主义者，但尚未成为加泰罗尼亚民族主义者。

---

[1] Hare, Augustus, *Wanderings in Spain*, London 1873.

[2] Kahn, Albert E., *Joys and Sorrows—Reflections by Pablo Casals*, Macdonald, London 1970.

他已经开始思考劳动条件方面的问题，并对理想社会的构造感到困惑。

高迪首先搬到了博恩区（the Born），聚居在这里的主要是劳动阶级。他的第一个寓所位于蒙特卡代广场 12 号，楼下就是肉铺，而且很可能是和哥哥弗兰塞斯克合住。[1] 博恩区位于里韦拉（Ribera）特区的中部，古老的加泰罗尼亚民谚这样形容道："走遍天涯海角，最终回到博恩。"

然而，在高迪到来时，这个地区正逐步衰败。在过去的一百五十年中，里韦拉的这个区域曾两次被彻底摧毁。第一次是在 1715 年，当时是为了惩罚巴塞罗那在西班牙王位继承战争中支持了哈布斯堡家族。第二次是在 1868 年秋天，当时被用作巴塞罗那监狱的休塔德利亚（Ciutadella）堡垒深受人们痛恨，最后遭到摧毁。

到了 18 世纪 70 年代，尽管博恩区的后街市场都采用了新型的铸铁屋顶，但这些街道巷落却在日渐衰败。[2] 由于博恩区与大海只有一街之隔，因此每天都充斥着海水冲刷到岸边的各种人类遗弃垃圾。在爱德华多·门多萨（Eduardo Mendoza）的历史小说《奇迹之城》（*The City of Marvels*）中，主人公奥诺弗雷·波乌维拉（Onofre Bouvila）被迅速吸引到博恩区的边缘

---

[1] 1869 年 10 月的文件称帕特里西奥·巴努塞利（他住在同一地址，很可能是房东）是高迪的担保人。此时他的哥哥弗兰塞斯克刚满十八岁不久，还不能做担保人。高迪在巴塞罗那的学习生涯中的后三处住址，都是由他的哥哥充当担保人。如果我们认可托达和马塔马拉的说法——高迪因为缺钱等了一年才入学，那么，我们可以合理推测，他们会由于经济原因和兄弟感情而同居一处。

[2] 由丰特塞雷设计并执行。但巴塞戈达教授认为，作为学生的高迪或许已经参与了某些细节的工作。

地带。

> 各种古怪人群渡海而来，住满了后街里巷，他们操着异国的语言，一言不合就舞弄刀枪棍棒。大海掩盖了逃向广阔水域的作恶者的踪迹，背后只留下了深夜里令人毛骨悚然的哭声和未被惩罚的罪恶。

博恩区贫民窟的扩张只是发生在这座城市的众多变化之一。在巴塞罗那的主干道兰布拉大街的南侧，沿街的修道院建筑设施大多数在1835年遭到洗劫和焚毁。城市的西部边缘，面向科塞罗拉（Colserolla）山丘的，是新近批准的城区扩建项目：扩展区（eixample）。这里也是一片疯狂建设、从漫天尘土里规划出网格状街道的忙碌景象。这座城市的核心地带多以砖石构造，它从哥特区向外呈波浪式扩张，当地居民使用的材料价格越来越低廉，所以每一次的扩张都记录了他们的相对财富变化。最初是大理石和岩石，然后是烧好的砖头，接着是使用黏土砖坯、粉刷成白色的廉价灰泥、捡来的木料，最后全都是从这座扩张的工业城市里获取的其他碎石瓦砾。

❖

刚刚来到这座大都市的高迪，满眼好奇地走过博恩区和哥特区，到豪梅·巴尔梅斯学校去完成余下的两门课程——基础物理和博物学。较轻的学习负担肯定让这位学生有充裕的时间对城市建筑遗产发展日益浓厚的兴趣。但是，若干年后的高迪再一次歪曲和粉饰了我们对青年高迪的看法。高迪在回首往事时说，他在十六岁时就已经是一个固执己见、坚持自学成才的人。然而，他的考试成绩显示，他在这里求学的时候，其实已经完成了所有的课程要求。

高迪居所周围的环境为他提供了灵感。那些狭窄的街道，骤然隐没在六层高的廉租公寓纷纷投下的阴影里，通向一个个阳光透亮、让人倍感亲切的广场。那种气味、晾衣绳、吵闹、调情和各种噪声是每日生活的永恒特征，它们充斥于砖头与石膏板搭建的狭窄街巷。马拉加利曾经充满怀想地描述他在里韦拉的童年：

当我还是个男孩时，
我胆怯地生活在
阴暗的街区。
虽然墙壁潮湿，
但阳光令人喜悦。

从光亮到阴影的各种温度与心情变化，与里韦拉狭窄街道上不同建筑结构之间的急剧落差，彼此产生呼应。一种建筑风格或是被吸纳，或是被取代，形成了一种近乎剧场表演效果的不和谐感。这既是视觉上的不协调，但同时也非常优美生动。在朴素的正立面背后隐藏着极其丰富的建筑细节。每个时代都以上一个时代为基础而建立。饱经风雨的木门，被装饰性的铁链纽结在一起，遮拦了令人称奇的华丽内饰。锻铁大门则通向质朴的露天庭院。罗马时代墙垣的厚重花岗岩块被用作哥特式教堂的根基。罗马式的立柱被用来支撑新古典主义的阳台。你所看到的每一个地方都是不同建筑风格的大杂烩。灰膏涂敷的正立面，貌似普通平实，但只要启开一座座小门通道，眼前显现的就是半遭废弃的中世纪商人豪邸，而造型典雅的楼梯则优美地盘旋到二楼主厅。在每一个角落，你都会有所发现。一家店铺的外墙可能掩盖了 12 世纪圣殿骑士教堂的入口；在距离最繁华的大街一分钟远的地方，可能就是一座寂静孤独的罗马式回廊。

在距离高迪兄弟住所一箭之遥的地方，耸立着海洋圣母殿（Santa Maria del Mar），它是哥特式建筑和高迪所在堂区最伟大的成就之一，被人们亲切地称为"里韦拉的主教座堂"。[1] 塔拉戈纳大教堂的规模、复杂性、建筑与空间效果的多样性，以及不同风格的积聚，都曾给高迪留下深刻的印象。但海洋圣母殿却是哥特式的杰作。

海洋圣母殿只是 14 世纪二三十年代大兴土木的狂热时期所修建的众多哥特式教堂之一。它属于迅速上马完工的项目，不像坐落在哥特区中心的圣亚加大（Santa Àgata) 皇家礼拜堂，也有别于同一时期修建、风格混杂的巴塞罗那主教座堂。这样的兴建速度导致它具有风格统一的力量。起初，教堂的墙外就是沙滩。因此，它的一侧面对着沙滩，看起来就像是一艘褐红色的船体残骸。然而，与巴塞罗那众多令人兴奋的建筑一样，最让参观者着迷不已的还是它的内部。从建筑的南大门向内直视教堂，可以看到正殿两侧是以间隔较远的立柱作为支撑。当它一直延伸到光线

[1] 全称为海洋圣母殿（Basilica de Santa Maria del Mar），在级别上低于主教座堂（the Cathedral）。——译者注

透亮的半圆形祭坛后曲廊的时候，便形成了一种节奏逐渐加快的视觉韵律。如果目光沿着正对祭坛的通道原路折返，相当于再一次体验这番韵律感受。走在通道上，观者会注意到端正架设在六角柱头上方的肋架拱顶，以及它们含蓄的能量迸发与动态潜能，进而迅速将视线移向空中。海洋圣母殿充满张力的空间，具有某种灵活性。但它也具有某种自相矛盾的属性。它在予人抚慰的同时，也让人躁动不安，它在造成视线移动的同时，又保持着静态不变。坚固不移的石材散发着空间幻觉的气息。所有这些效果都出自这样一座工程结构暴露无遗的建筑。

该教堂在 14 世纪的建造过程为高迪提供了一个榜样，使他知道建筑与信仰在将来如何有可能实现统一。

海洋圣母殿是依靠当地社区力量建造的。建筑的费用由里韦拉的商人提供，同时也得到几十家行业工会的技术与捐资援助，包括蜡烛商、制革工、鳕鱼商贩等。即使是那些缺乏一技之长、专门从附近蒙特惠奇山采石场搬运巨型石块的码头装卸工，也成为这项庞大工程的一部分。奴隶工人通过修建教堂的艰苦劳动赎回了自己的人身自由。海洋圣母殿让外来者得以融合，并将他们安全纳入了教会的围栏。这是创立一所基督之家的示范典型，日后将成为高迪在筹备圣家堂过程中作为建筑哲学的坚固基础。

当年高迪朝着码头和海滨方向行走，在薄暮的柠檬色光线里穿过博恩区的时候，或许经常从街边的悬铃树下漫步而过。在博恩广场的另一边，耸立着新古典主义风格的商人宅邸希弗雷宫（Porxos d’en Xifré）[1]。

---

[1] 原文名称直译为“希弗雷家的柱廊”。——译者注

该建筑以其独特的柱廊而闻名，它是彼时刚开放不久的旧海堤区域里规模庞大的新型奢华地产开发项目之一。希弗雷宫的出资者是何塞普·希弗雷－卡塞斯（Josep Xifré i Cases）。在1835年反教权暴动结束后不久的那批建造工程里，它是为数不多的几个具有建筑价值的项目之一。

希弗雷作为巴塞罗那的地产业首富，属于城市新晋精英阶层“印第安诺人”[1]里最富裕的一位代表。这些人经营殖民地的蔗糖、朗姆酒、棉花与奴隶贸易，聚敛了大量财富。希弗雷以宏大规模修建了这座兼具商贸和居住功能的宅邸。它的立面采用了严格对称的形式，并侧重于表面装饰，从而增添了一种华彩的效果。

希弗雷需要纪念他的父亲，后者曾在英西战争中损失了麾下的舰队。这是他在港区开发这一超大规模“时尚”项目的首要原因。但是这种宣传仅仅引起了人们极为短暂的关注。这座巨型建筑最终由于它的拙重感而黯然失色。

希弗雷宫展现了它与“印第安诺”的文化核心即“财富”的简单直接关联：奴隶和小天使在热带水果的披垂花饰中间装载着农产品，而农神萨杜恩和天神乌拉诺斯则在空中手持三角尺、罗盘、沙漏等航海仪器，对他们进行监督。雕刻的奖章图案里，著名的加泰罗尼亚徒步旅行者与美洲土著人的刻板形象混杂在一起。在一些装饰细节中，希弗雷宫使用了一种令人费解的符号语言，它隐晦如谜，而且故弄玄虚。[2] 希弗雷宫暗示的

---

[1] Indiano，指从美洲发财回来的欧洲人。——译者注

[2] Mila, E., *El Misterio Gaudí*, Editorial Martínez Roca, Enigmas de la Historia, Barcelona 1994, pp. 28-36.

是，这个时代的工业与商贸，就像阿尔戈英雄们追寻金羊毛的事迹那样具有史诗和英雄意味。高迪在希弗雷宫对面的建筑学校学习，这使得他有充足的机会熟悉这座建筑的全部装饰并慢慢剖析其中可能的含义。海洋圣母殿和希弗雷宫在高迪的周遭环境里形成了鲜明对比：一个是靠社会力量修建的异常美丽的哥特式教堂，另一个是以殖民剥削为基础并向工商业致敬的宅邸。两者界定了高迪今后将要实现的两个终极目标：一是成为加泰罗尼亚身份象征的旗舰，一是尝试重写历史的兴衰。

1868年10月高迪作为自由学生[1]在豪梅·巴尔梅斯学校注册登记，这样他只需要参加部分科目的学习，这种特殊身份使他比别人有更多的空闲时间。然而，这其实只是他等待来年进入巴塞罗那大学本校的权宜之计。第二年夏天，他回到雷乌斯，将所有时间都用来关注市区活动、考尔德若拉庄园和他的波夫莱特计划。等他返回巴塞罗那，已经错过了巴塞罗那大学理学院的入学时间。他原本希望在理学院学习五年制的专业课程，其中包括微积分、力学、几何学、化学、地理学、物理学、博物学、代数学和三角学。作为学习建筑的预备课程，这代表了当时的标准教育内容。

导致他耽搁入学的理由很充分。1868年9月普里姆政变以后，局势持续动荡不宁。1869年10月11日他写信给校方申请延期注册，援引的理由是“政治”因素。

高迪和弗兰塞斯克经常变换住所。那时候，在夏季离开

[1] alumno libre，入学只是为了完成特定的课程。——译者注

城市回农村老家是很常见的事情，就像现在的情况一样。他们从 1869 年寓居的蒙卡达广场搬到了附近的埃斯帕赛利亚（Espaseria）大街 10 号，1872 年又搬到蒙特惠奇 – 德圣佩雷（Montjuïc de Sant Pere）大街 16 号的五层。在电梯发明之前，顶层的公寓要经济实惠许多；仆人们通常都住在阁楼里，因为那里夏天炎热，冬天寒冷。

高迪在这座城市里的前几年过得很愉快，并且证明自己虽然性情古怪，却是一名有能力的学生。最后他在进入建筑学院的时候又被耽误了一年，但是他的父母依旧很支持他——考虑到他最终需要十年时间来完成学业，这种支持尤为重要。对一个建筑师来讲，学习上十年并不新鲜，但是与高迪祖辈们接受的手艺训练相比，这仍然代表了一种根本性的突破，因为以往学手艺的年轻人到十六岁就该挣工钱了。在课堂上，高迪已经表明他更偏爱艺术，而不是抽象分析。马丁内尔证实道：

> 抽象思维让他烦恼不堪，他无法忍受这些东西。对于高迪而言，解析几何将几何形状的可塑性转换为代数学的公式——他称之为“抽象的抽象”——纯粹是一种折磨。他坦然承认，教授详细讲述理论“教条”时他感到厌倦，但是当他们不停地讲解具体的实用材料时他却兴趣盎然。[1]

一位循循善诱的教师点燃了高迪真正的学习热情，从

---

[1] Martinell, p. 31.

而抵消了他这种早熟的傲慢印象。罗维拉·拉瓦萨（Rovira Rabassa）关于扭曲面和透视研究的课程深受高迪喜爱，并为他日后设计桂尔纺织村（Colonia Güell）墓窖和圣家堂的建筑风格打下了基础。

在入学之前，高迪必须通过线条画、写生素描以及法语的考试。此外高迪还精通德语：在以后的岁月里，高迪能够整段地引用歌德的诗篇。唯一真正对他构成障碍的就是英语能力的欠缺。不过，类似于罗斯金（John Ruskin）和莫里斯（William Morris）这些影响力最大的英国作家的著述，很快就可以看到加泰罗尼亚语和法语的译本。

他是一个嗜好读书的人。有位同学回忆，高迪会把书撕成一沓沓的，这样就可以叠起来放在裤兜里随身携带，以便一有空就可以如饥似渴地阅读。但有些时候，这种办法也给他带来麻烦。他曾从朋友埃米利奥·卡瓦涅斯（Emilio Cabañes）那里借了一本维奥莱－勒－杜克（Viollet-le-Duc）的《法国建筑详解词典》(*Dictionnaire raisonné de l'architecture française*)，这是新中世纪主义者的圣经。可是等他最终归还时，书页上却布满了潦草的批注和下划线。[1]

高迪是学生社团“新勇士”（Niu Guerrer）的成员。该社团负责装饰狂欢节的彩车，并演出以加泰罗尼亚名人生平为题材

[1] 一些评论者在谈到高迪对 19 世纪的“灯塔”维奥莱－勒－杜克的作品表示赞赏时，曾经提到过这件逸事。不过可以确定的是，埃米利奥对于自己的书被朋友兼同学涂写得乱七八糟感到十分愤怒，所以这个故事通过他的后代而流传了下来。

的政治或历史短剧。[1] 大学校园外的生活也为他提供了丰富的文化娱乐选项：巴塞罗那著名的文化中心“雅典娜神殿”（Ateneu）经常举办辩论会；里切乌歌剧院（Liceu Opera House）的廉价顶楼座票，则培养了人们对歌剧与戏歌日益增长的喜爱。[2]

城市社交生活的节奏与微妙细节让人殊难适应。19 世纪后半叶的巴塞罗那尤其如此，它在推崇英国典范的基础上形成了一套刻板的阶级制度。[3] 兼职工作让高迪手头宽裕起来，他很快拥有了衣品过度考究的名声，他眼光挑剔，格外注重修饰，只钟意于尽善尽美之物。他手上的羔皮手套来自阿文尤（Avinyó）大街的埃斯特尤·科尔内莉亚（Esteban Cornelia）商店。兰布拉大街的阿尔瑙（Arnau）店铺里专门为他保留着定制的木头帽模，以便量身定做窄边软毡帽、夏季草编船夫帽，以及高迪最喜爱的黑色丝质高顶礼帽。据传高迪非常娇气，他让哥哥弗兰塞斯克先把新鞋穿松，免得他自己磨出拇趾囊肿胀、水泡或者鸡眼，不过这种描述与高迪本人的情况有冲突：他喜欢满城转悠，随时准备在岩石崎岖的地带走上好几个小时，以便探寻建筑与考古的矿藏。一种可能的解释是，这种普鲁斯特式的姿态掩盖了高迪兄弟俩分享衣物的必要，以及高迪不得不凑合穿上

---

[1] 在 1879 年，高迪还为远足者协会设计了一个致敬彩车，以纪念 17 世纪的巴洛克风格诗人莫森·弗兰塞斯克·加西亚（Mossèn Francesco García）逝世二百五十周年，他是距离高迪祖先的家乡圣科洛马·德克拉尔特村只有五公里的温泉镇巴尔福戈纳－德留科夫（Vallfogona de Riucorb）的教区牧师，在 1617 年负责建造了圣芭芭拉小礼拜堂。为了符合移动朝圣神龛的传统（今天的西班牙仍在使用这样的神龛），高迪将所有的装饰细节都汇聚到一个羊角状的丰收篮里，让满溢的蔬果粮食从朴素的吉卜赛马车架上盈盈垂挂下来。

[2] Matamala, pp. 36-37.

[3] McDonogh, G., *Good Families*.

哥哥丢弃的旧衣物的事实。

另一个关于高迪个性的关键谜团是，高迪年轻时是否属于反教权主义者。有资料显示，他是某个闹哄哄的聚谈会（tertulia）的关键成员：这个非正式的辩论组织以名声不佳的佩拉约（Pelayo）咖啡馆为活动基地，并以辱骂神父和嘲笑宗教游行为乐事。关于高迪在佩拉约咖啡馆的相关逸闻，似乎大多数都可以追溯到同一来源——那位“脾气暴躁、让人恼火的搬弄是非者”，他的老师和曾经的同事——多梅内奇－蒙塔内尔（Domènech i Muntaner）。[1] 情绪激昂和学生时代的叛逆，原本属于寻常之事，而在狂欢节期间讽刺和嘲笑神职人员，也是数世纪以来的特许权利。然而，如果说高迪拥有根深蒂固的反教权思想，这也没有什么新鲜的。在戈雅极具讽刺性的组画《奇想集》（*Caprichos*）中，透过那些神职人员的臃肿身材，一个个鲜明形象跃然而出，揭示出教会神父这批虚荣者的伪善、残忍、寄生性和贪婪无度。

在《波夫莱特手稿》中，托达和高迪公开反对“黑色秃鹫的不祥力量”。但是只有当我们承认那些“黑色秃鹫”是指代教士，这句话才显示出反教权的倾向——它们同样很容易被解读为“坟墓与修道院的亵渎者”。[2] 不管怎样，那时有一句常见的双韵体诗：

---

[1] 参见 Elias, J. 对多梅内奇的讨论。比利亚尔、塞拉利亚奇、丰特塞雷、比拉塞卡、丰特、罗根特和多梅内奇在投票决定高迪的建筑师资格时，几个人当中只有一票反对。投票详情目前未知。除多梅内奇以外，高迪与所有老师都共事合作。多梅内奇是否已将高迪视为潜在对手？当时高迪虽然还是学生，却已经参加了克拉韦纪念碑（Clavé monument）的设计竞标，与多梅内奇同台角逐。

[2] Martinell, p. 39.

我们已经推翻了王权，现在则瞄准了神父，

因为他们像最古怪的野兽一样吞噬着我们的国家。

反教权的观点是19世纪屡见不鲜的一种表达方式：一个人开始拒绝天主教信仰，预示着他将在精神与宗教层面发生突然逆转。卡萨内里斯描述了此时的高迪：

既活泼乐观又喜欢享乐，是美食爱好者，也是绘画室的常客……反对教权主义，对宗教漠不关心，如果称不上十足的无神论者，至少也具有无神论的倾向。[1]

1874年10月24日，二十二岁的高迪成功地通过了基础课程考试，他终于在建筑学院正式注册入学。在巴塞罗那大学接受过训练、声名远播后世的建筑师数量之多，足以佐证这份成绩的意义。[2]由于这是一所新设立的学院，其教学实践还未僵化到令人生厌的地步。老师与学生共同研究探讨，并且经常分工从事实际委托项目。这种激励氛围由于师生年龄的接近而得到进一步加强——作为教师的多梅内奇仅仅比大多数学生年长两岁。

高迪不愿奉承或盲从哪位老师的风格，他的学业进程为此

[1] Casanelles, p. 28.

[2] 这些人包括巴塞戈达兄弟，多梅内奇–蒙塔内尔和他的兄弟多梅内奇·埃斯塔帕（Domènech Estapà）、多梅内奇·马萨纳（Domènch Mansana），他的儿子多梅内奇·罗拉（Domènech Roura），还有包括佩雷·法尔凯斯、丰特、丰特塞雷、胡霍尔、蒙库尼利、普伊赫–卡达法尔克、罗根特、鲁维奥、萨尼耶、比拉塞卡和高迪本人在内的二十多位大师。

而延缓。后来他以特有的嘲讽语气对教学活动表示鄙夷，认为它只不过是一种规训。[1] 当他向年轻助手鲁维奥－贝利韦尔（Rubió i Bellver）传授经验时，还玩世不恭地建议道，只要在期末考试时模仿任课老师青睐的新古典主义形式，就会取得好成绩。鲁维奥由此而一帆风顺地通过了考试。

高迪进入建筑学院可谓恰逢其时。当时新出现的摄影技术，第一次让人们能够轻松接触到全世界的建筑遗产。高迪痴迷于巴塞罗那大学建筑图书馆，成了那里的常客。

他发现他根本“管不住自己”。[2] 在图书馆里，他惊叹于路易吉·卡尼纳（Luigi Canina）在《古罗马建筑：历史遗迹描绘》（*L'Architettura Romana: Descrizione Dei Monumenti*，Rome 1842）中展示的古代经典之作。[3] 更重要的是，他还能浏览到遥远地域的那些风格颓废而充满堕落危险、偏离常规的建筑作品。在帕斯卡尔·科斯特（Pascal Cost）的《阿拉伯建筑或开罗的历史遗迹》（*Architecture Arabe ou Monuments de Kaire*，Paris 1839）和普里斯·阿韦纳斯（Prisse d'Avennes）的《开罗遗迹背后的阿拉伯艺术》（*L'Art Arabe d'après les Monuments de Kaire*，Paris 1877）中，他可以欣赏到伊斯兰建筑的异国风情和装饰特征。[4] 法国出版商们开创了异域风情的建筑类摄影图书之

[1] Pabon i Chameco 认为：“教育的价值纯粹在于训练，所以老师的行为准则，多少是培养可造之材，而不是给他们赋予能力。” pp. 2-3.

[2] 根据高迪自述。

[3] Ràfols, *Antoni Gaudí,* ed. Conosa, Barcelona 1929, p. 24.

[4] 维奥莱－勒－杜克称赞科斯特提醒他留意伊斯兰建筑之美。事实上，他给如下两本书写了介绍文章：朱尔·布古安的《阿拉伯艺术》（*Arts Arabes*, Paris 1873）与莱昂·帕尔维莱的《15 世纪的土耳其建筑》（*Architecture et décoration turques au XVe siècle*, Paris 1874）。

先河。19 世纪七八十年代，也是殖民冒险活动的鼎盛时期，建筑出版物数量的激增，对欧洲人的品位产生了极大的影响。

建筑学院还获得了一套印度和埃及历史遗址的原始图片，这让高迪享受了一场迷人的“精神盛宴”。此外还有采用最新的银版摄影技术而再现的玛雅遗址、亚述和波斯建筑杰作（例如大流士和薛西斯时期在波斯波利斯建造的百柱厅）、印度窣堵坡与柬埔寨寺庙，以及中国和日本的历史遗迹。但是让高迪越来越感兴趣的，却是那些更加朴素的日常建筑。高迪仔细研习上尼罗河地区用陶土搭建的临时建筑照片和素描图：那些古怪的鸽棚式厩楼，就像倒置的冰激凌筒一样顶端汇聚到一点。高迪自幼熟稔十字军东侵和西班牙收复失地的故事，他对梅利利亚（Melilla，西班牙在摩洛哥的属地）的堡垒建筑十分着迷，该建筑使用了一种拉伸到怪异程度的卵形弧拱，后来高迪将其发展成了他标志性的悬链拱。此外他还很赞赏摩洛哥泥屋的雕塑特色、非洲阿特拉斯山脉高处具有防御功能的村落，以及在土耳其东部的卡帕多西亚（Cappadocia）和佩特拉（Petra）岩间开凿的奇特民居。

继 1851 年英国水晶宫的世界博览会之后，欧洲各地的贸易博览会就像雨后春笋般涌现出来，导致人们不断要求建筑显示出更多的异域特色。[1] 但无论是舞台布景、相片还是印刷物，都缺乏背景信息。二维的照片无法描绘出地理的真实感。例如，

[1] 到了 1889 年世界博览会的时候，夏尔·加米耶受到维奥莱-勒-杜克的百科全书式著作《人类居住史》（*Histoire de Habitation Humaine*, 1875）的影响，为每一种人们已知的建筑制作了一个模型。在巴黎的整个战神广场上，挤满了风格迥异的建筑，有西藏式的、埃及式的、廷巴克图式的，还有墨西哥式的、毛利式的、摩洛哥式的。

无法解释撒哈拉的泥屋如何通过就地取材而自然融入当地的背景。但是，博览会没有必要考虑地理上的“恰当”，视觉信息很容易就被生吞活剥地予以吸纳。

以前没有哪一代人能够在如此风格多样的盛宴上大快朵颐。徜徉游荡在这片图像的海洋里，高迪还需要某种更为坚实的东西。老师们为高迪提供了实用与智性的知识架构。他研习了不同材料的阻抗力、应力分析、透视绘图、结构力学、地形学和草图画法。但是这样做还不够。高迪还在大学的其他院系寻找答案，旁听诸如美学和哲学等课程。[1] 西班牙充斥着不同的文化传统，它们至今仍然留存在各自的建筑实物里：包括腓尼基人、罗马人、希腊人、西哥特人、凯尔特人、阿拉伯人、柏柏尔人和犹太人的各类传统。它们已经完全融入到本土文化之中。对于一个加泰罗尼亚人、卡斯蒂利亚人或安达卢西亚人来说，采用伊斯兰的主题和装饰图案并非只是做作之举。

高迪在全身心投入新兴的西班牙建筑风格之前，吸收了皮金、罗斯金和维奥莱－勒－杜克的经验。这三个人为高迪提供了批评工具，给所有这些信息赋予了意义。或许维奥莱－勒－杜克（巴黎圣母院的修复者）比罗斯金和皮金更具有基础建筑分析的能力，使高迪备受启发。

维奥莱－勒－杜克起初曾遭到责骂。当他试图在法国美术学院对兴味索然的听众进行启发时，遭到了对方的诘问。他的论点对高迪来说可谓言辞激烈：

[1] 高迪旁听了鲁维奥・奥尔斯和米拉－丰塔纳尔斯的美学课程，以及杰出的批评家哈维尔・略伦斯－巴尔瓦的一系列有关历史和哲学的讲座。

City of Marvels

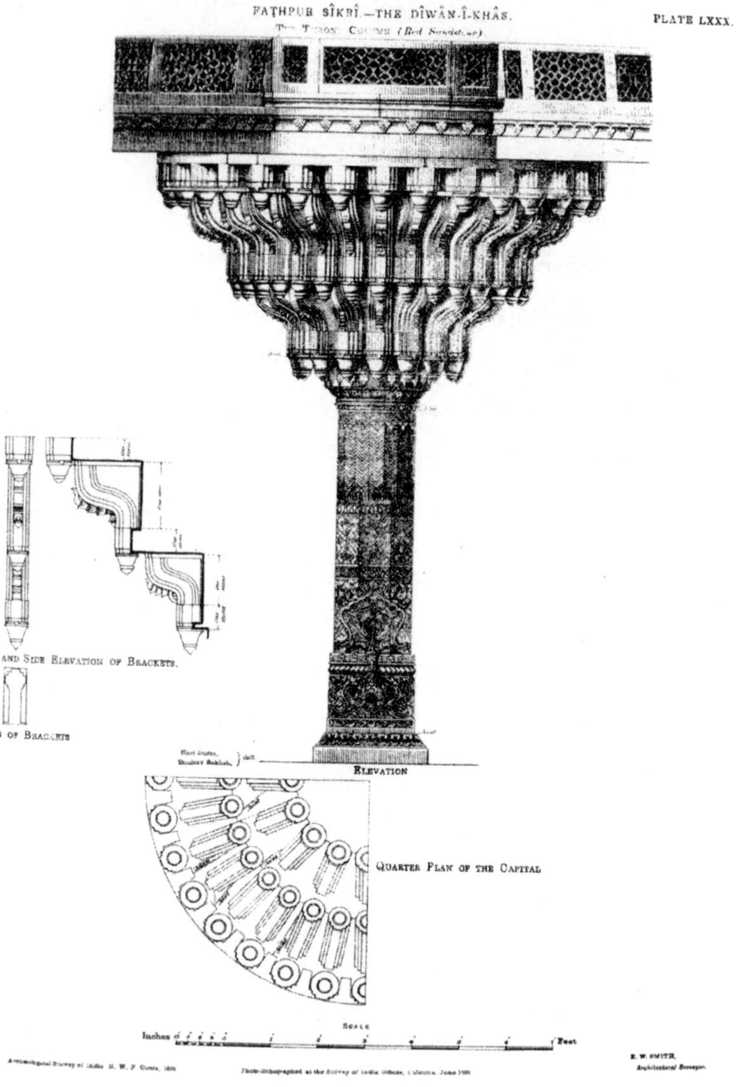

印度法塔赫布尔西格里（Fatehpur Sîkrî）清真寺的偏心立柱
类似的插图激起了 19 世纪末期欧洲人对于异国风格和混搭风格的狂热迷恋

19 世纪浪漫主义时期的印刷品，反映了科尔多巴（Cordoba）大清真寺内景

难道不是所有可能的表达形式都已经耗竭，所有的结构组合都已经用尽了吗？不，先生们，人类的灵魂依旧相同，依旧能为自身的思想和感情寻找到新的表达。但是要拥有这种创造性的能力，就必须在内心里意识到它，意识到它的位置，意识到实现它所必须做出的努力。我们必须准确了解祖辈的工作，才能得到这种创造力。否则的话，我们就只能盲目地模仿，而不能理解并充分利用我们祖先所有的秘密技术。毫无疑问，这些技术的多样性导致它们在目前使用起来比较困难。但是当你在最高级、最美丽的文明怀抱里，发现了这些最杰出的建筑背后的秘密时，你将很快认识到，所有这些秘密可以简化成几条原则，当这些原

则结合到一起，就会产生类似发酵的作用，从而使新的原则源源不断地出现。[1]

维奥莱－勒－杜克坚持认为，过去所有的建筑杰作都必须通过分析而化约为某个论点。衡量建筑要看它处理具体问题的能力。一个很好的例子是，哥特式建筑中使用了飞扶壁作为支撑。这样的扶壁是必要的吗？抑或是因为石匠们对各类应力缺乏了解而受到了局限？在怎样看待建筑史自身的分量这个问题上，这是一种富有启发性的方法。一座建筑就好比是实验室里仔细研究的对象。高迪日后的天才表现不仅取决于他对建筑杰作优缺点的分析，也产生于他对工厂、厩房和住宅这些日常建筑结构的分析。高迪由此摆脱了风格上的趋炎附势，他始终有效避免了传统品位高低之分的阻碍。

最终形成启迪意义的，不仅是维奥莱－勒－杜克的实践哲学，还有他引领潜心钻研的学生走出建筑迷宫的方法。尽管他是一个优秀的建筑师，但是他真正的天才之处在于解构。他让旧的建筑形式复活，以便它们能够应用于新的情境，并有助于阐明一些老的问题。[2]

在法国和英国，当时的建筑界围绕着民族风格的适用度、

[1] 1863 年 11 月，在强烈的反对声中，他被任命为法国美术学院的艺术兼美学教授。上任后，他在学院进行了一系列讲座。迈克尔·基特译自 *Eugène Emmanuel Viollet-Le-Duc 1814–1879*, Architectural Design Profile, Academy Editions, London 1980, pp. 20-25。

[2] 具有讽刺意味的是，维奥莱－勒－杜克的《详解词典》（*Dictionnnaire raisonné*）和他的专题讲稿集《建筑的维护》（*Entretiens sur l'architecture*），后来被用作样式参考书，特别是他的一些插图，可以说与高迪的特定作品有直接的关系。

维奥莱－勒－杜克在其《建筑教程》中的插图，展示了他分析建筑的新方法

折中主义，以及部分古典范式的显著优越性，展开了激烈的争论。对此，维奥莱－勒－杜克的老师让·尼古拉斯－路易·迪朗（Jean Nicolas-Louis Durand）力主一种开放的态度。到了19世纪60年代，法国采用了文艺复兴时期的典范模式和城市规划的理性主义方法，从而被推到了艺术和建筑的前沿。

英国人不仅到19世纪60年代还没有这样的自信，反而对法国人的设计存在着一种根深蒂固的自卑感。但是关于文艺复兴或哥特形式的运用，却引发了越来越多的争议，并促成了一种新方法的诞生。罗斯金的《建筑的七盏明灯》（*The Seven Lamps of Architecture*，1849）和《威尼斯之石》（*The Stones of Venice*，1851—1853）起到了催化剂的作用。哥特复兴主义者最终取得的胜利，将争论者分化为“柔派”和“硬派”。“柔派”注重建筑的外在面貌与风格，而“硬派”则将精力投入到建筑的结构分析、工程学以及实验法，也就是建筑力学。高迪则两者兼具。[1]

西班牙在19世纪后期的这场建筑争论里并不处于边缘。此外，由于拥有独特的哥特式建筑，加泰罗尼亚既可以将自己视为法国的南部领地，又可将自己视为摩尔人时期西班牙的北部前哨基地。[2]

---

[1] G. E. Street是一个“硬派”人物，他修建的伦敦法院（1874—1882）是最大的哥特式公共建筑。他在建筑上的致敬之作《西班牙的哥特式建筑》（*Gothic Architecture in Spain*）或许本能地抓住了这个民族的倾向。

[2] 豪梅·法夫雷在马略卡岛和巴塞罗那的建筑或者吉列尔姆·博菲利在赫罗纳（Gerona）的建筑，使加泰罗尼亚建筑师成为整个欧洲最具有创造力、最大胆的建筑师。不同于西班牙的其他地区，加泰罗尼亚曾经向北欧看齐，并准备采用前拉斐尔的风格。据说，加泰罗尼亚最著名的诗人哈辛托·贝达格尔曾经用一幅但丁·加百列·罗塞蒂所绘的插图来图解他的《神秘之歌》（*Cants Mistics*）。

维奥莱－勒－杜克、罗斯金和莫里斯的著作已经准备好了基础条件。高迪则在他们坚实的基础上进行了创造。就像肯尼斯·克拉克（Kenneth Clarke）爵士评论罗斯金时的意见一样，高迪或许倾向于“依靠神圣谕示而免于展开更深入的思考”。即使还在做学生的时候，高迪就已经开始在工作方式上形成一种无情的选择性，可以果断抛弃一切无关紧要的事物。

高迪和维奥莱－勒－杜克有着惊人的相似之处。法国作家福楼拜的《庸见词典》（*Dictionnaire des idées reçues*，1881）曾经对建筑师表示不屑：“建筑师：都是白痴。他们总是忘记建楼梯。”但是维奥莱－勒－杜克却使建筑成为一项高尚的职业：他捍卫中世纪行会的做法，使伊斯兰艺术受到认可。维奥莱－勒－杜克和高迪都具有不妥协的性格。维奥莱－勒－杜克极为反感正统流派，充满激情，反对教权，但是他善于进行深入的分析，并且做事一丝不苟。与高迪一样，他喜欢被人视为实干家而非空想家。独处时，他会感到非常快乐；或者“只有跟自己学生”和忠心耿耿的工匠们在一起时，才会感到自在。高迪后来同样会亲切地表示弗兰塞斯克·贝伦格尔（Francesc Berenguer）是他不可或缺的左膀右臂，还高度赞扬了他的雕刻师马塔马拉（Matamala）。

高迪的建筑训练以多次实地考察和研究之旅而告一段落。建筑学院的院长埃利亚斯·罗根特（Elías Rogent）带领最聪颖的学生去参观建筑遗址，并践行维奥莱的教导内容。[1] 其中的一项内容，是去法国参观维奥莱修复的中世纪要塞城市卡尔卡松

[1] 关于埃利亚斯·罗根特和建筑学院的详细研究，参见 Pere Hereu, “La Idea d'Arquitectura a l'Escola que Gaudí Conegué”, 引自 *Gaudí i el seu temps*, Barcanova, Barcelona 1990, pp. 13-42。

（Carcassonne）。这次旅行只有一天，但是据拉福尔斯所言，高迪极其认真严肃，以至于当地居民感觉他们就像是在与维奥莱本人打交道，并希望向他表示敬意。[1] 在这种情况下，高迪的个性经常成为各类神话传说的丰饶土壤。在这种情况下，谬误显示出具有象征意味的联想，是一种弗洛伊德式的口误。然而，按照另一个亲历者的说法："高迪发现，这位卓越的法国建筑师在完成修复工作时虽然采用了严格的考古学标准，但实在过于舞台布景化了。"[2]

关于高迪的卡尔卡松之旅，还有另一则涉及他初恋的传说。就像霍安·马拉加利以稍加掩饰的笔法描写的那样，男主角瘫坐到沙发上，开始讲述自己的悲伤故事。

> 三年前我爱上了一位年轻姑娘，她与几位家人朋友在这里租住了两周。由于她是外国人，所以不能常住。但是我爱她爱得发狂，一有空就去看她。我想她知道我对她的真实感情，因为我们谈话时，她一直对我非常亲切。她拒绝了我的请求，而我很快就听说她已经在家乡和别人订过婚了。最后，她离开的日子到了，但我没有勇气去和她道别，只能怀着凄惨绝望的心情待在家中。后来我再也没有听到她的任何消息，只知道她在家乡如期出嫁。但是，三年过去了，每当清醒的时候，我仍然能看见她——她就在我的眼前。[3]

---

[1] Ràfols, J., p. 22.

[2] Martinell, p. 49.

[3] 本书作者译自马拉加利作品集里的《冒失之举》（*Calaverada*）。

马拉加利在《冒失之举》（*Calaveradа*）里讲述的这个故事，可谓无病呻吟。[1] 他的种种意象来源，是骑士爱情文学的语言，是隐秘花园（hortus conclusus）的语言，即是如何用一座完美的避难所，让那位白衣幽幽、遥不可及的少女得以保全童贞的语言。不过这些连绵不断、柔情浪漫的陈词滥调，确实让人得以窥见高迪那个时代为男女两性设立的品行规范与社会交往尺度。

高迪本人在日后多次说过，自己归根到底只是一位资质平庸的绘图员。许多人认同这样的批评，但这是一种虚假的谦虚说法。高迪一直强调依照模型或在施工现场即兴创作的价值，但他的才艺水平远远超出了人们通常以为的程度。通过把绘图置于次要的地位，他将早年遭受的厄运巧妙转化为优势。因为对一个关节炎患者来说，绘图相当痛苦。

高迪在学生时期的作品里，最具代表性的例证，是他为某个墓地大门精心制作的学生设计方案。这份绘图作品的缘起经过很奇怪。它是1874—1875学年主要课程的期末结项内容。但是根据胡安·贝尔格斯·马索（Joan Bergós Massó）的说法，高迪由于未能按照规定方式完成这份作业，所以在1875年6月被要求离开考场。高迪坚持在图稿首页使用一幅速写画面表现送葬队伍、柏树旁列的街道和哭泣哀悼者——整个背景设置在一片忧郁的天空下。这是一个很好的剧场设计作品，也是高迪逐步建立场景的方式。他想象不出其他任何起笔方式。由此而凸

[1] Matamala, p. 50. 在这份稿件上，卡尔卡松是用笔添加上去的，原先写下的目的地被划掉了。马塔马拉同意马拉加利的看法，声称卡尔卡松之旅是高迪最终追回失去的爱人的一个机会。

显的悖论，即将成为高迪创作过程中的某个常规因素——从来没有哪些奇思异想竟然需要如此煞费苦心地进行预先准备。[1]

高迪遵从考试委员会的限定，完成了一件被视为出色的作品。正如帕冯－查尔内科（Pabon i Charneco）充满预见的话语所述：

> 高迪从一开始就不认为建筑是地面上的孤立对象，而是一种能表白的物体，能够通过自身形式和宏伟规模，与观看者形成神秘的灵性交流。这是生命的最后一道门扉，它完整表现了凯旋门的庄严威仪和死亡的肃穆。[2]

或许，高迪的初步尝试和竭力营造氛围的举动，只是在耍花招。但他在绘图作品里对情感真实与象征意义的追寻，却足够真挚。按照当时流行的新中世纪风格，高迪用装饰性的附件进一步充盈了它的基本结构。罗斯金已经讲述过怎样适度运用细节装饰，怎样遵循它们的“自然”级别差异：

> 模仿的花比模仿的石头更高贵；模仿的动物比模仿的花更高贵；在所有的动物形体里，被模仿的人类形体最为高贵。

[1] Bergós Massó, J., *Gaudí, el hombre y la obra*, Universidad Politécnica de Barcelona 1974 edition, p. 23.

[2] Pabon i Chameco, A., “The Architectural Collaborators of Antoni Gaudí”, unpublished PhD Thesis, Northwestern University, USA 1983, p. 3.

但是，高迪已经逾越罗斯金的讨论范围，开始着手界定建筑与社会历史的功能。年仅二十三岁，高迪就已经完成了一项具有浓厚象征意味的典范设计。高迪曾经从《圣经·启示录》里寻找适用于一年级新生作业的戏剧表现力。[1] 从近乎字面意义的角度，重新诠释圣经文本和天主教的礼拜仪式，将永远成为他工作方法的核心。

> 这些事以后，我看见天上有一个门开了，并且有我初次听见，那同我说话像似号角的声音，说："你上到这里来，我要指示给你，这些是以后必须要发生的事。"[2]（《启示录》4:1）

高迪的墓园之门是所有出口的出口，是有望重新开始的末日审判。在坡度平缓的门顶覆面最高处，是庄严端坐于宝座之上的天主。站立在他下方的，是基督的祈祷形象，身边环绕着《启示录》里的四只"活物"。再往下则"坐著（着）二十四位长老：身穿白衣，头戴金冠"。他们代表了《旧约》里的十二位族长和《新约》里的十二门徒。他们脚下是那些"由大灾难中来的，他们曾在羔羊的血中洗净了自己的衣裳，使衣裳雪白"。门枕石上装饰着希腊字母表的首尾两个字母：

> 我是"阿耳法"和"敖默加"，最初的和最末的，元

---

[1] Bassegoda i Nonell, J., *El Gran Gaudí,* p. 59.

[2] 由于高迪信奉的是天主教，故译文均引自思高本。另，Revelation 在思高本里作"默示录"。——译者注

始和终末。那些洗净自己衣服的，是有福的！他们有吃生命树果的权利，并得由门进入圣城。凡为狗的，行邪术的，奸淫的，杀人的，拜偶像的，以及一切喜爱撒谎并实在撒谎的人，都留在城外。

高迪选择了《圣经》中最为好战的一篇。对于一个二十三岁的建筑专业学生来说，这是一个奇怪的选择，但《启示录》的语言与形象将在高迪的作品里不断重现。

建筑学徒

“必须努力工作，从而克服困难。”

——安东尼·高迪日记，1876 年 11 月 25 日

高迪从进入建筑学院的第一天起，几乎就一直在充当学徒。对于他来说，这是无从选择的。他没有保护者，也没有家庭朋友。他只能依靠自己的天分和不断增长的名声。

学生们从课程刚开始的时候就需要提交详细完备的设计方案。高迪在 1874 年完成的设计图纸里，包括一座装饰华柱、一座水塔和上述那座墓园大门。这种纸上谈兵与实地调查相结合：高迪获准加入一个小组，奉命对拟议建造于马拉河（riera de Malla）的一座教学主楼场址进行地形勘察。

对于 6 月份没能通过专业考试的学生来说，通常在 9 月份还有补考的机会。1875 年 6 月，高迪首次提出了这样的补考申请。但他这样做，是因为在 1875 年 2 月接到了军事征召文件并被步兵团预备队接收。西班牙正处于艰难时期——这时候参军入伍可能会面临危险。

帕维亚将军的政变以及持续进行的第三次卡洛斯战争，导致国家形势异常动荡。1876年7月，动荡最终结束，觊觎王位的卡洛斯七世被流放法国，复辟政权的地位得以巩固。高迪作为一名现役军人，由于对这场胜利的些许贡献，被授予了祖国荣誉勋章（Benemérito de Patria），但是目前并没有他的任何作战记录，就连他写给家人和朋友的信件，也没有任何留存。令人沮丧的是，战争中断了他这一年的在校学习，迫使他推迟了艺术理论的考试，“因为他那时正在服兵役，完全无暇抽身”。[1]

1876—1877这一学年的任务更加繁重。这一年的两大项目，一是为当地政府办公楼设计天井，二是为美国费城百年展设计一座西班牙凉亭。高迪的设计借鉴了被称为“古斯塔夫·莫洛—维奥莱-勒-杜克”样式的建筑风格。遍布于建筑表面的新希腊式细节、点缀与阿拉伯纹饰，表明他一心想让老师感到满意——通过模仿他们风格的方式。这种着力于表面纹理、不加约束的新古典主义，是当时的标准风格。为迪奥塔西奥（Diputación）酒店穹顶精心设计并费力完成的装饰中楣，也几乎显示不出任何个性特点。高迪根据自己的惨痛经历发觉，创新之举很难从老师那里获得回报，因此他隐忍待发。

然而在其他课程中，高迪更能展现自己的特殊天赋。何塞普·丰特塞雷-梅斯特雷（Josep Fontserè i Mestre）近期被指派负责设计新城堡公园（Cuitadella Park），这是普里姆将军送给巴塞罗那人的礼物。高迪作为他的兼职助手，需要完成公园蓄水池的复杂水文计算工作，以便给巨大的装饰喷泉和划船人工湖

---

[1] Martinell, p. 36.

供水。高迪的计算是如此精确，因此等到学校的材料力学教授霍安·托拉斯·瓜迪奥拉（Joan Torras Guardiola）对他的计算数据进行核对后，立刻让高迪通过了相关的课程，尽管事实上高迪并未上过一次课。高迪在别人的描述中是个合群、广受欢迎和工作刻苦的人。他的朋友包括克里斯托瓦尔·卡斯坎特－科洛姆（Cristóbal Cascante i Colom）、埃米利奥·卡瓦涅斯·拉瓦萨，以及比他们高两级的卡米尔·奥利韦拉斯－让萨那（Camil Oliveras i Gensana）。

1876年对高迪来说意味着悲剧的出现：他的哥哥弗兰塞斯克去世了。弗兰塞斯克年仅二十五岁，甚至还没来得及开启他充满前景的行医生涯。仅仅过了两个月，9月6日，高迪的母亲也在悲恸中跟随他哥哥撒手人寰。这种丧失亲人的痛苦只能以高迪自己特有的方式慢慢消化。日后高迪谈起这段时期总是陷入无计可避的消沉。虽然对亲人的死亡仍然记忆犹新，但高迪还是全身心地投入工作当中。他现在成了独子，要对家庭的命运负责。

颇具意味的是，仅仅两个月过后，高迪就开始写日记了。这是我们有关高迪生平的唯一一份逐日简短记录。它始于1876年11月21日，只持续了两个月。这些日记内容总共只有一千多个单词。他在11月25日的日记中写道："必须努力工作，从而克服困难。"当天他已经为老师比利亚尔（Villar）的蒙特塞拉特圣母殿工作了三个半小时，还为建筑师兼教师莱安德罗·塞拉利亚奇（Leandro Serrallach）的度假小屋忙碌了两个半小时。这句祈愿之语很可能是专门针对他眼前遇到的建筑问题。不过这部日记也能反映出他的总体心境。尽管它并不带有感伤色彩，但给人的印象是，他正在竭力避免被自身的种种情感所裹挟。

10月19日，高迪在自己充盈的工作负荷之上增添了新的任务，他参加了一个建筑比赛，并为此而设计了一个连接泊船栈桥、饰有垛堞墙头的湖畔休憩亭。这批画稿，连同高迪的其他多数作业被借到建筑学院展览，因此才幸免于1936年的那场大火。它们细节考究、水彩着色精致，显然颇费功夫。到11月底，高迪在多数情况下需要同时着手推进的建筑项目，有时候多达三至四个。同时他还在研究西班牙最知名建筑的对开页面相片，并为帕德罗斯－博拉斯（Padrós y Borrás）工业机器公司进行设计。他偶尔会因为奔波于学业和建筑设计工作之间而病倒。他在日记里写道：为比利亚尔工作两小时，为比利亚尔工作一小时，为丰特塞雷工作三小时，为塞拉利亚奇工作一小时，等等。只有在圣诞节和节礼日[1]这种休息时间他才无法工作。也许因为心情复杂，既沮丧又轻松释然，所以他在另外两天里潦草写下了尖刻的话：

> 绝对无所事事……
> 无所事事，一整天什么也没做！

为了哀悼他的家庭，他写下了一段关于“家宅”（*Casa Pairal*）的简洁沉思：

[1] Boxing Day，在西班牙又称为“圣斯德望日”，每年的12月26日，名称起源有多种说法。——译者注

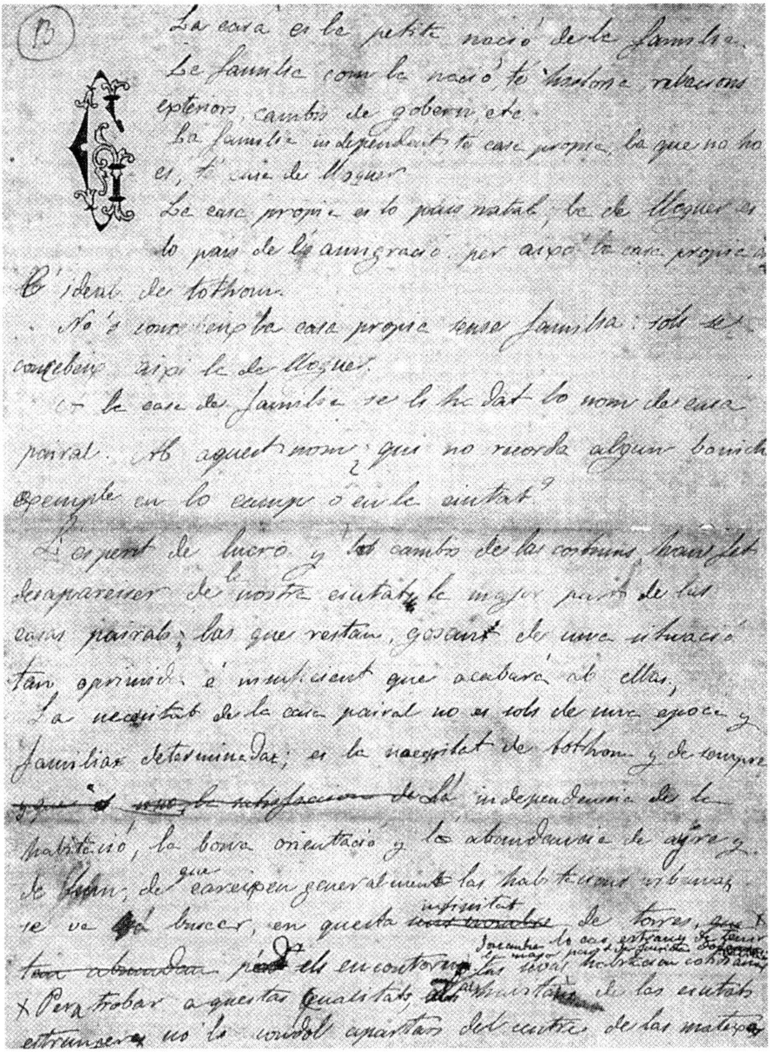
(13)

La casa es la petita nació de la familia.

La familia com la nació té historia, relacions exteriors, cambis de govern, etc.

La familia independent té casa propia, la que no ho es, té casa de lloguer.

La casa propia es lo pais natal, la de lloguer es lo pais de la emigració, per aixó la casa propia es l'ideal de tothom.

No's concebeix la casa propia sense familia; sols se concebeix aixi la de lloguer.

A la casa de familia se li ha dat lo nom de casa pairal. Ab aquest nom ¿qui no recorda algun bonich exemple en lo camp ó en la ciutat?

L'esperit de lucro y los cambis de las costums han fet desaparesser de la nostra ciutat la major part de las casas pairals; las que restan, gosant de una situació tan oprimida é insuficient que acabará ab ellas.

La necesitat de la casa pairal no es sols de una época y familia determinada; es la necessitat de tothom y de sempre ~~y que es una la satisfaccion de~~ la independencia de la habitació, la bona orientació y la abundancia de ayre y de llum, de que careixen generalment las habitacions urbanas, se va á buscar, en questa infinitat ~~mot nombre~~ de torres, ~~que tan abundan~~ pels encontorns ...

× Per a trobar aquestas qualitats ... de las ciutats estrangeras no's consent apartarse del centre de las mateixas

1878 年雷乌斯手稿的一页，高迪在其中描述了他心中理想家宅的形象住宅是家庭所在的小国家。一个人自己的家就是他的祖国；租来的住宅则是移民去的国家，因此拥有自己的家是每个人的梦。人们无法想象自己的家中没有家人，只有租来的住宅才可以如此想象。因此亲人团聚的家被称为“家宅”。每当听到这个名字，谁能不回想起乡村或城市里某一处美丽的寓所呢？

然而，他的新家人很快就出现了——以工作室同伴关系的形式。

1878 年 3 月 15 日，高迪被正式授予建筑师资格，这使得他能够跻身于加泰罗尼亚建筑师联合会（Col · legi de Arquitectes de Cataluña）。作为一家官方机构，它负责监管建筑业务、提供法律咨询、制定价格政策、注册工程项目，并提供一个专业图书馆和俱乐部。

然而，高迪的毕业过程并非一帆风顺。他只是隔三岔五到学校上课。他完成作业的方法经常违反相关规定。例如他在设计医院项目时，对其他建筑的研究过于仔细，包括美国马萨诸塞州的波士顿免费医院、法国的拉里布瓦西埃医院、英国的布莱克本医院，以致耗尽了时间。在截稿期限的头一天晚上，他将设计方案带回家，一口气匆促描绘出缺失的建筑正立面。学院院长罗根特随后将他的学生们都请到家里，告诉他们已经通过课程考核——当然，高迪除外。高迪最终同意采取折中办法，并获许提交一座纪念雕塑喷泉的设计作为替代。

在授课过程中，罗根特和其他教授已经注意到了高迪的天赋。但是高迪有时候表现出的好斗做派，并不总是能够为他赢得朋友。高迪毕业的时候获得了评审会的多数赞成票，而不是一致通过。罗根特最后宣布："先生们，今天在我们面前的要么是一位天才，要么是个疯子！"高迪则讽刺地回应道："所以说我现在似乎已经成为设计师了。"

但是，给高迪投下反对票的那个人是谁呢？比利亚尔、塞拉利亚奇、丰特塞雷、比拉塞卡、丰特、多梅内奇还是罗根特？他们都与高迪共过事。但最有可能的是多梅内奇，因为他已经开始视高迪为潜在的对手了。

如果说 1878 年是高迪职业生涯迅速发展的关键一年，那么这一年对于多梅内奇来说也同样意义非凡。多梅内奇在事业上与高迪锋芒相竞，也经常与高迪狭路相逢，他是文化复兴运动时期一位关注公共事务的建筑师，并且迅速实现了自我转化，成为业界要人。作为一个极其博学的人物和组织天才，多梅内奇既是建筑师，又是出版商、书籍设计者、作家、演讲家、卓越的政治家，最后他成为巴塞罗那大学建筑学院的院长。[1]

多梅内奇在 1878 年完成的一篇开拓性文章《寻求民族建筑》，使他成为加泰罗尼亚建筑学争论的焦点。[2] 与此前的维奥

[1] 其出版项目包括六十卷本的《艺术与文学文库》，其中包括贺拉斯的《颂诗集》，以及剧作家拉蒙·德·拉克鲁兹（Ramón de la Cruz）的独幕喜剧小品集（sainete）。他还为《文艺复兴报》《加泰罗尼亚之声》和《加泰罗尼亚人民报》设计报头。他写了八卷本《艺术通史》（*Historia General de Arte*）中的三卷。后来，源于对自身深刻信仰的忠诚，认为建筑师的任务与职责是从整体建构社会，他成为加泰罗尼亚最杰出的政治家之一。多梅内奇在著名的《曼雷萨宣言》（*Bases de Manresa*）起草的过程中扮演了核心角色。这是加泰罗尼亚首次整理表述其民族主义抱负的尝试之一。多梅内奇是西班牙议会中代表巴塞罗那的四个议员之一。他担任过加泰罗尼亚联盟党和加泰罗尼亚联合党的主席，此外还担任过花神诗歌竞赛（Joc Florals）和巴塞罗那文化中心"雅典娜神殿"的主席，后一职位他更是前所未有地担任了四次。

[2] 载于《文艺复兴报》（*La Renaixença*），1878 年 2 月 28 日。

莱－勒－杜克和戈特弗里德·森佩尔（Gottfried Semper）一样，他指出要摒弃那些陈腐老旧的学院传统，并代之以更具功能性和理性的方案。“我们应当让装饰形式服从于建筑原则，就像古典时代所做的那样。”他态度强烈地表示道。

在仅仅十一页的文章中，多梅内奇系统地分析了几种建筑风格，并认为它们无法适用于加泰罗尼亚而应加以摒弃。西班牙的丰富建筑遗产源自南部的伊斯兰风格，以及北部的罗曼式与哥特式风格。但是多梅内奇采用了巧妙扭转的方法，强调建筑的基本结构原理高于一切，而其他一切都无关紧要，由此让民族风格得以摆脱狭隘的地方概念。事实证明，这对现代主义风格的发展来说至关重要。多梅内奇设法将建筑融汇到整个加泰罗尼亚的文化争论之中。这场争论被称为“复兴运动”。颇具悖论色彩的是，即将借助自己的建筑设计与别具一格的加泰罗尼亚风格，从而为多梅内奇的立论提供实例的人，却是高迪，而不是其他任何建筑师。

这场“复兴运动”积极地体现出加泰罗尼亚对浪漫主义的具体回应，这是高迪多数思想的核心所在。宗教与加泰罗尼亚民族主义的地位非常重要，但这场运动的迫切目标却是彻底重构加泰罗尼亚语言。这种语言民族主义的诞生，可以追溯到1833年阿里保（Aribau）的诗作《祖国》（*La Pàtria*）的发表，他在诗中慷慨陈词：

> 该死的忘恩之徒，他在异国的土地听到
> 自己唇齿之间，说出母语，却没有哭泣，
> 或者，当他想起家乡，却没有深深地挂念触动，

没有从墙上摘下祖先亲手留存的七弦琴。

其他人迅速呼应他的挑战之举。1841 年，华金·鲁维奥－奥尔斯（Joaquim Rubió i Ors）出版了《略夫雷加特河上的吹风笛者》（*Lo Gayter de Llobregat*），在书中他要求加泰罗尼亚人摆脱占据主导地位的卡斯蒂利亚语[1]，从此永远避免语言混杂的侵害。

“复兴运动”不仅是一种语言现象，它还在一场不断发展的政治运动中找到了表达途径。这场运动主张寻求独立的加泰罗尼亚身份，并采取保护主义关税以培养加泰罗尼亚迅速发展的工业基础。正是在这一点上，针对马德里而蓄积的挫折感获得了最激烈的表述。

霍安·桂尔－费雷尔（Joan Güell i Ferrer）是加泰罗尼亚的著名商人，同时也是高迪未来的赞助人欧塞比·桂尔（Eusebi Güell）的父亲，他是加泰罗尼亚贸易保护主义运动的领军人物。他的言论毫不留情：

> 那些依靠勤奋劳动、明智经营并厉行节约的人，可以创造资本，并积累起财富。那些只依赖于他人劳动的成果、流动财富或是外国黄金的闲散懒惰者，所应得的结果只能是沦于贫穷、衰落与毁灭的荒漠。[2]

---

[1] 即纯正的西班牙语。——译者注
[2] 译自 Fernández-Armesto, F., *Barcelona*, p. 147。

除了艺术领域繁花似锦的景象，“复兴运动”所取得的成就，就是对加泰罗尼亚纯正民族特质的审慎概括：节俭、诚实、勤奋、忠诚，以及对家庭、风景地貌和家乡的热爱。但是“复兴运动”也拥有浓厚的宗教禀性。像巴塞罗那大学文学教授曼努埃尔·米拉－丰塔纳尔斯（Manuel Milà i Fontanals）这样的平信徒，将自己关于加泰罗尼亚真正品质的见解传授给整整一代人。这个当年被称为“文学巨鲸”的人，自信不疑地论述着传统里的价值观如何高于一切。高迪和其他数百名学生恭列其门下，听他谈论席勒、浪漫主义、拿撒勒画派、罗马，并听他引述已经快被遗忘的加泰罗尼亚民歌。

在加泰罗尼亚教会内部，莫尔加德斯（Morgades）主教推行了一种传统主义者的做法。他领导了一场充满活力的复兴活动，并为具有巨大象征意义的革新工作寻求支持，例如与曾遭受洗劫的里波利（Ripoll）圣母堂相关的项目。对于莫尔加德斯和他的追随者何塞普·托拉斯－巴热（Josep Torras i Bages）和豪梅·科勒尔（Jaume Collell）来说，真正的加泰罗尼亚身份寓于农民的虔诚之中。当然，这种虔诚意味着承认各种旧特权和封建法律，而后者则倾向于教会利益并力图维持现状。这也是高迪日后将要在建筑中表现的那种虔诚。

然而，“复兴运动”最具象征意义和感染力的呈现形式，同时也令高迪极感兴趣的，就是恢复了古代的全国诗歌竞技，即“花神诗歌竞赛”（Jocs Florals）。加泰罗尼亚诗人纷纷朗读赞美加泰罗尼亚语言和土地的圣诗、颂歌和史诗。竞赛的奖励是：首先，将一朵新鲜玫瑰授予任意题材的一首诗；其次，将一朵金质锈红蔷薇（eglantina d’or）授予一首描写加泰罗尼亚风俗与历史的诗歌；最后，将一朵金银质地的紫罗兰授予一篇具有宗教或道德升华意义的作品。采用天然的玫瑰花作为奖品殊为恰当，因为任何人类的创造都比不上加泰罗尼亚的自然和上帝造物之美。参赛诗人的最终目标是包揽三个奖项，并成为加泰罗尼亚的传奇人物："欢乐学识之师"。获得这一称号的人为数不多，其中一位是哈辛托·贝达格尔（Jacint Verdaguer），他于1877年，也就是高迪在建筑学院就读的最后一年，以其不朽的诗作《亚特兰蒂斯》（*L'Atlàntida*）获此殊荣。

1878—1880年间，在"复兴运动"的影响下，高迪为后来的职业生涯打下了基础。然而，业务领域早期获得的成功，却再次因为个人经历的不幸而黯然失色：他的姐姐罗莎在1879年去世了，这使他成为家中唯一的孩子。

作为一个正规入职的建筑师，高迪最初的作品里有很多是为自己设计的。他的职业名片和办公桌设计简洁，而这些设计具有重大象征意义。像中世纪的出师学徒一样，高迪开始打造自己的行业工具。从风格上看，他的设计也具有当前时代的特点。他浅黄色名片上的长脚字母都带有华丽的花尾，这是新艺术运动的特征。他的办公桌具有威廉·莫里斯的感觉，装饰精巧，同时也设计得很实用。

高迪曾经花费不少时间思考装饰物在建筑和设计中的地位。在一篇未发表的文章《装饰》中，他写道：

> 它目前是，而且终将是缤纷多彩的。大自然为我们呈现的事物没有哪样是单纯、彻底一致的颜色，自然植被不

是这样，地质状况不是这样，地貌不是这样，动物界里更没有。颜色反差的存在，总是或多或少显得活泼生动，因此，我们必须对每个建筑细节的整体或部分进行着色。

用他设计的这张办公桌来检测他不断演化的理论，真是再理想不过了。它外观貌似厚重的棺椁，用四根锥形腿支撑，桌腿之间用踏板连接，从而在桌子的功能和形式之间达成一种精巧的平衡。桌面的圆形书挡手感顺滑。在木质材料的底面，年轻的建筑师选用了金属装饰物，汇成了一座“地上的王国”。几条蛇，几只猛禽，一只松鼠和一只蜥蜴，一只螳螂，一只小公鸡，还有蝴蝶和蜜蜂云集在常青藤的长蔓和月桂树的枝条上面。这是高迪的“自然奇书”——只不过它是经过驯化并安全置入室内的版本。

这张桌子之所以重要还有其他原因。它是在森德拉（Cendra）大街的欧达尔多·庞迪（Eudaldo Puntí）的工坊里打造而成。有一天，高迪在参观车间时，被人介绍给传奇式的富豪欧塞比·桂尔先生。两个人很快成了朋友，并由此而发展出有史以来艺术家与赞助人之间最非凡的一段交往关系。在他们初次见面时，高迪只完成了四项设计：他的桌子；为恩里克·吉罗西（Enrique Girossi）设计的铸铁花架货摊，旨在批量生产，但由于吉罗西破产而从未完成；为巴塞罗那手套制造商科梅利亚（Commella）参加 1878 年巴黎博览会而设计的玻璃展柜；一组采用铸铁制造的路灯柱草图。

这些具有纪念意义的路灯柱今天依旧矗立于皇家广场（Plaça Reial）上，无论高迪将来的作品朝着怎样的方向认真发展，它们都堪称开篇之作，因为这是他所接受的第一份正式委任。然而，高迪却是这项工作的第二人选：据巴塞戈达教授的说法，高迪是在豪梅·塞拉－吉尔韦特（Jaume Serra y Gilbert）去世后，通过霍安·马托雷利－蒙特利斯（Joan Martorell i Montells）的力荐才获得这项工作的。[1] 四个月后高迪提交了比例为 1∶10 的设计图。这些路灯柱的模型同样交由庞迪的工坊完成制作。

根据高迪的设计，这批路灯柱是在大理石基座上架设六臂华柱，柱顶设计是墨丘利的头盔，象征着巴塞罗那的商业繁荣。它让人想起了希弗雷宫，可能这正是设计师的用意所在。因为希弗雷宫的廊道前曾经考虑过安装几座同样的灯柱。高迪还提供了精简版的三臂华柱设计，以便用于不够开阔的空间地带。两种路灯柱都获得了批评界与公众的赞扬。

然而，高迪的酬金支付却变成了一场旷日持久的纠缠。对方出价最初只有 336 比塞塔 [2]。高迪将设计费用分割为几部分，索价 2300 比塞塔，几乎是这个数目的七倍。次年 3 月，巴塞罗那的首席市政建筑师罗维拉－特里亚斯（Rovira y Trías）将这个数字压低至 850 比塞塔。高迪虽然不满，但仍然在 4 月份接受了这份较低的报酬。事实证明，最后增加的 514 比塞塔可谓代价高昂，因为高迪此后再也没有获得过巴塞罗那市政府的委托业务。

---

[1] 高迪 1877 年 1 月 4 日的日记，记录他曾参加了一个为当时新近获得建筑师资格者举行的庆祝宴会。其中就有霍安·马托雷利－蒙特利斯，他获得此资格时年纪相对较大，已经四十四岁。尽管这是他们会面的第一次记录，但是在高迪第一天进入建筑学院时，他们就一定彼此认识了。高迪日后将加入马托雷利的工作室，并在那里与卡斯坎特和奥利维拉斯共事。

[2] Peseta，1869—2002 年流通的西班牙银币。——译者注

这次经历让高迪学有所获，他随后又通过马托雷利获得了下一项委托：为富翁科米利亚斯（Comillas）侯爵设计家具。科米利亚斯侯爵打算创造一种全新的建筑语言来表现他的惊人成就。他并不在乎有没有先例，计划将他的出生地科米利亚斯村变成巴塞罗那现代主义建筑师的展示窗。科米利亚斯侯爵让马丁内尔建造索布雷拉诺宫（Palacio Sobrellano），并在旁边建造万神礼拜堂，在对面小山上建造耶稣会神学研修院。马丁内尔的设计团队包括卡斯坎特（Cascante）和奥利韦拉斯（Oliveras）。在欧塞比·桂尔的建议下，高迪受邀给礼拜堂设计几件家具。桂尔在庞迪工坊看到高迪设计的办公桌以后，坚信他能够胜任这份工作。和所有维多利亚兴盛时期的宗教家具一样，高迪设计的祈祷凳、长椅和宝座不仅富有装饰性，而且极度精致，到处堆砌着繁复的雕刻纹样。古典立柱触目可及，但过度雕琢的细节更是占据主导：侯爵的财富给人印象至深。

高迪为科米利亚斯家族继续效力过两次。1881 年夏天，他设计了一个以阿拉伯人包头巾为造型的凉亭，作为业余戏剧表演的布景。这些剧作根据《一千零一夜》改编而成，是为皇室到访而准备的。[1] 凉亭表面覆盖着镶嵌画和灿若繁星的金属钉，还有悬挂钟与铃铛的活动装置。这座凉亭是他对自己在东方文化领域所有研究成果的回馈。高迪将一张玻璃桌摆在凉亭中央，桌子下面是一块编织精细的土耳其地毯。在阿方索十二世（Alfonso Ⅻ）到来的前一天，一名工人被地毯绊倒，脑袋磕碎了玻璃桌面。当高迪正庆幸没有人身受重伤的时候，马塔马拉

---

[1] Kent, C., and Prindle, D., *Park Güell*, Princeton Architectural Press 1993, p. 72.

建议他马上派人火速赶回巴塞罗那取来替代品。为了成功招待来访的国王，需要不惜代价。先前已经有两百节火车车厢满载着确保国王起居舒适的奢侈用品，蜿蜒穿越西班牙缓缓驶来。

高迪的下一项委托是为马塔罗（Mataró）的一家工人合作社进行设计，这与上一项工作形成了鲜明的对比。在工作过程中，高迪历经挫折。他在圣赫瓦西·德·卡索雷斯（Sant Gervasi de Cassoles）建造的一所小剧场没有在建筑界引起任何反响，而这座建筑在很久以前就已经消失了。1880 年他参与圣塞巴斯蒂安赌场的项目竞争，但是失败了。他为巴塞罗那海堤提供照明方案的设计遭遇了重重困难。为阿莱拉的圣菲利克斯（San Fèlix de Alella）设计带屏风的祭坛，也是同样情况。已经设计好的一处乡村田庄，即位于赫利达（Gelida）的康·罗塞利·德拉列纳（Can Rosell de la Llena），始终停留在制图阶段。他为巴塞罗那哥特式大教堂设计的新立面草图，虽然闻名，却从来没有落实为展示图稿以外的东西。这次竞标是千万富翁曼努埃尔·赫罗纳（Manuel Girona）出资赞助，而草图则是由高迪、多梅内奇和马托雷利协作完成。

这些只是目前世人已知的失败项目中的一小部分。类似项目可能还有许多。高迪的一个朋友蒂莫特奥·帕德罗斯（Timoteo Padrós）曾经请高迪为马德里的一家纺织厂出些主意。高迪怒气冲冲地答道："你非常清楚，我要靠工作谋生，没有办法献身于那些夹缠不清、摸索探寻的项目。我相信，你本人也不会让我为了那些不确定的东西而放弃确定的东西。"

当高迪还是学生时，他曾在"雅典娜神殿"文化中心下象棋并遇见过马塔罗工人合作社（Sociedad Cooperativa Obrera

Mataronesa）的主任萨尔瓦多·帕赫斯–安哥拉达。诗人约阿希姆·巴特里那（Joacquim Bartrina）是高迪的老同学[1]，同时也是帕赫斯的朋友、支持者和代言人。马塔罗工人合作社位于巴塞罗那以北十五公里处，是西班牙最初的几个合作社之一，它开拓的全新生产形式可能严重威胁到了巴塞罗那纺织业领军家族的寡头垄断地位。在充满乐观心态的19世纪70年代末期，工业乌托邦的理想似乎仍然可以实现。帕赫斯决心要扩大生产规模，于是请高迪和他的朋友埃米利奥·卡瓦涅斯为他设计工人住宅、工业漂白车间和企业标识。高迪和卡瓦涅斯为了开创企业特色而展开的各种实验非常具有革命性。从企业信笺到工人住宅，合作社方方面面的形象展示都经过深思熟虑。[2] 拟建项目最终只完成了极少部分。不过，其中最富意味的还是生产工棚，它是机械动力的完美呈现。十二个抛物线形的拱架从整个空间的上方横跨而过，使中央大厅变得宽敞通风，每道拱梁是以三层薄木板铆接而成，而抛物线造型则可以让拱梁自身的重量沿拱身均匀分配。这是一种简单而廉价的解决方案。它体现了功用主义和平等主义，对于合作社的协同工作理念而言，这是完美的空间隐喻。

帕赫斯的工业乌托邦具有某种令人无法抗拒的纯真感。公司标识描绘了一个工业化的蜂巢景象：蜜蜂在纺纱织布的机器

---

[1] 帕赫斯白手起家，在回到马塔罗之前，他已在纽约挣了大钱。*Gaudí: La Vida d'un Visionari*, Castellar-Gassol, J., Edicions de 1984, Barcelona 1999, p. 53. 高迪在费城百年展上也许已经和帕赫斯打过交道，因为帕赫斯在那里有一个展位。引自 *L'Estudi de Gaudí*, Joan Bassegoda in Nonell seleccío d'articles publicats a la revista Temple entre 1971-1994 ed. Temple Expiatori de la Sagrada Família, Barcelona 1996, p. 39。

[2] 它比彼得·贝伦斯在德国电器公司的工作和包豪斯的工作早了二十年。

旁忙碌不停，气氛和谐。

高迪的标语被刷写在墙上，它们道出了公司的理念。一条是："你想成为聪明人吗？和善待人吧！"另一条是："同志，保持明智，践行和善！"还有一条："没有什么比兄弟之情更伟大。"然而，高迪的格言并不都是在讲仁爱和兄弟情。蓬勃发展的生产经营有时需要野蛮的能量。有一则格言警告工人们不要虚饰客套。"繁文缛节是某种错误教育的明证。"这一条显然是肺腑之言：后来高迪以态度生硬、作风凌厉而著称。

其他人注意到了高迪的矛盾之处。马丁内尔是这样分析它们的：

> 他称颂朋友萨尔瓦多·帕赫斯那里的工人既优秀又优雅，他也称颂欧塞比·桂尔身上体现出勤劳的贵族品质，他希望两种人能够并肩生活，形成兄弟般的融合……若干年之后，他已不再信奉自由主义的路线，但是他从未放弃过劳动主义的理想，尽管他已不再用它来炫示。他所做的是用基督教的仁爱代替世俗的慈善。[1]

马塔罗的委托项目适逢高迪建筑生涯的关键时期。由于高迪对马塔罗的频繁造访，他与昵称"佩佩塔"（Pepeta）的何塞法·莫雷乌（Josefa Moreu）和阿古斯蒂娜·莫雷乌（Agustina Moreu）两姐妹成了好朋友。两人都是合作社学校的老师。她们住在巴塞罗那的迪普塔希奥（Diputació）大街，离高迪的住

---

[1] Martinell, p. 48.

所很近，因此高迪常去看望她们。高迪发现佩佩塔极具同情心。她相貌美丽，充满活力，支持共和事业，是一位自由思想者。她与她的第一任丈夫离了婚，这在她所处的年代完全有悖于传统。面对她的美貌与活力，高迪感到手足无措。他性格内敛、经验不足，所以觉得很难表达清楚自己的情愫。

最后，高迪非常笨拙地向她求婚，但是佩佩塔宣布她已经跟一个成功的木材商伊纳斯·卡瓦略尔（Ignasi Caballol）订婚了。[1] 高迪失去了机会。后来他只爱过另一个女人——一个年轻的美国人，但是当她回国后，他们就失去了联系。高迪甘心接受独身状态，并以宿命眼光看待自己贫瘠的爱情生活。与西班牙黄金时代的许多神秘主义者一样，高迪选择了“爱的活焰”[2]，这是通向上帝，赞成否定自我、放弃肉欲的精神朝圣。[3] 高迪永远放弃了女性的友情陪伴。按照路易·佩尔曼耶（Lluís Permanyer）的说法，他成为厌女者。如果他的助手到名声不好的咖啡馆或是被他发现与女人外出散步，他就会谴责他们。[4]

高迪带着激进和勇于革新的声誉迈入 19 世纪 80 年代。但是知晓他的人仅限于一个小圈子，包括马托雷利、丰特塞雷、比拉塞卡和罗根特，他的名字只会出现在临时性的展览台、广告亭和商店内室。到了 19 世纪 80 年代末，仅仅七年过后，他已经与多梅内奇并驾齐驱，即使不在西班牙，也至少是在加泰

[1] Castellar-Gassol, J., p. 67.

[2] The Living Flame of Love，这是圣十字若望（San Juan de la Cruz，本名 Juan de Yepes Alvarez，1542—1591）的著作名称。他是加尔默罗会修士与改革者。“爱的活焰”为通用译法。——译者注

[3] 他应该经常阅读路易斯·德·列昂（Luis de León）、路易斯·德·格拉纳达（Luis de Granada）、圣德肋撒（Saint Teresa）和圣十字若望等人的著作。

[4] *La Pedrera: Gaudí and his work*, Fundació Caixa Catalunya, p. 23.

罗尼亚成为最受尊重、最著名的建筑师之一了。这种戏剧化的命运变化要归功于他完成了一些关键项目，以及他已转变成为加泰罗尼亚文化复兴运动的一个关键角色。

在西班牙内战结束后的乐观主义氛围中，骤然涌现出一批协会团体。高迪通过加入这类团体，迅速成为圈内人物。

1879 年 4 月 29 日，高迪加入了加泰罗尼亚科学远足者协会，该组织旨在促进体育、登山、写生、地形学、自然科学的发展，从而提升人们对加泰罗尼亚乡村与建筑遗产的关注。[1] 仅仅用了三年时间，该协会就迅速成为一家公共机构。[2] 它至今仍然驻守在最初的会所，位于巴塞罗那主教座堂后面狭窄的天堂街。

各个远足者协会的社团成员都是清一色的男性，其组建目的是让加泰尼罗亚人重新发现自己的辉煌过去。徜徉在山川草地之间，貌似乏味的消遣活动，其实具有明显的政治和民族主义规划意图。[3] 远足运动几乎从一开始就与加泰罗尼亚的政治觉醒同步。[4]

在整个欧洲，登山社团已经蓬勃发展。罗斯金和维奥莱都曾经倡扬过峰巅美学，但是它的谱系可以追溯到很久以前。它

---

[1] 有关远足者协会最好的记录，见协会会刊《公告》(*Butletti*)。一本非常有趣的书是《1878—1891 年的加泰罗尼亚远足者协会》(*Associatió d'Excursions Catalana 1878-1891*)，作者为 Maria de L'Assumpcio Saurí i Pujol, Tesi de l'licenciatura: Univ. Barcelona September 1985。

[2] 1880 年 2 月 1 日，欧塞比·桂尔先生成为新会员之一。许多贵族都打算和普通人一起加入该组织。

[3] Iglesias, J., *Presencia de L'Excursionisme en la Cultura Catalana*, ed. Fundació Carulla i Font.

[4] 1879 年，巴伦第·阿尔米拉利创办了《加泰罗尼亚日报》(*El Diari Català*)，但它仅维系了两年；第二年，他又组织了加泰罗尼亚议会，试图通过协作保护加泰罗尼亚民法。

根源于浪漫主义以及某种看待自然（尤其是山川）的新式泛神论眼光。在芬兰，卡累利阿人的民族主义哲学已经迅速积聚发展成为一场规模浩大、有益健康的“回归自然”运动。成千上万的芬兰人在采摘蘑菇调理冬季炖菜的滋味时，也在探寻自己的精神根源。然而，法国的登山和体育锻炼却日益呈现出末日审判的味道。保罗·德鲁莱德（Paul Déroulède）在文章里表示担忧，认为安居久坐的现代生活会导致人种退化。

加泰罗尼亚的远足运动则与之相反。尽管有时候外界会认为这只是文化人在自说自话，所以不必予以重视，但是它却几乎完全采取了平和的做法。它基本上可以被概括为复兴运动思想的纯粹具体呈现。1887 年 12 月，在该协会一周年纪念日时，安东尼·马索（Antoni Masso）写了题为《山岳研究的适宜性》（*Conveniencia del Estudi de las Montanyes*）的报告，他在报告中欣然感喟于彼此共有的“祖国之爱”，这种情感“在废墟之间召唤出辉煌过去的魅影”。这份想法天真、满怀爱国之情的报告，颇具煽动感染的力量。

在天堂街的协会会所里，会员们聚集到一起听讲座、使用图书馆、研究地图、购买登山装备，并随意讨论。如今这里仍然是同样的景象。讲座的内容包括文学、音乐、建筑学、考古学和加泰罗尼亚经济学。这正是业余爱好者十分活跃的时代。高迪在加入协会的前几年就搬到了卡尔街十一号，并拥有了自己的第一间建筑设计工作室和公寓，从此可以更加方便频繁地参加协会活动。从卡尔街走到协会只需要两分钟。高迪就这样置身于这座城市的中心——他终于来到了这里。

协会会刊让读者能够了解到协会众多成员的最新动态，例如托达担任外交官以后奔赴埃及、努比亚与中国的历次旅行。1878 年，多梅内奇和比拉塞卡赢得了圣佩雷环路（Ronda de Sant Pere）学校建筑的设计竞标，会刊也表示祝贺。甚至连高迪设计的路灯柱也在会刊里出现过。

但是这个协会的目标并不只是为了教育。在圣乔治日[1]，协会有一个年度聚会，此时包括高迪在内的会员们会把协会会所好好装饰一番。罗马式圆柱的顶端披挂着花环，缠绕着常青藤。从拉蒙·柳利（Ramon Llull）到克拉韦（Clavé），加泰罗尼亚文化名人的众多半身雕像或肖像画顶部都摆放好桂冠，齐聚一堂。四周环绕着加泰罗尼亚语的“过去”和“未来”等字样装饰，分列两翼，拱卫着正中央的“祖国”铭文。

这个协会就像它的全称所显示的那样，是因为多次组织旅行和远足活动而自主成形。这些活动经常是去探索加泰罗尼亚的中世纪建筑。在协会成立的第一年里，组织出行的目的地包括波夫莱特、圣库加特－德巴列斯（San Cugat de Vallès）、里波尔、蒙特塞拉特山、圣克雷乌斯（Santes Creus）修道院、蒙特惠奇城堡、蒂维达沃山（Tibidabo），还前往塔拉戈纳参观了新近出土的罗马时期的镶嵌画。这些旅行不只是为了观光。如果他们发现当地市长和牧师没有充分展开文物修缮活动，或是过度热忱，就会不知疲倦地加以督导。例如，圣库加特－德巴列斯的市长就曾经接到过一封态度严厉的信，建议他修复著名的罗马风格修道院。那里收藏有阿尔瑙·卡德尔（Arnaud Cadell）

[1] 时间为 4 月 23 日，圣乔治日是加泰罗尼亚的第二大节日，根据传统风俗，人们当天会向爱人送一枝玫瑰，向孩子送一本书。——译者注

在12世纪完成的自画像，是西方艺术史上最早的同类画作之一。

高迪最初参与这些活动时颇为低调。1879年5月23日，他参加了五十二人组成的巴塞罗那主教座堂观光团。这是协会组织得最成功的一次短途旅行，因为它距离教堂只有二十米，所以说达到这样的效果并不令人惊奇。六个月后，高迪随行参观了格拉诺列尔斯（Granollers）的圣埃斯特万（San Esteban）哥特式教堂。作为现场唯一的建筑师，人们向他咨询了这座建筑的修缮事宜，以及如何移除在卡洛斯战争期间仓促搭建的丑陋防御工事。[1] 第二个月，他获得全票支持，被选入决策层，并被任命为协会考古博物馆的正式管理人。该馆除了六根罗马式立柱以外，鲜有其他藏品。

1880年1月25日，高迪参加了三十一人组成的团队，前往海洋圣母殿参观。同行者还包括多梅内奇和桂尔。一周以后，桂尔就被纳为协会成员。即使高迪已经二十八岁了，但他似乎很愿意重新了解那些自己已经谙熟于心的建筑。然而他参与这类出行活动，很可能还是因为要办理正经事情。海洋圣母殿之行的成果，是一份呈交给圣殿维修管理员的报告，严肃提醒他注意某些事项。没有人清楚该组织究竟行使了多少权力，但是在一个小城市，所谓的“关系影响”往往比官方布告更见成效。

然而，这位雄心勃勃的年轻建筑师准备承担的职责并不限于这些。1880年，高迪和贝尔略赫伯爵（Conde de Bell-lloch）加入了一个委员会，负责组织一场庆祝国家工作促进会（Fomento del Trabajo Nacional）成立的展览。该会由一些大企业

[1] Bassegoda i Nonell, J., *L'Estudi de Gaudí*, p. 60.

家所创建，目的是促使西班牙的工业需求得到满足。一个月后，高迪为立场温和的《复兴日报》回顾了这次展览。他广博的评论显示出一种自信的评论风格，而这明显有赖于他对莫里斯和罗斯金的学习。但是他已经超越了工艺美术运动。他需要的是对功能更加关注，对工商界的需求表现出更大的敏感性。他给人最清晰的印象，是一位精力充沛、几乎随时准备承担任何责任的年轻人。他是一位热情的参与者，这个城市的社会文化生活既让他激动，也让他情愿参与其中。协会的标志是由高迪与另外两名会员托伦茨（Torrents）和鲁辛约（Rusinyol）设计而成，而高迪再次获邀负责周年聚会的装饰工作。[1]

高迪也是该协会竞争对手加泰罗尼亚远足者协会（Associació d'Excurcions Catalana）的流动会员。当这家协会提议遴选出四十多位巴伦西亚、马略卡岛和加泰罗尼亚的作家和艺术家组成团队，并在1882年5月赶赴波夫莱特的时候，高迪感觉自己无法拒绝他们的邀请。这一行人中包括诗人、剧作家和《复兴日报》的主编安赫尔·吉梅拉（Angel Guimerá），诗人哈辛托·贝达格尔，雕塑家巴勃罗·加加略（Pablo Gargallo）和神父豪梅·科勒尔（Jaume Collell）。5月17日晚，这群人在塔拉戈纳会合，这样他们就可以在第二天清晨参加科勒尔主持的早弥撒。他们重新焕发精神活力，乘坐火车沿着高迪十年前走过的同一条道路前行。至少在这一天时间里，艺术家聚集成群的

---

[1] 1880年11月20—21日，高迪又参加了一个十五人的远足团，并在这次为期两天的旅程中探访了阿尔特·佩内德斯（Alt Penedès）地区的比拉夫兰卡（Vilafranca）和与其相邻的格拉夫（Garraf）地区的奥莱萨·德沃内斯瓦利斯（Olesa de Bonesvalls）。

宝贵梦想可以成为现实。在莱斯普卢加（L'Espluga），全体人员依次乘坐马车、骑驴和步行，缓慢来到山上的波夫莱特修道院。住宿已经安排妥当，是附近的三个宽敞农舍。

在这些人吃饭的时候，高迪、艺术家迪奥尼西奥·拜塞拉斯（Dionisio Baixeras）、贝达格尔以及巴伦西亚画家何塞·布雷尔·希拉尔（José Brel Giral）悄悄溜出来，准备用彩色信号烟火迅速安排一场即兴的"声光秀"[1]（*son et lumière*）。稍后，一场烟火光焰表演在氤氲的夜雾里骤然绽放。它至少让一位在场者想到，这肯定很像是1835年修道院焚毁时的场景。众人深受震撼，跟随着豪梅·科勒尔和贝达格尔一起坐在废墟中央，饱含热情地唱起《伟哉天后》（*Salve Regina*）。高迪即将进入的这个文化成长环境，体现出无与伦比的正统意味：天主教、浪漫主义、兄弟友谊、加泰罗尼亚主义的混搭，这一切都与他们对废墟旧迹和颓败功业的浪漫眷恋掺杂在一起。

刚过法西边境，他们就参观了埃尔讷（Elne）的罗马风格修道院，它坐落在科利尤尔（Collioure）和佩皮尼昂（Perpignan）之间的盐碱平原上。这群人在当地拍摄的一张合影流传到了今天。照片上高迪腼腆地躲在安赫尔·吉梅拉的身后，只拍下了他在阴影里的侧脸形象。这张照片简直就是19世纪末加泰罗尼亚文化生活典型代表的一份花名册。如往常一样，在场的其他人包括神父科勒尔、贝达格尔以及艺术家兼诗人里克尔－因格拉达（Riquer i Inglada）。里克尔是英国文化爱好者，并且在西

[1] 法语"声与光"，指晚间在户外历史古迹所在地，利用灯光、音响效果并配以录音叙述等来展示历史的声光场面。——译者注

班牙境内有力推动了莫里斯的美术与工艺运动哲学。如果没有这群才俊之士，文化复兴运动和现代主义运动会是截然不同的面貌。

一行人从埃尔讷穿过内陆直奔图卢兹（Toulouse）。刚到图卢兹，这些人就立刻赶去欣赏 11 世纪的罗马式建筑圣塞宁（St Sernin）教堂，并对其筒形穹顶的简洁工程结构表示赞叹。但是高迪却开始质疑当地奥克西塔尼亚文化“眼光”的至尊地位。据马丁内尔所说，高迪认为圣塞宁教堂无法媲美卓越的加泰罗尼亚罗马风格建筑。他自鸣得意地说了句“我们还是回去吧”，以不屑一顾的态度结束了这趟行程。显然，从此以后，“他就宣称有生之年不会再出国巡游”[1]。如果这是事实，那倒是很符合当时日益流行的加泰罗尼亚中心主义的世界观。有人曾经问高迪为什么不经常旅行了。他粗鲁地答道：“我为什么要旅行？应该是外国人，特别是北方的欧洲人来这里才对。”[2]

从 1883 年夏天开始，高迪参加远足运动的频率越来越低。鉴于到 1883 年秋天时他所接受的委托日益增多，这就毫不奇怪了。现在，高迪已经有机会建造属于自己的建筑杰作了。

[1] Martinell, p. 49.
[2] Bassegoda i Nonell, J., *L'Estudi de Gaudí*, p. 294.

天堂与东方内闱的景象

基督教的坚忍克己思想近期与伊斯兰文明正面邂逅，
由此引发的冲突里，
萌生出西班牙宗教精神最显著的倾向——神秘主义和狂热主义。

——纳达尔（R. M. Nadal）

高迪从那幅著名照片里望向我们，他周身上下显示出可靠而受人尊敬的布尔乔亚形象。带有大翻领的精纺厚毛呢外套，赋予了他某种实质感，并且界定了他至关重要的特点：值得信赖。他拒绝硬翻领、白领带和金表链，那是加泰罗尼亚绅士阶层的精致打扮——他以庄重面貌示人，显眼的灰色胡须越发凸显他比实际年龄更老成的形象。

此时，不到三十岁的他呈现出结实粗壮的骨相。他的头发向一侧梳开，露出了高高的额头，眉骨上方显著隆起。这是高迪唯一有意识摆好姿势的照片。然而，他对照相机的明显畏惧并不代表他对摄影技术本身的完全排斥。日后照相机成为他的一件重要设计工具，他用它达到快速了解工程进度的目的。然而，更重要的是，高迪还利用各种摄影技术去操纵、延展和折叠空间，甚至调整、尝试各种透视方法。

在西班牙视觉文化中，对眼光的描绘发挥着象征性的作用，这种作用超越视觉，并进入精神、魔法和信仰的领域。牟利罗（Murillo）、温琴佐·卡尔杜齐（Carducho）、阿隆索·卡诺（Alonso Cano）、苏尔瓦兰（Zurbaran）、埃尔·格列柯（El Greco）等画家笔下描绘的那些处于出神狂喜状态的反宗教改革圣徒，他们超越尘界的凝视，就清楚体现了这一点：他们的目光将我们接引传送到了另一个空间。在西班牙的通俗文化中，眼光具有更世俗的魔力。它可以体现出性的存在。毕加索就知道这种凝视目光的强大力量，它可以让女人身体僵直动弹不得。然而，高迪是一个理智的加泰罗尼亚人。他姜黄色的头发、白皙的皮肤和犀利的蓝眼睛，在暗肤色占主流的西班牙人群中十分抢眼。特别是他那双眼睛，几乎让所有见过他的人都会不由自主地产生联想。高迪的第一位传记作者兼助手拉福尔斯回忆道："他的眼睛似乎能表达出与语言一样多的内容，那双引人注目的预言家的眼睛，似乎在以严肃的眼神谴责我们的过失和缺陷。"[1]

但是，如果高迪真有一双预言家的眼睛，他也清楚了解它们的局限性。"我们地中海人的眼睛不适合察觉到缥缈魂灵，而只习惯于各种具体形象；我们更多的是想象（imaginative）而非幻想（fantastic），因此我们在视觉艺术上更具有天赋。"高迪曾经这样对马丁内尔说道。

还有一些人，例如何塞普·普拉（Josep Pla），同样注意到

[1] Casanelles, p. 109.

高迪不同寻常的观察与分析能力。他在高迪身上看到了特别的高贵感以及与之匹配的非凡专注力。

> 高迪的眼睛！他蓝色的眼睛几乎没有任何紧张表现，然而它们的平静却展示出一种独特的张力；这不是导致出神状态与纯然无瑕的平静，而是一种充满力量、激情及生命的平静……他似乎是在用眼睛传递事物与众人。[1]

高迪这种具有催眠效果的眼光魅力，正是他生命里堪称最奇异的一段时期的核心所在。这段经历将让巴塞罗那的城市天际线彻底改头换面。

性情古怪的书商何塞·玛利亚·博卡贝拉·贝达格尔（José María Bocabella Verdaguer）于19世纪60年代建立了崇敬圣若瑟宗教协会（Asociación Espiritual de Devotos de San José）。经过若干年的筹款，该组织准备从1881年开始在巴塞罗那扩展区的外围圣马蒂·德·普罗旺斯区（Sant Martí de Provençals）修建圣家堂。[2] 在最初的讨论中，主教辖区的建筑师弗兰塞斯克·德保拉·德尔·比利亚尔－洛萨诺（Francisco de Paula del Villar y Lozano）答应免费为该协会设计平面图纸。

[1] Pla，Sobrer 译。

[2] 在刚成立的三年内，协会受到了来自梵蒂冈的支持，庇护九世允许它募集资金，作为对这一认可的回报，所募资金的一半要上交到罗马。募捐吸引了广泛的支持：共发出了57.2万枚捐款大奖章、39.2万份捐款证书。在罗德里格斯（Rodríquez）神父的敦促下，博卡贝拉印的1.5万本小册子《圣若瑟的七个星期日》（*Los siete domingos de san José*）很快销售一空。

1882年3月19日，也就是圣若瑟瞻礼节这一天，主教乌尔奎瑙纳（Urquinaona）为比利亚尔的新哥特式赎罪圣殿奠下了第一块基石。人们希望，到19世纪80年代结束时（到那时天主教会就可以安全地抵御异端、新教徒、无政府主义者和无神论者的攻击），教堂可敬的赞助者庇护九世（Pius Ⅸ）、克里斯蒂娜女王（Queen Christina）、阿斯图里亚斯（Asturias）王子——未来的阿方索十三世，以及未来的圣徒安东尼·玛利亚·克拉雷特（Antoni Maria Claret）可以在这里庆祝它的第一个弥撒。

工程启动很顺利。到1882年7月，已经有五十名泥瓦匠和普通劳力投入工作，另外还有八辆大马车协助，但是圣家堂很快就遇上了麻烦。比利亚尔和教堂委员会发生了分歧。最初引发危机的焦点是怎样为地下墓室立柱选择合适材料的问题；实际上，比利亚尔和委员会以前已经就此达成了共识。不久，矛盾演变为双方撕破脸皮的争吵。[1]博卡贝拉的朋友霍安·马托雷利当选为委员会的建筑审核顾问，或许不出意料的是，他站在了委员会这一边。显然，比利亚尔已经不适合继续担任工程主管了。马托雷利是显而易见的继任人选。然而，他此前的审核顾问身份有碍于担任这一职务。

博卡贝拉很快以托梦的形式获得了援助。根据当地的传说，我们知道他梦见一位年轻的建筑师，后来又通过梦中见过的那双犀利的蓝眼睛，将这位年轻人从现实世界里辨认了出来，这位蓝眼睛的“预言者”将前来拯救圣家堂工程。数日过后，也就是在1883年秋季的某一天，当博卡贝拉走进马托雷利的办公

[1] Bassegoda i Nonell, J., *El Gran Gaudí*, pp. 210-212.

室，正好与高迪打了个照面，他立刻意识到这应该就是他要找的人。等到时机合适，高迪作为“天选之人”，将获得圣家堂工程的绝对自主权。

整个事情的真实发展模式则是相当地平淡无奇。替换比利亚尔是一个各方都能接受的妥协方案。高迪非常合乎他们的要求。因为高迪不仅曾在建筑学院受教于比利亚尔，而且还与他一同参加过蒙特塞拉特山顶教堂后殿圣母小礼拜堂（camarín）的修建。博卡贝拉是这座山顶圣殿的常客，他很可能已经在那里见过高迪。若非如此，那么他当初前往马托雷利繁忙的工作室，并在制图员的绘图板旁边就座时，肯定遇见过高迪。比起他经验丰富的年长同事，聘用三十一岁的高迪或许是相当便宜的。[1]

高迪于 1883 年 11 月 3 日开始从事圣家堂的工作，尽管直到 1884 年 3 月 28 日他才被正式任命为工程主管。1884 年 3 月 3 日，高迪提出建议，希望自己能彻底摆脱比利亚尔设计方案的束缚。此时委员会请出高迪以前的老师罗根特来裁定此事，而罗根特决定支持高迪。

高迪接受这项委托，相当于一夜之间跃入了巴塞罗那顶级建筑师的行列。起初，他的设计观念颇受制约：因为这座建筑原先确定的中轴线方向，是要与环绕周围的扩展区形成严格的直角关系。但是没有人能想象得到，真实的酝酿过程竟然会如

[1] 问题的解决方案让委员会和高迪都感到满意，而比利亚尔很快改变了他的策略。尽管相反的书面证据非常丰富，包括由公证人见证的宣誓书和发表在宣传册上的文章（文章里对比利亚尔慷慨提供设计表示感谢，而他本人也坚持应该将此事发表出来），但是比利亚尔仍然否认自己提供的是无偿服务。1884 年 4 月 23 日，当博卡贝拉正走在圣安娜（Santa Anna）大街上时，愤怒的比利亚尔宣称对方拖欠自己的酬金，并对博卡贝拉进行了威胁和辱骂。

此缓慢，令人煎熬；也没有人能想象得到，委员会选来替代比利亚尔的建筑师，竟然会用几十年而不是几个月的时间形成自己的独特风格。

博卡贝拉是个很特别的人。他在王子街（Carrer Princesa）有一家店铺，以出售过分精致的黄杨木雕而闻名。他坐镇这个店铺，将协会的资金积蓄储存在陶瓷地砖下面的一个保险箱里。在阿莱霍·克拉佩斯（Alejo Clapés）所绘的肖像画中，博卡贝拉拥有狂热信徒般的专注眼神，弓背伏案，仿佛时刻准备跃身而起采取行动，或径直投入辩论。据弗兰塞斯克·阿雷纳斯（Francesc Arenas）所说，博卡贝拉是个有着强烈排外心理的人：

> 他对具有混合属性和源于外国的事物感到恐惧；他不相信所有的银行；他不买法国产品，因为这会使他想起法国占领巴塞罗那的往事；他甚至拒绝食用任何他认为外国进口的食物。

尽管博卡贝拉讨厌血统混杂的事物、外来的自由思想以及其他有害的东西，但是他却对某些外来影响保持开明态度。在1869年第一次参观罗马的时候，他经过了洛雷托（Loreto）的圣家圣殿（Holy House）。尽管它具有意大利血统，但博卡贝拉却称赞它是拥有开创意义的教堂典范：它通过宗教家长式的管理，努力弥合雇主与劳工大众之间的隔阂。

博卡贝拉强悍的天主教信仰显然准确反映出更广泛的行动需求，其目标是要在权势集团与社会反潮流成员中间建立信仰。但是他成立协会的灵感来源却极其个人化。博卡贝拉一次次孜孜不倦地前往蒙特塞拉特山顶教堂，据说有一次他在那里面对一幅神圣家族的画像沉思时，突然产生了建造圣家堂的想法。还有其他的说法，认为巴塞罗那黄热病的暴发让他感到惊恐，并被理解为上帝降灾，意在惩罚这个城市居民的所有罪恶。人们需要为现代世界的物质主义而进行赎罪。两个原因都有道理，因为在那样一个时代，神圣家族的形象同样具有政治意义。

19 世纪后半叶欧洲工业化的迅猛发展，以及资本主义的停滞—启动周期，从一开始就带来了前所未有的创痛变化进程。在许多情况下，特别是在城市，传统的社会结构分崩离析，却没有任何令人信服的或者有凝聚力的“社会黏合剂”发挥作用。作为稳定实体的村庄和教区失去了明确的概念定义，家庭、婚姻、大家族以及其他社会纽带都受到了破坏。社会动荡成了城市的地方病，巴黎公社运动就是一次见证，人们在兄弟友谊与婚姻中找寻慰藉。传统主义者对此的回应方式是，坚决支持“理想家庭”的立场，而理想化的基督徒家庭则变成了天主教的中流砥柱，并遭到众多邪恶势力的威胁。

正是在这样的背景下，博卡贝拉开始出版《崇敬圣若瑟宣传》(*El Propagador de la Devoción de San José*)，该刊直接译自法国的同名小册子。法国小册子的主编是第戎市圣富瓦（Sainte Foix）教堂的玛利亚会神父约瑟夫·于盖（Joseph Huguet）。[1]1866 年 12 月 24 日，《宣传》的前身《月报》(*Boletin*

[1] 考虑到它的专业主题与可疑的编辑特色，它可以说一直体现出特殊的适应能力，所以目前仍以加泰罗尼亚语的刊名《圣殿》出版。何塞普·普拉的建议是：简单地翻翻就足够了。“我从不敢要求更多，只希望大家看一眼《崇敬圣若瑟宣传》的刊载内容。即便考虑到当时不可避免的腔调，你仍会发现，它是这个国家迄今出版范围最广的最重要的空话、陈词滥调和垃圾辩解内容的汇编之一。”

Mensual）出版第 1 期，明确建立了福音传播的阵地。

在文章中，博卡贝拉将当时天主教教会的状况比作十二使徒乘坐西满的漏船在汹涌波涛里穿越加利利海的危险之旅。作为忠诚的天主教徒，他们的职责是与“道德败坏”和“谬误”的逆风作斗争，是永远不要像曾经短暂怀疑过的使徒们那样，怀疑沉睡中的救世主具有拯救的大能。博卡贝拉警告说，“教会的敌人将被挫败”。[1] 敌人很容易被发现。万恶之首就是秉行自由主义的出版界。

博卡贝拉这种类型的天主教思想在普通民众中广受欢迎。高迪的兴趣关注点则更加细致考究。高迪出生于虔诚的天主教家庭，是宗教建筑的热情仰慕者。他还是 19 世纪末期的浪漫主义者，推崇瓦格纳、沃尔特·佩特（Walter Pater）、皮金和罗斯金。[2] 如果说，浪漫主义运动通过解除新古典主义的束缚，已经宣示了一场风格、内容与感觉上的革命，那么在同一时候，罗马天主教会也相应感受到审美与精神潜能的觉醒。

到 19 世纪末，在许多知识分子中间，天主教的复兴已经变成为艺术而艺术、象征主义、颓废派、纨绔主义、同性恋与虐待狂的一种奇异混合物。对于许多人来说，所谓灵魂探索和面对

---

[1] 博卡贝拉与他的同盟者何塞·马利亚·罗德里格斯神父（博卡贝拉的精神导师）和何塞·曼尼亚内特·维韦斯神父，一定非常有说服力。在最初的十年内，刊物订数从最初的两百册增加到两千册。参见 Quintana, A., *Tres Grandes para un gran templo: Manyanet, Bocabella, Gaudí*, ed. Hijos de la Sagrada Familia, Barcelona 1985。

[2] 由于塞布里亚·德·蒙托略（Cebrià de Montoliu）在他主办的杂志《民众社会》（*Civitas*）和《加泰罗尼亚》（*Catalunya*）里进行翻译引介，罗斯金的著作很受欢迎。

新颖感觉的开放做法，曾经是这些天主教思想中的一种，结果却代价惨重。创造性是一段漫长精神危机的结果，皮金、罗斯金、霍尔曼·亨特、波德莱尔都为此而陷入疯癫。但是追寻创造与信仰的真实和危险，却在某种程度上给这种追求赋予了合法性。

天主教会竟然跟那些“结合智性主义与混浊感官体验”的颓废派形成共同立场，这一点似乎很奇怪。然而这只是因为它们彼此都面对着一个共同的敌人。物质主义已经成为一股野蛮无情的力量，而唯美主义则为人们提供了一个逃避持续无情的工业碾压的出口。

19 世纪末，颓废派很快成为一种典型角色。他们装饰过度的居室——里面有蓬松厚实的坐垫、异国的植物、大量散发着香气的丝绸以及妓院风格的吸烟室——已经成为一种清晰可辨的常规文学表现主题。高迪崇敬的唐·欧塞比·桂尔就是混合了宗教正统、财富与“精美事物”热爱者身份的典型代表。纨绔主义者的反教权姿态，游移于对话或顺从的边缘。这种姿态已经成为一种原型—— 一个通过上帝的恩宠重新获得飞翔能力的堕落天使。

在比亚兹莱和奥斯卡·王尔德之后，最著名的颓废派是让·弗洛雷萨·德塞森特公爵（Duc Jean Floressas des Esseintes），他是约里斯·卡尔·于斯曼（Joris Karl Huysmans）于 1884 年出版的小说《格格不入》（*À Rebours*）[1] 中的男主人公。[2] 这个

[1] 另译为《逆流》。——译者注

[2] 在 1902—1905 年，西班牙“98 一代”形容消瘦、蓄满胡髯的天才拉蒙·马利亚·德尔巴列 – 因克兰（Ramón María del Valle-Inclán），他为读者带来了独特的戏剧人物布拉多明（Bradomín）侯爵，一个精通色情艺术的唯美主义者。进一步的讨论，参见 Herrera, J., Picasso, *Madrid y El 98: La Revista "Arte Joven"*, ed. Cátedra, Madrid 1997, pp. 64-65。

人物是根据古怪的孟德斯鸠－费森扎克（Montesquiou-Fesenzac）伯爵塑造的，伯爵在富兰克林街的房子曾被诗人马拉美（Mallarmé）称作阿里巴巴的山洞。[1]

于斯曼本人就是19世纪纨绔主义皈依者的首要代表。在早期的现实主义实验后，他很快被埃德蒙·德·龚古尔（Edmond de Goncourt）劝说去改进其艺术并研究“精美事物”。那里到罗马只有一步之遥。高迪沿循的道路与之相似。在马塔罗的合作社，他在墙面上绘制过表现兄弟友谊与革命主题的涂鸦作品，还曾经被短暂吸引加入了加泰罗尼亚左翼政党民主联盟，当时他的朋友奥利韦拉斯正为无政府主义者巴枯宁（Bakunin）设计纪念碑。但高迪“只是短暂沉醉于新鲜的变革风潮”。[2] 他很快就转移到仰仗宗教与贵族阶层赞助的模式，而这种模式将持续贯穿他的余生。

高迪参与的宗教建筑设计范围之广令人印象深刻。为科米利亚斯侯爵的万神礼拜堂提供过装饰设计，也设计了比利亚里科斯的教堂，还与多梅内奇共同完成巴塞罗那哥特式大教堂正立面的设计。他和马托雷利合作设计过位于卡斯普大街的耶稣会学院教堂，以及萨莱萨斯（Salesas）的教堂。正是与马托雷利的这种友谊和合作，让高迪得以成为一些重要宗教建筑设计委托的明确选择对象。在年轻一代的建筑师中，没有人比高迪拥有更好的师承关系。没有人像他那样与如此众多的老一代建筑

[1] 西班牙的一个类似人物，是热衷于反对教权的索莱尔侯爵安东尼奥·布斯塔芒特（Antonio Bustamente）。他戴着白手套，按照莫尔尼（Morny）公爵的方式穿着。他是科米利亚斯侯爵的邻居，并且是桂尔家受欢迎的客人。他以其“流氓者的形象”和拉长版堂吉诃德的外貌而闻名，像很多颓废派一样，他口头上放荡，但生活中很单纯。

[2] Pabon i Charneco, A., “The Architectural Collaborators of Antoni Gaudí”, unpublished PhD Thesis, Northwestern University, USA 1983, p. 62.

师们合作过。没有人曾在加泰罗尼亚为如此众多的重要宗教场址和神殿工作过。

深厚的宗教渴盼不仅推动了颓废派运动，还隐含了几乎不加掩饰的色欲意味。颓废派被压抑的性欲通过弃绝性爱找到了合法性，而天主教教会则为他们提供了一个避难所。关于19世纪末期性压抑的机制，目前各个图书馆有大量的心理分析文章。戴克斯特拉（Dijkstra）这样写道：

> 同性恋的显著增加——这或许是事实，或许只是具有同性恋关系倾向的男子对社会降低了谨慎程度的结果——它非常明确地体现为一种猜忌，猜忌女性的性欲力量，怀疑她们渴盼篡夺男性特权。这种猜忌经常会发展成为一种彻底的恐惧。但是这种猜疑同样激发了某些人最终选择单身生活，并且导致众多知识分子在同一时期满怀热忱地投入教会的怀抱，通常是天主教教会。[1]

一些人认为高迪对完美的不懈追求、与日俱增的宗教感，以及他作品里的感官性，无不掩盖了他心里深层的种种渴盼。批评家萨尔瓦多·塔拉戈（Salvador Tarrago）写道：

> 我们当中有些人并不赞同对于高迪的传统诠释。他们不禁认为，高迪的天主教信仰只不过是一种特定历史条件下的方法，目的是满足他对智慧的无限欲望，以及他对爱

[1] Dijkstra, p. 206.

与被爱的需求。

遭到佩佩塔·莫罗的拒绝后，高迪已经决定“最终选择单身生活”。不过，没有任何证据表明高迪是一名同性恋者。高迪让他所有的感觉与激情在作品里升华。即使受到下意识的影响，高迪显然也是将自己的建筑作为更多丰富内容的隐喻。贝尔戈斯（Bergos）还记得高迪那些感喟伤怀的想法。在谈话中，高迪无意间透露：他为了自身艺术创作而做出个人牺牲的直接结果，既是一场悲剧，也让他有望获得最终的救赎。

那些析解过后无法完成整合的人，已经彻底破坏了所有的关联，这时他们寻求到的结论毫无意义。这一点可以理解，因为通过关联可以产生累累硕果，而割裂则造成贫瘠荒芜。

不过，高迪的世俗建筑设计仍然生意兴旺。1883 年，高迪向巴塞罗那的格拉西亚区（Gràcia）递交了他的计划，要求当局批准他为瓷砖制造商曼努埃尔·比森斯·蒙塔内尔（Manuel Vicens Montaner）建造一所别墅。比森斯之家（Casa Vicens）以 15 厘米见方的装饰性瓷砖作为基本组件尺寸，它是高迪目前为止设计的最具异国情调的建筑，让高迪拥有高度自由发挥的空间，充分体现出比森斯的性格，但这也是一种聪明的市场营销手段。[1] 以比

[1] 与很多同代建筑师一样，高迪对于装饰性瓷砖有浓厚的兴趣。据记载，尽管确切日期不明，高迪曾经拜访了巴伦西亚附近的马尼塞斯（Manises）的瓷砖中心，以便研究其工艺。这些研究很可能与比森斯之家的修建有关。更多情况参见 Bassegoda i Nonell, J., p. 108。

森斯之家为参照，瓷砖成了人们极度渴望使用的建筑材料。

今天的比森斯之家位于狭窄的卡罗琳娜大街，四周空间逼仄。它绿色和乳黄色的瓷砖、永远垂挂的百叶窗和紧闭的铁门，形成了一种令人倦怠的遁世氛围。它在当时和现在都是一处安适的庇护所。高迪首次勘察该地点时，发现一棵正在开花的巨大棕榈树，树底围绕的黄花宛如茵褥，小鸟不时地钻进枝叶间捕食昆虫。这些立意日后都被高迪融入了设计之中；他还用一个金属蜘蛛网作为别具一格的天井遮阴物，从而巧妙地分散了阳光。

高迪设计的餐厅檐壁让人们注意到：这座私家住宅其实处于一个充分体现加泰罗尼亚自然特色的诗意角落。在西北墙的一个阴凉角落里，雕刻着加泰罗尼亚语的咒文："噢，请赐我夏日的阴凉！"而在朝着东南日出方向的对面墙壁上，高迪选择了这样的格言："太阳啊，小太阳，快来看我吧，我都觉得冷了。"

在花园中，高迪建造了一个砖砌的小型眺望塔（mirador），来俯瞰这座小型园邸的角落，还建造了两个单独的喷泉，其中一个嵌入后院露台的墙壁，外加一个精巧复杂的砖砌结构，水流从它的柱顶横梁位置倾泻而出，形成一道瀑布。弧拱底座两侧的阶梯，引领着访客拾级而上，以便欣赏花园里的怡人景色，在清凉瀑流的下方体会这片绿洲的柔美。[1]

围墙材料是硬质砾石，外表敷以灰泥加边角石料。相比高迪建造的原样，现在的比森斯之家是残缺不全的版本。格拉西

[1] 它令人想起格拉纳达王国纳斯尔王朝时期带围墙的花园群落，也让人想起巴洛克诗人佩德罗·索托·德·罗哈斯（Pedro Soto de Rojas）的英雄双韵体名句："天堂向许多人关闭，花园为少数人敞开。"

亚区的人口在19世纪后半叶增加了三倍，但在1883年时，它仍是巴塞罗那外围的一个郊区。在城市边缘更远处，仍然有开阔的空地。例如，沿着比森斯之家南下稍往外走，就有一座中世纪的农舍坐落在格拉西亚区大道（Carrer Gran de Gràcia）旁边的田野中。圣文森特·德·保罗修女会（Sisters of St Vincent de Paul）则着手在毗邻农舍的位置建造其修道院的小礼拜堂。但是，今天比森斯之家已经被周围建筑挤迫到令人窒息的程度。作为高迪最初设计关键的几处花园景观，随着历届房主的分割售卖而不断遭受侵蚀。[1] 但比森斯之家仍然是高迪对新穆德哈尔风格或称摩尔风格[2] 的第一次全面尝试。

高迪对摩尔风格建筑的强烈痴迷起源于他对欧文·琼斯（Owen Jones）的《装饰法则》（*Grammar of Ornament*，1856）、《镶嵌画和镶嵌路面的设计》（*Designs for Mosaics and Tesselated Pavements*，1842)、《阿尔汉布拉宫的平面图、正面图、断面图以及其他细部特征》（*Plans, Elevations, Sections and Details of the Alhambra*，1842）的翻阅。当时流行的还有阿尔汉布拉宫的修复者拉斐尔·孔特雷拉斯（Rafael Contreras）的一些著作。这种建筑风格已经颇为流行：在比森斯之家以前，巴塞罗那已经有

---

[1] 比之于最初的设计，比森斯之家有过两次改变。第一次是在1925年由胡安·包蒂斯塔·塞拉·德·马丁内兹（Juan Bautista Serra de Martínez）负责进行，那时高迪还在世，他不情愿地认可了改造工程。第二次是在1964年，当时露台窗户做了改变。然而，今天所保留下来的原貌，仍然足以让人真实感受到高迪的装饰概念。

[2] 摩尔人是指一群由柏柏尔人和阿拉伯人后裔混合组成的穆斯林人，中世纪时主要分布在伊比利亚半岛和西北非地区，而穆德哈尔人（Mudejar）专指天主教统治下的摩尔人。——译者注

一些新穆德哈尔风格的建筑了。[1]

比森斯之家已经被选作现代主义美学发展过程中为数不多的革命性作品之一。它变换不同形式，协调汇集几何纹样，有时甚至是令人眩晕的堆叠。比森斯之家的外墙展现了活泼多彩的东方主义特征。它的墙面是由层砌砖块与饰有非洲金盏花图案的条形釉砖嵌带依次交错而成，而后者则是高迪在此地寻到的现成材料。

露台表面的一排瓷砖，采用了花盘硕大的向日葵图案。对于高迪以向日葵作象征的做法有许多有趣的解释。作为一种不易控制、恣意生长的植物，向日葵被广泛视为灵魂的象征。在19世纪七八十年代的英国，向日葵造型非常流行。诺曼·肖（Norman Shaw）曾将向日葵用于劳瑟旅店（Lowther Lodge）的设计。威廉·德摩根（William de Morgan）曾将向日葵用于他设计的波斯釉砖。豪厄尔和埃文斯（Howell and Evans）曾出售带有向日葵盘面的钟表。在肯辛顿和切尔西区，安妮女王时代风格的公馆区建筑拱肩，就以陶质的向日葵图案作为边缘装饰。切尔西区最著名的居民之一奥斯卡·王尔德本人曾称向日葵是

[1] 在19世纪50年代，奥尔塔迷宫公园（Laberint de Horta）里面有完全按新穆德哈尔风格改造过的主建筑。沿着格拉西亚街（Passeig de Gràcia），建筑商多米内克·拜尔·纳达尔（Domenec Bale i Nadal）所修建的佩雷·利波尔之家（Casa Pere Llibre）于1872年完工，这是一座五层高的新穆德哈尔风格建筑。而在马德里，罗德里格斯·阿尤索（Rodriguez Ayuso）和阿尔瓦雷斯·卡普拉（Alvarez Capra）所设计的传奇的拉斯门塔斯斗牛场（Plaza de Toros de Las Ventas）于1874年完工。安吉尔·伊萨克（Ángel Isac）著《高迪及其时代》（*Gaudí i el seu temps*, Ed. Institut d'Humanitats Barcanova, Barcelona 1990）第51页中提到了何塞·阿马多尔·德·洛斯里奥斯（José Amador de los Ríos）早在1859年有一场题为《建筑中的穆德哈尔风格》的讲座，举行地点是马德里的圣费南多皇家美术学院（La Real Academia de Bellas Artes de San Fernando）。

欧文·琼斯绘制的阿尔汉布拉宫，科马雷斯中庭（Patio de Comares）

“忠贞恒常的光辉象征”，并在漫画里被人夸张描绘成一株向日葵的形象。

拉福尔斯声称在高迪的文件资料里找到了一本英国建筑杂志，这很可能给他提供了相关的灵感来源。一种可能的来源是托马斯·杰克尔（Thomas Jeckyll）的作品，他为惠斯勒（Whistler）的孔雀厅（Peacock Room）设计了向日葵形的壁炉柴架，也为 1876 年费城百年展设计了日本展亭，后者还在 1878 年的巴黎博览会上展出。[1]《英国建筑师》杂志刊载的第一批实验性照片里就有一幅是日本展亭。它可能就是前面所说的那本杂志。

锻铁制成的小院围栏隔开了外面的世界，围栏间的小棕榈叶造型和釉砖上的向日葵共同实现了城市与农村、公共与私人空间的调和。[2] 但是这座建筑的内部装饰则点燃了高迪的创意想象。他设计了极具异国情调的家宴与飨客环境。在餐厅，天花板梁架桁条分隔出的空间位置，布满了精巧的雕刻图案：鲜红的樱桃和甘美的绿叶。墙裙顶部护木横条以下的墙面部分，或是采用嵌镶画板，或是覆盖釉砖。从护木横条再往上，每一寸空间不是被彩绘覆盖，就是用压缩硬纸板浮雕填满，上面饰有常青藤，还有穿过秋日飘舞的落叶在空中飞翔而过的鸟类。在它们下方，一排鹤、鹭在巡游。1878 年 10 月 10 日，高迪曾在日记中写道：“装饰过去是，今天是，未来也将是缤纷多彩的。”

[1] 由总部设在英国诺福克的毕晓普与巴尔纳德（Bishop and Barnard）铁艺公司建造，它不禁引起了高迪的关注。

[2] 1857 年在里昂的客栈大厅（Inn Hall）面向建筑协会的演讲。

此时他已经有了长足的进步。[1]

花里胡哨、品位不高的装饰在房屋里随处可见；一座斜倚着的古典裸体石膏像安放在角度倾斜的入口处。在建筑的各个角落，高迪使用了类似微型宣礼塔的摩尔式窗户，还在窗户上方添加了陶土做的小天使，但是它们与周围环境完全不匹配。

高迪真正的压轴之作是阿拉伯风格的吸烟室，室内有蒲团椅垫、安放在马蹄形拱架上的可折叠咖啡桌，还有配套的水烟袋。在当时注重时尚的西班牙，这是财富水平的基本标志：即使是西班牙皇室，也在其位于阿兰胡埃斯（Aranjuez）的宫殿建有这样的吸烟室。[2] 但是阿兰胡埃斯宫殿的装饰由很多部件组成，它们分别是依照阿尔汉布拉宫的五彩墙壁与地面直接复制而来，而高迪的作品则是更为“原创的”拼贴之作。[3] 吸烟室天花板上别具特色的石钟乳状的石膏雕刻，完美展现了高迪将风格化建筑元素运用于新式建构过程的特殊天赋。比森斯之家的天花板是由模塑纸板组装而成的。[4]

对于一位可敬的中产阶级人士来说，这个吸烟室是纯粹的遁世之所。

高迪不断取得的成功很快让他有必要雇用一些助手。在为比森斯之家工作的同时，他又接手了另一项委托，在科米利

---

[1] Martinell, p. 475.

[2] 由阿尔汉布拉宫的修复者拉斐尔·孔特雷拉斯设计，完工于1850年。比森斯之家是高迪第一次参照皇室模式。

[3] 类似的模式见于1876年费城百年展时巴塞罗那大学建筑学院设计的西班牙馆。

[4] 由制造商赫梅内吉尔多·米拉勒斯·安格莱斯（Hermenegildo Miralles Anglés）提供。

亚斯建造一座名为奇想屋（El Capricho）的房子。在这项工程中，高迪委托他的老朋友兼老同学克里斯托瓦尔·卡斯坎特（Cristóbal Cascante）为工人解释自己的图纸和设计。但是建造圣家堂的委托任务导致高迪的小规模施工项目变成了一份状况百出的业务。例如，高迪从庞迪工坊挖来的雕刻师洛伦索·马塔马拉这一批工匠，需要负责熟练工种任务；建筑工人需要有人监督，而在工作室中，制图员需要按比例放大施工图并绘制定稿。过多的委托任务（奇想屋位于西班牙邻近大西洋的另一侧）需要采取一种全新的实践作业方式。关于高迪在工作时衣着讲究的做派，当地颇有传闻。很显然，他往往来不及摘下手套或从敞篷马车里下来，就得在膝头展开设计图，然后在大街上颐指气使地指挥施工。此外，当他重新调整支离分割的建筑轮廓时，喜欢拆除墙壁和整个房间，从而对房屋进行改良和剪裁，仿佛它们只是石膏雕塑或者纸板模型。戴维·麦凯（David Mackay）描述它为“犹豫不定的对称方案，掩盖了居室房间的灵活聚集程度”，显然是这个原因造成的。即使最终形成的精彩空间效果让人感到所有的付出都值得，它仍然属于一种造价奇高的施工方式。加尼韦特（Ganivet）称这种即兴创作的方法是典型的西班牙风格：

> 在西班牙，不存在三段论式的中项。小艺术家和大艺术家一样都遵循着“看最终结果”的原则。当他们开始工作的时候，通常对自己着手创作的东西只有一个模糊的概念，但他们对自己的创造力、内在禀赋却具有一种绝对自信……因此，他们或是“有能力创造出杰作，或是创造出

某种令人惊悚的丑陋怪物”。[1]

比森斯之家小棕榈叶造型的大门别具匠心，它标志着加泰罗尼亚稳固而持续不断的铁艺传统。高迪从父亲的锻造工作中获得了这方面丰富的知识，但这座大门却是他和富有才干的霍安·奥尼奥斯（Joan Oños）合作的结果。

关于高迪这座大门的设计是否要归功于另外两个人——弗兰塞斯克·贝伦格尔和洛伦索·马塔马拉——存在着很大的争议。十七岁的贝伦格尔来自雷乌斯，与高迪家属于世交，当时正在建筑学校读一年级。如果说是他负责设计的，尽管并非不可能，但是可能性实在不大。1921 年举办的巴塞罗那锁匠和铁匠行会的展览记录，证明这座大门的设计图样在发表时明确署名为高迪。然而马塔马拉回忆说，他与高迪合作完成了大门设计，并用黏土为棕榈叶造型塑模。[2] 这种众说纷纭的情况，确实引发了高迪是否滥用助手成果才智的疑问。

高迪死后，《加泰罗尼亚之声》（*La Veu de Catalunya*）日报上爆发了费利乌·埃利亚斯（Feliu Elías）和何塞普·坎普斯（Josep Camps）关于高迪与助手之间关系本质的激烈争论。据称，贝伦格尔没有完成他的学业就离开了学校跟随高迪工作。因此高迪就被塑造为魔鬼诱惑者的角色。据埃利亚斯称，贝伦格尔俨然是充当“两个黑人”在工作，而高迪所做的只不过是把他学生的作品标上自己的名字。帕冯－查尔内科（Pabon i

[1] Ganivet, A., *Idearium*, p. 70.
[2] Bassegoda i Nonell, J., *El Gran Gaudí*, p. 247.

Charneco）研究了贝伦格尔的学业经历：很显然，他不擅长考试。高迪雇用贝伦格尔，除了他来自雷乌斯的因素外，准确地说是因为欣赏他的制图天赋，以及，正如我们所看到的，出于他对正统建筑学教育的不屑。顺便说一句，贝伦格尔上学时就与阿德利娜·贝尔韦希（Adelina Bellvehí）结婚，并在七年内生了七个孩子。

高迪蒙受的另一项指控是，贝伦格尔从来不被允许在自己的设计上署名。然而，这是因为他没有取得建筑师的资格。若干年后，当贝伦格尔被聘作格拉西亚区市政厅的"建筑师"时，在他所有设计图纸上署名的都是他老板米格尔·帕斯夸尔·丁托雷（Miguel Pascual Tintorer）。

其他的批评关注点，在于高迪铺张浪费的建筑方法。有人提出，高迪的靡费无度导致曼努埃尔·比森斯濒临破产。然而，在整个19世纪80年代，高迪经常造访比森斯一家位于阿莱利亚的消夏别墅，是颇受欢迎的客人。比森斯之家本身是一座异域风情的典范建筑。它使用砖、石块、碎石、釉砖等多种建筑材料彼此密接而成，其处理材质纹理的方法最终对现代主义风格产生了巨大影响。这是高迪所建造的第一座，也是最后一座尚未深深植根于天主教信仰或加泰罗尼亚神话色彩的建筑。

神圣教父

人们绝不要沾沾自喜，以为已经彻底逃脱基督教道德的荒谬权力。

——米歇尔·莱里斯（Michel Leiris）[1]

在建造新穆德哈尔风格的消夏别墅“奇想屋”期间，高迪与科米利亚斯和桂尔家族的关系渐渐密切起来。但是直到欧塞比·桂尔于1883年9月买下位于城边的地产——坎库亚斯-德拉列拉（Can Cuyàs de la Riera），高迪作为桂尔家族建筑师的地位才最终确立。此后的三十五年里，直到1918年7月桂尔去世，高迪始终努力满足着该家族在建筑方面近乎全部的需求：小到设计连排别墅屋顶的洗衣房，或是设计一个马场和装饰朴素的喷泉，大到更有声望的工程，如城市宫殿、私人教堂以及整座园林式庄园。

高迪相当尊敬桂尔。他曾经向枢机主教卡萨尼亚斯（Casañas）解释过自己认为桂尔这类人拥有的品质：

[1] 米歇尔·莱里斯（1901—1990），法国作家、民族学家。——译者注

贵族是感觉极敏锐、风度非凡、立场卓越的人。他在所有事情上都胜人一筹，所以不懂得忌妒，也不会因谁而烦恼；他乐于看到周围的人们各展才能……美第奇不也是如此吗？[1]

桂尔同样来自毗邻塔拉戈纳的托雷登巴拉（Torredembarra）——这是梅嫩德斯·皮达尔（Menéndez Pidal）在他的文章《中央集权与地方主义》（“Centralization and Regionalism”）中特别关注的一个重要因素。

出生于同一个省份的事实情况，会让西班牙人之间产生一种同乡情谊和彼此帮扶的责任感。这种责任感不亚于甚至还胜过亲属之间的关系，导致他们在对待其他人的时候，会变得固执排外。[2]

欧塞比·桂尔在一些人眼里相当于有权势的“伊玛目”[3]，一个蓄着胡子的霸道族长，他会保护本宗族的女人，还会鼓动她们像多洛丝·蒙塞达（Dolors Monserdà）所说的那样，过“形同寄生植物”的生活。但他也自豪地（用英语）描述自己是“白手起家的男人”的儿子。欧塞比·桂尔精心选择施与对象的慷慨，体现出他父亲作为农民的谨慎。高迪很喜欢桂尔对待金钱的方式：“桂尔是一位绅士；因为有钱而不炫耀的人，才能够掌控金

[1] Martinell, pp. 53-54.
[2] Menéndez Pidal, p. 178.
[3] Matamala, p. 89.

唐·欧塞比满载着刚寻到的蘑菇回到桂尔公园

钱，所以堪称绅士。”

高迪为桂尔设计的家族盾徽上有一句诚实到让人吃惊的箴言：“Ahir Pastor Avui Senyor”（拉丁文：昨日的牧羊人，今日的绅士）。这种让人疑虑顿消的坦诚，掩盖了一个精心策划、旨在增强桂尔权势与声誉的计划。[1]

桂尔是美洲发家者（“印第安诺人”）的第二代，与先辈人物相比，他提高自己社会地位的方式更为巧妙。作为一位“绅士”、衣着讲究的业余艺术爱好者，唐·欧塞比可以在巴塞罗那的文化生活里扮演更积极的角色。[2] 高迪将桂尔比作文艺复兴时期的王公并不离谱。真正的不同在于，推动桂尔成功的既不是战争也不是土地遗产，而是工业。

在过去十年里，当高迪还在服兵役时，桂尔已是当地的一名市议员，并且在 1878 年被选为参议员。不过，对政治生活的短暂参与，似乎让他更相信自己真正的职业归宿尚在别处。

桂尔是一个热情的加泰罗尼亚爱国者。他在 1870 年加入了一个加泰罗尼亚文学社团“加泰罗尼亚青年会”（Jove Catalunya），1882 年加入“加泰罗尼亚中心”，后又被任命为该组织的主席。加泰罗尼亚中心的组织创建目标，是在超越党派政治的同时促进加泰罗尼亚事业的发展。这一点与桂尔在象征与道德层面树立权威地位的含蓄策略不谋而合。当然，现实情

---

[1] Lahuerta, J.J., *Antoni Gaudí 1852-1926 Arquitectura, ideologia y politica*, Ediciones Electa, Spain 1993. 拉韦尔塔（Lahuerta）在其颇具开拓意义的研究中仔细分析了桂尔通过精心策划而获得尊荣的过程。通过不时引用法国社会学家皮埃尔·布尔迪厄的结论，拉韦尔塔考察了科米利亚斯－桂尔家族为自己撰造理想家族谱系的方式。

[2] *El Palau Güell* (coll. essays), ed. Jaume de Puig, Publ. Diputacío de Barcelona, Barcelona 1990, p. 14.

况颇为不同。尽管“加泰罗尼亚中心”在巴塞罗那的形象貌似效力于广泛意义上的教会，并为加泰罗尼亚社会的各个阶层服务，但是从马德里议会居高临下的角度来看，它却代表了加泰罗尼亚的联邦派和共和派。这一点在1885年初得到进一步的印证：“加泰罗尼亚中心”向国王阿方索十二世呈献《申诉备忘录》（*Memorial de Greuges*）——它既是加泰罗尼亚人各项申诉的罗列清单，也是他们的希冀所在。

桂尔是19世纪典型的文艺复兴式人物。1887—1888年间，他积极地促进并资助1888年巴塞罗那博览会的举办。1889年他在巴黎的时候，发表了一篇题为《蛋白碱的免疫力》（“L’immunité par les leucomaïnes”）的微生物学论文。他还对证明加泰罗尼亚语古老而独特的本质属性非常感兴趣。

他是富有才华的水彩画家、油画家和业余建筑师，而且还资助戏剧、诗歌、歌剧，同时还是几位加泰罗尼亚画家的积极赞助人。但只有他的建筑遗产留存到今天。桂尔不仅提供资助、委派工程，而且还悉心加以指导——这在很早的时候就已是很清楚的事情了。

自1878年以来的这些年里，高迪与桂尔逐渐透彻了解对方。这不仅是通过科米利亚斯的联系，也不仅是通过远足者协会，而是由于他们都非常欣赏杰出的诗人哈辛托·贝达格尔。从1884年开始的五年里，这三个男人共同锻造出一种加泰罗尼亚的建筑语言和风格。

贝达格尔与科米利亚斯－桂尔家族的关系始于1874年，当时他刚开始在跨大西洋公司（Compañía Transatlàntica）的“吉普斯夸”号（Guipúzcoa）上做随船牧师。1878年航行结束回到陆地时，他发表了以航海为题材的史诗巨作《亚特兰蒂斯》，这首诗成了加泰罗尼亚人身份的颂歌。

《亚特兰蒂斯》将哥伦布之旅与赫拉克勒斯的奇功及西班牙重生的奇想联系到一起。在诗里，赫拉克勒斯从巴塞罗那出发，缓缓地沿西班牙海岸线航行。在加的斯（Cadiz），他见到了长着三个头的牧羊人革律翁（Geryon）。革律翁告诉他，有一棵神奇的树，上面结满黄金橘子，还告诉他，任何一个男人只要有足够的勇气砍掉巨龙拉东（Ladon）的头，赫斯珀瑞斯（Hesperis）女王就会嫁给他。赫拉克勒斯因非凡的功绩得到了回报：他被封神，还坐着密涅瓦战车进入奥林匹斯山。然而贝达格尔、安东尼·洛佩斯（Antoni López，第一位科米利亚斯侯爵）和桂尔都知道，类似的奖赏就在那里伸手可得。供应烟草、奴隶、糖蜜和朗姆酒，经营矿业、钢铁业和纺织业，并且深度参与铁路、银行、保险业等领域，就是他们的当世奇功。《亚特兰蒂斯》的目的很明确，就是证明加泰罗尼亚新型财阀统治的合法性。

正是在《亚特兰蒂斯》所描述的大背景下，高迪开始着手桂尔委派给他的首项大型工程。桂尔的父亲在勒哥尔特－德萨里亚（Les Corts de Sarrià）已有一大片土地，所以桂尔在1883年购置坎库亚斯－德拉列拉，是在巴塞罗那西南角扩展了家族地产范围。唐·欧塞比将这些工程都交给了高迪。这是一个庞大的项目，包括留存至今的一座门楼和配套有练马场的一个室内马厩。而高迪给这座建筑添加的其他部分——一座高大的彩饰石阶砖制瞭望塔和一片开阔的室外练马场地，可惜早已不复存在。但正是室内马厩、门楼和著名的佩德拉尔韦斯龙门（the

Drac de Pedralbes）显示了高迪创造杰作的能力。

高迪在勒哥尔特采用的是新穆德哈尔风格，先前他已经在比森斯之家和奇想屋实现了同样的效果。这是一种完美符合委托要求的风格，因为它既装饰适度、颇具新意，又花费不多。门楼和马厩毕竟都只是功能性建筑。

马厩区（现在这里入驻的是高迪研究院，巴塞戈达·诺内利教授是高迪研究和历史保护工作的带头人）融合了一些最富意味的创新之举。刚进门的地方是一段窄楼梯，直接通往马厩区长条矩形大厅上方的屋顶。楼梯设计相当怪异，它逐级抬升，每次只能迈一级台阶。然而室内的马厩大厅却让我们领略了高迪早期对一种新型结构准则的持续尝试。外墙比较低，一排抛物线拱得以横跨其上。这种结构以前在加泰罗尼亚可以见到，最有名的是在圣克雷乌斯修道院食堂和巴塞罗那市哥特区的蒂内尔厅（Saló Tinell），据说哥伦布就在蒂内尔厅将美洲领土权转交给了信奉天主教的国王。但高迪的马厩建材主要来自砖、灰泥和黏土坯而非石料。在这些马厩的上方，是浅弧度的拱形屋顶，绝佳地彰显出加泰罗尼亚砌砖匠的手艺。如今这里到处是研究者，而昔日喂马的围栏里则安放着书架，上面都是全世界关于高迪的最重要的档案文件。

马厩大厅的外墙展示了高迪日益提升的装饰天赋。整个墙面通过表观、质地与材料之间令人愉悦的呼应配合而生动醒目。砖块垒砌出一道道向上的弧拱，清晰地划分出空间。弧拱之内的空间部分（间隔填充墙面），以粗朴的石材为基座，从平地抬升至齐腰的高度，但上方墙面使用了一种简约的灰泥敷盖图案。经过不断反复，看上去就像一排车轮毂罩，效果与早期西哥特人的装饰设计并无殊异。[1] 奶油色的灰泥在冬日里看上去色泽柔和，但到了盛夏，阳光会让它焕发活力，形成生动的色彩感。[2] 即使只观看这一部分，来访者也会突然察觉到裹藏在砂浆之中嵌入绵延墙体的彩色釉砖碎片。在上方屋顶，砖块呈斜角相交，形成镂空图案，搭成阳台栏杆。太阳透过花砖空隙，形成了更多的光影嬉戏。这是一种迷惑手法的美妙展现。

第一代科米利亚斯侯爵安东尼·洛佩斯于 1883 年去世。就像科米利亚斯地区所有受益于他 50 万比塞塔捐赠的神学院学生一样，贝达格尔每天要为侯爵念安魂祷文。完成自己的礼拜职责之后，贝达格尔和桂尔在 1884 年一起出发去环游欧洲。

当他们旅行回来时，发现巴塞罗那遭到了霍乱流行病的摧残，有 1300 人因此丧生。勒哥尔特的工作进程显然应当加快。高迪在通常情况下会去比森斯一家位于阿莱利亚的住处避暑，不过这次他已经自己另租了远在圣费利乌－德科迪内斯（Sant Feliu de Codines）的度假别墅。[3] 等到 9 月天气转凉，疫情渐趋平缓。人们在巴塞罗那大教堂和高迪的故乡雷乌斯为庆祝得救而举行多场感恩弥撒。他们跳“恶魔之舞”（Devil’s Dance），以此来庆祝瘟疫的结束。

---

[1] 可见于托莱多（Toledo）的坎布龙之门（Puerta del Cambron），还可见于圣罗马西哥特博物馆（Visigothic Museum of San Roman）收藏的残片。

[2] 这令人想起卡斯蒂利亚时期穆德哈尔式建筑中的“涂画”技术（esgrafiado），可见于塞哥维亚的阿维拉塔（Torre d’Avila），高迪曾研究过这座塔的一张照片。

[3] 贝达格尔对勒哥尔特的昵称“萨塔利亚塔”（Torre Satalia，萨塔利亚即现在土耳其的安塔利亚）最能说明它特有的宁静。这个昵称来自小亚细亚一个著名的柑橘园，那里被视为人间天堂。

现在，三个男人合力为桂尔家族的避暑休闲地开发出一种与之匹配的文学和建筑叙事。在门楼与马厩区之间安放了一座巨大的锻铁门。这座大门是在巴列特－皮凯（Vallet and Piqué）工厂根据高迪的设计完成焊接的，铁门上方蹲踞着一条令人生畏的巨龙，它张开大嘴守卫着身后桂尔的庇护所。龙的形象明显来源于贝达格尔《亚特兰蒂斯》里的拉东。如果说还有谁对这种寓意主题有疑问，另一座石雕更能说明问题：它上面刻着大写的“G”，字母四周环绕着金橘树的枝叶与果实，以及娇小的野蔷薇（犬牙蔷薇）——这是《亚特兰蒂斯》在花神诗歌竞赛[1]中赢得的头等奖。

1885年的秋天，桂尔和高迪开始筹划在兰布拉大街（Las Ramblas）[2]南部造一座城市宫殿。这个选择从各方面来看都很奇怪，因为那是个非常老式的地区。但桂尔还是遵照家族先例，选择了阿萨尔托伯爵大街上一处牛奶场的旧址，毗邻他父母在兰布拉－德嘉布遣街（Rambla de Caputxins）的住处。[3]19世纪90年代初，当桂尔宫最终完成时，一道狭长的遮顶廊道宛如盘

---

[1] Jocs Florals，加泰罗尼亚语。源于14世纪法国图卢兹地区，以花神“弗萝拉”而得名。随着加泰罗尼亚文艺复兴，1859年安东尼·德法鲁尔（Antoni de Bofarull）与维克多·巴拉格（Víctor Balaguer）重新确定每年5月第一个周日举办该竞赛，根据“国家、信仰、爱”的主题设立三大奖项：野蔷薇金奖（爱国诗，奖品为金质犬牙蔷薇）、自然花卉奖（爱情诗，奖品为一枝新鲜玫瑰）、紫罗兰金银奖（宗教诗，奖品为金质与银质紫罗兰）。另见本书第四章“建筑学徒”里的相关介绍。——译者注

[2] 位于巴塞罗那市中心，由五条街道组成，介于哥特区和拉巴尔区之间。街名意为“干枯的河床”。包括后文里的兰布拉－德嘉布遣街（以位于此路段的方济嘉布遣会教堂而得名）。——译者注

[3] Bassegoda i Nonell, J., *L'Estudi de Gaudí*, p. 105. 桂尔宫的建造地点包括一个牛奶场和一片空间局促、卫生条件很差的居民区，里面挤了多达十七户人家。

旋的脐带，越过房顶贯通了两座宏伟的家族府邸。

即便这次选址从家族角度来看有一定的道理，它仍然是一个冒险的房产开发计划。在过去的一百年里，阿萨尔托伯爵大街几乎没什么变化。当年那些狭窄的巷子里，被患上梅毒的洗衣妇请进屋喝一杯有毒的苦艾酒，甚至再进行廉价的性行为，就跟今天去那里被淡金色头发的哥伦比亚变性人堵住求欢，或者被人兜售廉价可卡因一样正常。在历史间隔的一百年里，该地区发展成了众所周知的“唐人街”（并非是得名于那里的华裔居民，而是因为记者安赫尔·马尔萨在 20 世纪 20 年代对该地区的描述用语已经深入人心）。它滋养了放纵颓废的人们，比如超现实主义色情作家乔治·巴塔伊（Georges Bataille）和保罗·莫朗［Paul Morand，他以这条“唐人街”为背景，创作了《夜间营业》（*Ouvert la Nuit*）］；让·热内（Jean Genet）的《小偷日记》（*Thief's Journal*）记录了在不断变化的场景下与同性恋海员们共同宴饮的过程——这就像奥斯卡·王尔德笔下堕落的码头“黑豹”[1] 在巴塞罗那的翻版。

与面积相对较小（22 米长，18 米宽）的桂尔宫屋址相对的，是快乐咖啡馆（Café de la Alegría）。这个咖啡馆已经破旧不堪，不久就被声名狼藉的伊甸园音乐厅（Eden Concert）取代了。在音乐厅楼上的 12 号房间，作为毕加索蓝色时期画作《塞莱斯蒂娜》（*La Celestina*）里的人物而形象不朽、患角膜白斑的老鸨卡洛塔·巴尔迪维亚（Carlota Valdivia）正耐心地等待着她的下一

[1] 出自王尔德作品《狱中记》（*De Profundis*，一译《自深深处》）里所说的“仿佛与黑豹们共同进餐”（like feasting with panthers）。——译者注

位主顾。在隔壁的10号房间内，年轻的毕加索与安赫尔·德索托（Angel de Soto）、何塞普·罗卡罗尔（Josep Rocarol）以及沉迷于酒精和吗啡而日益多愁善感的卡莱斯·卡塞赫玛斯（Carles Casegemas）共用一间画室。星期日的下午，他们会在乱糟糟的客厅里玩各种孩子气的恶作剧，比如投水弹、给硬币系一根长线骗人捡拾然后再拽开，还会不停地猛灌火辣辣的白兰地；他们唱着遭禁的加泰罗尼亚进行曲《收割者》（*Els Segadors*），和画家伊西德雷·诺内利（Isidre Nonell）一起创作煎制画（dibujos fritos，经过沸油处理做旧而变成褐色的素描）。[1]

欧赫涅·德奥尔斯笔下则是这样悲惨的景象：

> 这些城市下水道的污泥；那些被疾病、罪恶与堕落消耗的人……没有家人也没有故土的流浪者，这些游民、流浪汉、乞丐；这些失去法律保护的族类，他们……头上爬满虱子……（还有那些）受兽性支配的黑暗灵魂……流氓、娼妓、鸨母、傻瓜、疯子、小偷、雇佣杀手。

这个令人作呕的声色场所被加泰罗尼亚作家胡安·戈伊蒂索洛（Juan Goytisolo）形容为“西班牙的奇迹广场”（Hispanic Court of Miracles），它不断面临着肺结核、苦艾酒、梅毒、赤贫的威胁。

但这里也能让人获得某种平衡感。街对面是阿尔瑙帽子店，高迪的最爱。沿街走到32号是高迪的朋友桑塔洛医生家。他直

---

[1] Richardson, J., *Picasso*, p. 67.

到 1900 年才请高迪为他修葺房子。再向前仅 20 米处，就是拉巴尔区（Raval）警察局。继续沿街往前走，进入视野的是罗马风格的圣保禄郊外修道院（Sant Pau del Camp），它是巴塞罗那最早的基督教历史建筑之一。

即使如此，桂尔的选择也显得十分奇怪。桂尔的主要动机是为自己建造一座华丽程度堪比莫哈宫（Palau Moja) 的殿宇。莫哈宫是桂尔的妻弟、第二代科米利亚斯侯爵克劳迪奥·洛佩斯 – 布鲁（Claudio López i Bru）的财产，位于兰布拉大街以西。用皮金的话说，桂尔想要的建筑是一个“外观悦目”且“实用、健康的有机体”。

从接受任务的那一刻开始，高迪就在弗兰塞斯克·贝伦格尔的协助下狂热地投身于这项工程任务。他们绘制出了 22 种不同的建筑外观图，尽管现在只有三个版本留存下来。1886 年 7 月 12 日，他们向市政府提交了最终的设计方案。对于如何将一座威尼斯式的华丽宫殿硬塞进狭窄到毫无指望的空间，高迪出色完成了全新的诠释。[1] 考虑到建筑规模受限，高迪的宏图计划方向，是怎样理解并诠释它的开放布局与流动空间。这个实际有八层楼高的建筑外墙采用了从桂尔在巴塞罗那南部狩猎场运来的灰色格拉夫（Garraf）大理石，造型相当独特。与街面平齐的是两座高拱门，分别供马车驶入和驶出，并将建筑正立面分割为二。每个拱形都用巨大的铁门对外封闭，并为此而受到了大众媒体的调侃。评论家们嘲笑桂尔和高迪是在贫穷与绝望阴

[1] 因此也有人认为这是在直接致意欧塞比·桂尔从母亲那里继承的意大利遗产。桂尔的母亲来自热那亚，姓巴奇加卢皮（Bacigalupi）。

影笼罩的邻里环境下装腔作势。[1]但是在两扇铁门之间，高迪让霍安·奥尼奥斯设计了一个两米高的铁制灯形装饰来展现加泰罗尼亚人的自豪感，造型是这个民族的血色条纹的纹章盾，盾纹顶部被冠以一个奇特的棘状头盔，承托着一只振翅欲飞的白肩雕。无法确定这种象征是代表紧张还是警醒。在这个充满爱国情怀的入口上方，主楼层的阳台窗户横贯了整座建筑的外立面，平添了一种秩序感。

一旦走进建筑内部，就能看到高迪极其新颖的设计创意。一百二十七根灰岩柱，每一根都是各具特色的造型。许多批评家指出，桂尔宫的某个剖面图与欧文·琼斯[2]书房里一张关于阿尔汉布拉宫的图纸有相似之处。但是，高迪的设计无疑是用多楼层的形式对科尔多瓦大清真寺做了新的阐释。这座清真寺里的大理石柱和战利品来自欧洲及中东各地，都是从时间跨度逾一千年的不同文化地区掠夺而得。

从铁门进来后，有一条螺旋形坡道将车马带到地库。形似牛肚菌的巨大砖墩支撑着扁平的拱顶。这个地下空间在西班牙内战时期曾被用作刑讯室，它给人的感觉很古老。据说，高迪安放在建筑正立面最高层的拱顶中心石，其位置经过精挑细选，并与蒙特塞拉特山形成了直接关联。[3]

但是高迪杂烩式的兼收并蓄手法，将其他古老文化汇聚到了一起——最终的效果很快得到了评论家们的认可。

---

[1] 见*El Palau Güell*, ed. Jaume de Puig, Publ. Diputacfo de Barcelona, Barcelona 1990, p. 19，其中提到桂尔宫是“挑衅式建筑”（edificio belligerant）。

[2] 欧文·琼斯（1809—1874），英国著名建筑师。——译者注

[3] Pabon i Charneco, p. 386.

1889年12月28日，以“四只猫”咖啡馆（Quatre Gats café）为据点的现代主义者之一鲁西尼奥尔（Santiago Rusiñol）[1]和乌特里略（Utrillo）向西班牙《先锋报》（*La Vanguardia*）投稿讽刺桂尔宫在考古学上的自负：

> 看来很确定，这座建筑是巴比伦式的。如果这是事实，那么谁知道，迄今为止关于我们民族起源的所有推断理论将怎样收场？……最有可能的答案是，这座建筑可以追溯到伯沙撒（Belshazzar）[2]或如罗根特阁下所说的，可以追溯到尼布甲尼撒二世时期。[3]

建筑师和投资人都很欣赏这种古旧感。桂尔甚至希望在他的格拉夫庄园修一座高架引水渠，将部分“处女水道”（Acqua Vergine）[4]与古罗马帝国的荣耀慷慨回赠给巴塞罗那。但是这类工程如果再添一项就多余了。

桂尔宫后侧的外立面正对着一方内院。它的建筑特色，是露台窗户遮棚采用了类似中国折叠屏风的精致褶叶造型。

从正门进来后，客人可以沿着狭窄的楼梯登上一楼与二楼的夹层，这里有等候室、图书室和管理办公室。有一段豪华大楼梯从这里通向主楼层，那里有两间雍容奢华的主客厅和一个壮观的中央大厅，最终证实了这幢建筑设计的王室气派。桂尔宫在内部

---

[1] 圣地亚哥·鲁西尼奥尔（1861—1931），加泰罗尼亚现代主义画家、诗人和剧作家。——译者注

[2] 巴比伦最后一位国王。——译者注

[3] Casanelles 的译文。

[4] 古罗马城水道之一，是古罗马时期的饮用水运输管道。——译者注

装饰方面不惜重金。它还使用了极为复杂的铁艺。大理石墙壁和锤纹铜片上装着壁突式烛台和枝状烛台。木材器具表面则精细镶嵌着黑檀木、龟甲和象牙碎片。一个房间使用的木料是桉树，另一个房间使用的是山毛榉；而梨木、巴西红木和非洲红花梨木的镶嵌装饰系列源于伊斯兰工艺，则暗示了桂尔的财富来源。在前两个主客厅，彩色檩条按照规整次序构成了木质雕纹的天花板，上面敷饰着金银箔片。由此而靡费的金钱与劳力堪比暴君佩德罗一世（Pedro the Cruel）[1] 的塞维利亚宫（Seville's Alcazar），连庞迪的工坊也要竭尽其能才可以满足订货需求。

在想象力和知识允许的范围内，高迪对于昂贵质料与珍稀石材的使用程度颇为铺张。他没有必要偷工减料，因为预算方面毫无限制。室内装饰师安东尼奥·奥利瓦（Antonio Oliva）曾经尝试将某种仿大理石纹饰应用于衣橱侧柱，还很骄傲地向高迪炫耀。高迪用指关节轻轻敲了敲，警告奥利瓦再也不要受偷工减料的诱惑。“艺术是非常严肃的事情。”他如此告诫道。

就连兼任桂尔秘书、会计与家务总管的诗人拉蒙·比科·康帕玛尔（Ramón Picó Campamar）都对高迪毫无节制的自由感到震惊。“我把唐·欧塞比的钱袋装满，而高迪却将它倒空。”他抱怨道。还有一次，当桂尔从国外旅行归来时，比科交给他一摞账单。由于错误领会了桂尔宫如此大肆铺张的根本目的，比科得到了应有的惩戒。“高迪的全部花销就这些？”桂尔问道，他对比科的干涉十分恼火。

但比科的敌对态度也是一种敬业精神的体现。他只能屈居

[1] 佩德罗一世（1334—1369），卡斯蒂利亚国王。——译者注

高迪之后，但没过几年，他将享受到15分钟的荣耀——他向桂尔及其猎场致敬的诗剧《加拉夫》(*Garraf*)，将在两位德国公主和利奥十三世的宗座大使克雷托尼阁下（Monseñor Cretoni）的面前登台上演。尽管比科是位诗人，但桂尔宫唯一称颂的诗作却是贝达格尔的《亚特兰蒂斯》。[1] 为了装饰餐厅，高迪请来了性情古怪的画家阿莱霍·克拉佩斯·普伊赫，让他根据贝达格尔诗歌里有关某一片土地及其人民恢复旧日荣耀的激昂主题进行创作。高迪订购了描述大力神赫拉克勒斯的巨幅壁画，可惜的是其很久以前就遭到了毁坏。[2]

高迪巧妙展示出桂尔宫与王室旧典从里到外的呼应，以便让这座建筑显得更为高贵。如果说立柱与暴君佩德罗一世有关，木雕天花板是伊莎贝拉和费迪南[3] 喜好的装饰风格，那么由冷灰色格拉夫大理石与雪花石膏营造的阴沉氛围，则更让人联想起腓力二世（Philip Ⅱ）[4] 时代风格冷峻的埃斯科里亚尔修道院（El Escorial）。不过，赫拉克勒斯的画像是直接呼应了腓力四世（Philip Ⅳ）在马德里的国王厅（Salón de Reinos）。国王厅里装有委拉斯开兹（Velazquez）的哈布斯堡王室骑马像和描绘

---

[1] 在亚历山大·德·里克尔（Alexandre de Riquer）绘制的彩色玻璃上还能看到其他的文学典故，比如李尔王和《皆大欢喜》(*All's Well that Ends Well*) 里的伯特伦（Bertram）。

[2] 高迪和克拉佩斯在当时都不符合时代潮流。尤其是克拉佩斯，与当时的艺术家相比，他的风格更类似于16世纪被称为"神圣者"（El Divino）的画家莫拉莱斯（Luis de Morales）以及17世纪艺术家、蒙特塞拉特的本笃会修士弗雷·胡安·里奇（Fray Juan Rizi）笔下那些色彩深暗的宗教题材油画。里奇和高迪一样是素食主义者，一年到头都喜欢大开着窗户睡觉。

[3] 卡斯蒂利尔亚的伊莎贝拉一世（1451—1504）和阿拉贡（Aragon）的费迪南德二世（1452—1516），两人的联姻将各自的王国带入稳定的发展时期。——译者注

[4] 腓力二世（1527—1598），西班牙国王。——译者注

西班牙人军事胜利的纪念画作，而苏尔瓦兰的系列画作《赫拉克勒斯的丰功伟绩》（*The Labours of Hercules*），则使之臻于完美。国王厅是有史以来最为精雕细琢的王权赞歌之一。[1] 有趣的是，国王厅采用的卡斯蒂利亚风格，却从来没有妨碍高迪将它改用于规格相对较小的桂尔宫。桂尔宫主要是用于仪式活动和办公的场所，甚至在竣工前就已接待过摄政王后克里斯蒂娜（Queen Regent María Cristina）、公主玛丽亚·欧拉利娅·德·波旁（María Eulalia de Borbon）和安东尼奥·德·奥尔良（Antonio d'Orleans）的造访。

如果说洛佩斯和高迪的设计理念是想通过吸收和调整以往的建筑传统来征服时间，那么桂尔宫的中央区域、三层高的音乐厅和礼拜堂，则体现了高迪控制和捕获空间的欲望。[2]

中央大厅底面长宽均为九米，距穹顶最高处近二十米，是整个房屋的中心。沿着三层楼高耸直上的延长抛物线穹顶让整个宫殿浑然一体。从第一层看，一段饰有哥特式透雕扶手的交错式楼梯直通向可以俯瞰大厅的阳台。往上一层，木制屏风式百叶窗背后是乐人步廊[3]。再往上，卧室和浴室都被小心遮蔽起来。穹顶不同寻常的特点之一，是它承托在一个使用带饰钉的铸铁桁架铆固的方框之上。这个方形框架是在船坞制好后运来的。这些铁梁来自造船厂，上面布满了螺钉。这一点有力地表明，即使高迪在坦然无愧地追求奢华效果，他仍然采取了各种实用

---

[1] Brown, J., and Elliott, J. H., *A Palace for a King: The Buen Retiro and the Court of Philip Ⅳ*, Yale University Press 1980.

[2] 见 Lahuerta。

[3] musicians' gallery，又名 minstrels' gallery，欧洲城堡或庄园主厅内部常见的一种阳台形式，供乐人或游吟歌手表演使用，有时会刻意遮蔽。——译者注

与新颖的设计。高迪也考虑过中央供暖的问题，尽管他后来发现，巴塞罗那气候潮湿，只有配以通风设施或空气调节系统，这种设计才切实有用。(一天早晨，桂尔全家人醒来时发现都出现了严重的鼻塞状况。)[1] 主客厅的照明方案也相当巧妙：光线通过穹顶的小圆孔，细碎地洒落下来。从某种意义上说，桂尔宫的抛物线拱顶变成了建筑主题与统摄形式。到处都是充满装饰性的细节、材料与纹理，像东方市集的货品那样层层堆叠。但是抛物线的简洁与别致将它们整合到了一起。

在客厅尽头，高迪将家族礼拜堂安排在两扇宛如庞大衣柜门的巨幅镶嵌细工门背后。不幸的是，小小的祷告室在内战期间与伊莎贝尔·桂尔使用过的管风琴都被人砸毁。礼拜堂彰显出这一间客厅极其灵活的使用功能，它有利于从道德层面寻求令人升华的愉悦和虔诚感。这是一个很聪明的技巧。在阿拉伯浴室里，哈里发可以暗中窥视他的后宫嫔妃而不被察觉，但高迪却倒置了这个功能。在桂尔宫里，偷窥者只能看到念诵三钟经和早弥撒的场面。

至于那些对浓厚阴郁气氛感到憋闷的人，这里还有提供给他们的后阳台。然而最令人兴奋的是屋顶的风光：十八个烟囱和通风井口聚成一簇，环绕着正中央的一个圆锥尖顶，仿佛是经过基督教风格改造的宣礼塔。每个烟囱表面都覆盖着釉片，采用了灵活的碎瓷拼贴技术。尽管热衷搜罗纪念品的人曾让烟囱的外部破损不堪，但是人们已经依照它们当初被创造时遵循的自由精神完成了修复工作，有时甚至还加入了成套的利摩日

---

[1] Ràfols, p. 62.

（Limoges）[1]白瓷餐具碎片［其中一座白塔宛如哈维尔·马里斯卡尔（Javier Mariscal）为1992年奥运会设计的吉祥物小狗科比］。当然，修复后的效果仍然是纯高迪风格的，同样别具一格。罗伯特·休斯（Robert Hughes）和埃尔斯沃思·凯利（Ellsworth Kelly）都认为，“如果不考虑高迪的碎瓷拼贴技术对青年毕加索的影响，现代艺术里碎片化手法的发展历史就不可能完整”。毕加索在最关键的发展形成阶段，可以欣赏到街对面桂尔宫的罕见景观。

屋顶的中央尖塔，表面覆盖着粗粝的淡绿色三叠纪石灰岩片，加泰罗尼亚的清澈阳光被它吸纳而不是反射出去。它迥然有别于这座房子其余部分的雅致效果，俨然呈现出一种自然地质形态的素朴——在一切尚未建成之前就已经风化古旧。它顶部是一个蝙蝠造型的风向标。《西班牙－美洲画册》（*La Illustración Hispano-Americano*）这样评价桂尔宫：

> 浮现在小穹顶最高处的那只机警的蝙蝠，从征服者豪梅时代开始就用它的双翼保护着加泰罗尼亚盾徽[2]：它象征了这片土地强大的灵魂，并赋予那座庞大的石山以生命。

从后现代主义者的眼光来看，桂尔宫如果不具备“仪仗颂歌的”特征，可谓一无是处。空间和不同区域依次开启，仿佛一幕幕戏剧。从马车地库到天顶，观者的心情与建筑的气氛都

---

[1] 利摩日，法国南部城市，时至今日仍以中古时期留存下来的陶瓷、珐琅技艺闻名欧洲。——译者注

[2] 18世纪末至1981年，巴塞罗那盾徽的顶部为一只蝙蝠。——译者注

被精心设计调控。它近乎交响乐章，中央客厅相当于一位非同凡俗的主角，发出巨钟般的低沉龙吟。高迪实际上是在描述整个宇宙的秩序，同时增添了一缕微妙的天主教意味。地库象征着地狱。[1] 贯通联结了整个巍峨结构的中央客厅同时代表了天空和大地，而屋顶的景色则象征着天堂——桂尔宫由此而呈献了救赎和复活的语言。它是一位世俗王公的圣殿。

在桂尔宫里，高迪首次创造出一种融合了神话、寓言故事和类比的叙述语言。不过，通过混杂历史上所有的装饰风格，最终呈现的总体装饰效果却像马里奥·普拉兹（Mario Praz）的精彩描述那样：

> 这些“世纪末”（fin de siècle）的艺术家最爱拿来与自身所处时代相比较的就是古典时期。它如同拜占庭的漫长夕照。晦暗的半圆形后殿里浮动着暗金和绛紫色的幽光，谜一般的窥探面孔纷纷浮现，野蛮而又精致，散漫的瞳孔显示出神经衰弱的症状。

在桂尔宫的建造过程中，高迪的建筑工作室越来越繁忙。1885 年 3 月 19 日，在圣家堂地下窖室的圣若瑟礼拜堂举行了首场弥撒。1887 年，高迪曾提出建议在加的斯海军博览会建一个展馆，第二年这个展馆沿西班牙海岸被一路运送到巴塞罗那，用于 1888 年的世界博览会。

---

[1] 桂尔宫的地库设计常被拿来与圣库加特教堂的地下窖室相比，其地狱的寓意也多来自这种比较。

1888 年的世界博览会代表了这样一个时刻：作为最不具备西班牙特征的西班牙城市，巴塞罗那展示了自身的独特形象。1888 年 5 月 20 日，博览会在玛丽亚·克里斯蒂娜王后和年幼的阿方索十三世的主持下开幕，并成为巴塞罗那地位提升和加泰罗尼亚经济繁荣的象征。它成为“现代主义风格的跳床；而正是现代主义风格将成为巴塞罗那工业的新品牌和新形象”。[1]

世界博览会取得了难以置信的成功：它吸引了两百多万参观者，共有 1.2 万个展位，参展国家多达 25 个。但是它呈现的繁荣统一经济图景却是个假象——恰好相反，此时的经济刚步入衰退期。然而，各式各样的建筑奇观维持了成功的幻象，例如多梅内奇设计的咖啡馆［后来成为一个艺术和工艺作坊“三龙城堡”（Castell de Tres Dragons）］；抑或是他设计的国际饭店，这个仅用 53 天就完工的饭店拥有宏伟的大厅、400 个卧室，外加 30 间豪华套房。多数的市中心要道都安装了街灯。城堡公园（Ciutadella Park）则为市中心新提供了优雅的散步场所。

高迪对博览会的贡献并不显著。但他的情况也不是特例。丰特塞雷担心他设计的城堡公园遭到肆意损毁，宣布辞职以示抗议，结果很快就被罗根特取代。因为蓄有羊排络腮长髯而闻名的市长里乌斯－陶莱特（Rius i Taulet）曾找过高迪，请他将位于圣豪梅广场市政大楼里的百年厅（Saló de Cent）进行翻新。不过，多梅内奇与市议会的合作陷入停顿后迅速接手这份工作。但是对于高迪而言，他还有许多其他的工作必须完成。桂尔宫

[1] Mendoza, Cristina and Eduardo, *Barcelona Modernista*, Planeta, Barcelona 1991, p. 74.

是最重要的，就算是几个月也耽误不起；圣家堂的工程也在稳步推进。比起世博会那些昙花一现的多数作品，高迪这一时期对城市构造的贡献更为持久。

1887 年年初，高迪接到一项颇具诱惑力的委派工作——在阿斯托加（Astorga）建造主教宫殿（Episcopal Palace）。格劳主教（Bishop Grau）的宫殿在 1886 年被烧毁，当时他就职仅两个月。按照常理，新建主教宫殿的任务应直接交予该主教管区的建筑师，但是阿斯托加地区还没有相应人选。在当地简单寻找一番过后，主教格劳推荐了他在塔拉戈纳认识的高迪。

乍看之下，面如满月的霍安·格劳好像是反教权刊物上那种饱食终日的主教：一个贪婪无餍的丑角。但是格劳的外表却掩盖了他充满激情和活力的性格。再加上雷乌斯人的火暴脾气，更是让他成了谁也不敢招惹的对手。

19 世纪 60 年代，格劳曾在塔拉戈纳考古协会当过一段时间的主席。这个协会密切关注乔瓦尼·巴蒂斯塔·德罗西在梵蒂冈率先引领的神圣考古学的最新进展。但是人们很快就意识到格劳的活跃个性不会受到小城生活的束缚。用一位观察者的话说，他“卓然超拔于周围众人，而且他也从未感到自己是他们的一员”。他在天主教教会内部的逐级升迁并没有惊人之处，但是他显然能让上级感到放心。在 1868 年 9 月革命期间，格劳接受了塔拉戈纳代理主教的职位。第二年，在梵蒂冈第一届大公会议（the First Vatican Council）期间，天主教开明派思想被“教皇无误论”有效击溃，格劳在大主教离开教区前往罗马期间仍留在塔拉戈纳任代理教区总管。19 世纪 70 年代，格劳在天主教复兴过程中显然发挥了日益积极的作用。他先是成立了一个传教士组织“传教士联合会”（Asociación de Sacerdotes Misioneros），之后又创办杂志来主张“献身于耶稣与玛利亚之心”（*La Devoción a los Corazones de Jesús y María*）。作为对格劳多年来虔诚激昂地效力教会的奖赏，1886 年 6 月，罗马教皇利奥十三世循例任命他为阿斯托加主教；同年的 8 月 2 日，他还荣获了伊莎贝拉天主教团大十字勋章（Gran Cruz de la Orden de Isabel la Católica）。

1887 年 2 月到 8 月间，高迪为格劳主教起草主教宫殿的设计图。这些图纸的诞生过程非同寻常。高迪在比森斯之家等地采用的常规方法，首先是要对选址和地形产生真实感受。然而，由于手头还有其他工程，高迪不能亲赴阿斯托加，因此他让主教给他尽量多提供一些当地历史建筑的照片、有关当地历史的书籍、工程选址的细节信息，以及主教对各地域风格的印象看法。此外高迪还研究了朋友何塞普·伊萨尔特（Josep Ixart）著作《西班牙的历史建筑与艺术》（*España: Sus monumentos y artes*）里的佐证材料。[1]

阿斯托加西、北两侧都有山脉环绕，其北部曾经长期遭受阿斯图里亚斯人（Asturians）侵扰，南部则受伍麦叶阿拉伯人（Ummayad Arabs）侵扰，直到最终被确立为信奉基督教的莱昂（León）王国的重要城市。

早在一千多年前，普林尼就形容阿斯托加是“宏伟的城市”，然而从那个时代遗留下来的只有雄伟的罗马城墙。从那时起，阿斯托加就成了罗马第七军团的补给站。阿斯托加的基督教传统至少可以追溯到公元 254 年。公元 4 世纪时，该地区已被确

---

[1] Ràfols, p. 62.

立为西班牙最早的主教辖区之一。阿斯托加的哥特式大教堂是这座城市伟大的建筑奇观。和西班牙的大多数城市一样，阿斯托加到处都是巴洛克式建筑。高迪在设计他的基督教宫殿堡垒时，对这个悠久历史传统的方方面面都进行了考察。

1887年秋天，格劳主教在收到高迪的设计草图后，立刻予以热情洋溢的回复。“平面图已收悉，绝妙。甚喜。祝贺。期待回信。”

这次任务有别于市议会的委托项目：市议会的指示经常可以不予理睬，但是主教宫殿作为国家的标志建筑，费用开支直接依赖于司法部，而司法部则依靠马德里圣费尔南多皇家美术学院（the Real Academia de Bellas Artes de San Fernando）的建筑专家，只有执行他们的意见，建筑资金才能拨付。

1888年夏末，高迪前往阿斯托加拜访。他到达后相当吃惊地发现，先前从格劳邮件里费力筛取的照片误导了他对该地区地形的最初感觉。[1]他迅速开始研究可能的修改方案。

皇家学院的建筑委员会已经指出高迪设计里的多处毛病：楼梯过窄，城壕不够宽，立柱过细，拱顶弧度过低，没有对火灾的危险予以充分考虑。对于这些意见，高迪出乎意料地欣然接受，并很快重新加工出平面图。在获得皇家学院最终批准后的那个春天，高迪再次来到阿斯托加。1889年6月24日，也就是主教的圣徒节这一天，该工程项目铺下了首块奠基石。

在接下来的四年中，高迪十一次来到阿斯托加监督主教宫殿的工程。他在圣家堂已经直接了解过教堂管理委员会（Junta）

---

[1] *Gaudí en Astorga*, Maria Jesus Alonso Gavela Publ., Instituto Fray Bernardino de Sahagún, Leon 1971, p. 35.

的运作流程，并以虚张声势和唐突的做派赢得了艺术创作的自由。不过在阿斯托加，整个的指挥链就不怎么灵活了。阿斯托加流传的一个故事犀利地揭示了两班人马工作方式的差异。一天早晨，高迪在大教堂间漫步时想到了加斯帕尔·贝塞拉（Gaspar Becerra）在1562年创作的真人比例大理石高浮雕祭坛装饰塑像。高迪建议去掉装饰华盖，因为它分散了雕塑作品的主题。但是格劳不同意。他提醒高迪，华盖是天主教教条的关键部分，它让人注意到"圣事的王者威仪"。但是高迪坚持认为贝塞拉雕刻出天使托举的帐幕已达到了目的。[1]"也许在这一点上你是对的，至少有点道理。"格劳说。"不仅这件事，所有的事都是！"高迪高声说道。

格劳为了缓和局面，答应将高迪的建议转呈圣礼教会（Sacred Congregation on Ritual），对方的回复毫不含糊：无论什么原因都不允许降低华盖的地位作用，这是礼拜仪式中不可替代的意象表达。

高迪很清楚自己行事风格上的倔强冒失。"我一生都在努力控制我的个性脾气；通常都会成功，但有时候我的个性比我的本心更要强。"他曾这样说道。高迪在这段时期恰巧拍摄过一张办理世博会通行证用的照片，上面是一个明显发福的矮胖男人。但是他看起来结实健康，发型几乎是剃成了光头。

高迪花了很多时间与格劳讨论礼拜仪式。主教鼓励这位建筑师阅读多姆·盖朗热（Dom Guéranger）的《礼仪年》（*L'Année Liturgique*）。于是多姆·盖朗热的这部著作成了高迪的重要资

[1] Martinell, p. 60.

料，他把这本书与题写过自己姓名的《亚特兰蒂斯》一起放在书架最显要的位置。若干年后，高迪表示这或许是他职业生涯中最有影响力的时期。

工程进展到1890年的冬天，高迪已经能够协助解决入口柱廊的搭建问题了。出于对当地传统的尊重，高迪选择了新哥特式设计，围绕一个中心大厅进行建造。柱廊外部采用白色的比埃尔索（Bierzo）切割石料，除了像中世纪塔楼一样向外倾斜着支撑阳台的三重拱形结构外，并没有什么新意。几乎没有可能发明一种木制支架承托所有堆砌的石头，让它们稳妥到位。这道拱门先后坍塌了两次。但是根据阿隆索·卢恩戈（Alonso Luengo）对高迪居留阿斯托加期间的全面研究，高迪在这个时候亲自登场了：

> 城里一半的人都涌进建筑工地的周围，凝视眼前的壮观景象。全西班牙的建筑师们面带嘲讽的微笑，等待这项疯狂计划的结果。而这时高迪登上高台，离开身边的人群，随着石块的每一次挪动而奋力高举双臂，仿佛遏止不熄的火焰起伏。

太阳下山，天空就要飘起雪花的时候，高迪完成了他的荒唐举动。但是拱门再次坍塌，倔强的高迪决定从头再来：

> 建筑师磨出水泡的双手，在这一刻与石块融为一体，他的脉搏也与施工匠人的脉搏紧密相连。许多年后这位工匠动情地回忆起这个时刻，并自豪地宣称，当柱廊的最后一块石头安放到位并纹丝不动的时候，他为自身的尊贵技

艺而获得了最宝贵的认可，那就是高迪的拥抱。[1]

不过，他这种赫拉克勒斯式的努力，在前四年里没有获得任何金钱上的回报。因此，在 1892 年 11 月 21 日，高迪写信给格劳主教感谢他的款待，但同时也表达了他对国家运行机制的深恶痛绝：

感谢上帝，直到今天，我还从来不需要向国家效力并消耗自己的创作才华。我总能幸运地为那些值得尊敬的客户工作，他们和国家完全相反，深知艺术家必须依靠自己的工作存活，也深知把艺术家逼成乞丐并不光彩。

直到第二年，在对高迪的开支收据进行一番吹毛求疵的审查过后，事情才得以解决，但为时已晚。1893 年 9 月，格劳主教在某次前往萨莫拉（Zamora）的教区访问中伤了腿。高迪凭直觉意识到事态不妙，十年后他在《加泰罗尼亚之声》中回忆道：

知道我当时为什么发觉主教快死了吗？当我发现他整个人变得如此之美，我就知道他活不长了。他很美，太美了。他的个人特征全然消失不见：脸部线条、肤色，还有声音。完满的美是无法存活的。希腊神祇的抽象脸孔不可能活在人世间。[2]

由于感染了坏疽，格劳在 9 月 21 日去世。

---

[1] Luego, A., *Gaudí en Asborga*, 1954, pp. 17-18, trans. Martinell.
[2] Pijoan, J., *La Veu de Catalunya*, 20 January 1906, trans. Martinell, C., p. 62.

主教宫殿尚未封顶，但高迪辞职了。他向大教堂的法政牧师们射出了最后一箭："他们完全没有能力完成这个工程，也没有能力让它半途而废。"在高迪修建主教宫殿的过程中，这些法政牧师千方百计地阻挠高迪。现在，高迪失去了他的支持者和保护者。高迪在阿斯托加做的最后一件事是为格劳主教设计墓碑。他辞职时非常清楚，没有主教的支持，他永远也无法完成这项工程。高迪这样描述格劳：

> 他为振兴这座城市做出了巨大的努力，却毫无希望。他承担这样的工作是为了树立榜样，让这个地区焕发活力。结果他却要跟所有人斗争：他在莱昂的上级，阿斯托加教区的信众。从担任建材承包商的市长到主教座堂骑士团，都在给他设置障碍。我们每年都多次去阿斯托加，这让格劳博士又重振精神。我从未见过比他更执着、更用心良苦的人。他在世时，我们克服过所有怨苦。

格劳在担任主教的头一年，以异常仓促的方式设法促成了主教宫殿的重建；他讨论了礼拜仪式的各种变化，但是全部遭到法政牧师们的拒绝；他建立了一座主教管区博物馆，还在全省各处成立了几所新学校。他的精力或正直毋庸置疑。1887 年，他立下遗嘱要出售自己所有财产以补助慈善事业。但是高迪和格劳低估了阿斯托加地区对变化的强烈抵制。当时一位旅行者称这里是"西班牙最忧郁的城市"。[1]

[1] 当地人反感的另一个原因很可能是高迪坚持要用加泰罗尼亚建筑商。

若干年后，阿斯托加地区企图恳请高迪回去继续工作，但是他仍对当年的境遇耿耿于怀。主教宫殿用了几十年才完工，而且始终与高迪最初的设计方案相去甚远。况且，高迪已经在一怒之下焚毁了这批图纸。[1]

“就算是坐热气球，我都不会从阿斯托加经过！”高迪说。

在接手主教宫殿的同时，高迪还被请去设计一个非常特别的宗教建筑——一所修女学校，它的办学对象是有感于圣德肋撒（Saint Teresa）推崇的基本准则的修女，筹建方是圣德肋撒礼拜会的组织者恩里克·安东尼·德奥索（Enrique Antoni de Ossó）祖父。奥索最初是请建筑商华金·科迪纳·玛塔尔弗（Joaquim Codina Matalí）按照协议把学校和宿舍设计成时兴的拜占庭风格。但不久他又请高迪来完成这项工程。因此，和圣家堂的情况一样，高迪接手的又是一份明显不能有多少改动的建筑图纸。当高迪被招募过来的时候，外墙已经建了两米高。

虽然与阿斯托加那座更宏伟的建筑和华丽的桂尔宫同处一个时代，圣德肋撒修道院与众不同的地方，却在于它“用度拮据”和“极简主义”的设计。奥索在预算紧张的情况下经常会加以干涉。有时高迪为此感到相当不悦：“恩里克神父，各干各的事。我建我的房子，你布你的道，做好你的弥撒。”

第一层（“硬化地面”）由填满碎石的砖墩搭建而成，但从二楼开始，整座四层楼的长方体建筑呈现出一种令人眩晕的垂直感和陡然升高的感觉。在屋顶高处，狭窄的山墙进一步增强

[1] *Gaudí en Astorga*, p. 49.

了哥特化的效果。这里到处可见圣德肋撒礼拜会的标志和敬拜上帝的祷文。

建筑内部的整个纵深空间被分成三大区域。这在第一层的效果格外明显，以灰膏涂敷抛物线拱架外表的白色廊道一直延伸到视线尽头。它们整齐利落而现代，是一种内敛精神的奇迹。这些拱顶通道可能是高迪建造的最具灵性的空间。设计廊道是为了行走方便，但它又是一种非常特殊的行走方式：人们在这里缓缓地漫步，同时在心里默想基督殉难之苦。

高迪将中央区域划分为七个更小的矩形空间，每隔一个就是露天空间。用建筑术语来讲，这种形式很聪明地将光线引入了建筑的核心区域。但它还有更深层的象征意义。圣德肋撒最具影响的书是《七宝楼台》[*Las Moradas*，又名《灵心城堡》(*El Castillo Interior*)]。对于一个决心让自己的作品既有故事性又富含意义的建筑师而言，这本书显然很有吸引力。圣德肋撒利用七座楼台的比喻来描述她精神追求的七个层次。高迪的七个空间虽然与廊道彼此隔绝，但却向世界敞开，它们正是为了这样的思考而存在的。[1] 每次造访那里，我都会看见修女们静坐在仙人掌盆栽和爬藤蕨类植物当中，正在践行这样的思索。

---

[1] 圣德肋撒的亲生父母是改信皈依的教众。或许这能解释为什么她善于接纳来自其他信仰的概念。在伊斯兰教里，天堂也有七个不同的层级。“7”这个数字在 17 世纪的花园（Golden Age garden）设计里也有深刻的象征意义。诗人佩德罗·索托·德罗哈斯（Pedro Soto de Rojas）创造了他的 17 世纪天堂——格拉纳达阿尔拜辛区（Albaicin）的花园群落（carmen），它由七个开放式宅邸构成，显然也是从圣德肋撒的书里获得的灵感。更多讨论见 Andrés Soria Olmedo，“天堂向多数人关闭，花园为少数人敞开”（*Paraíso cerrado para muchos, jardines abiertos para pocos*），出自《艺术与历史上的花园与天堂》(*Jardines y Paisajes en el Arte y en la Historia*), Cursos de Verano de El Escorial 1993-1994, ed. Complutense, Madrid 1995, p. 251。

人们常常认为是格劳主教促使高迪对天主教复兴运动日渐投入。但恰恰是在这个时期，1889 年 11 月到 12 月间，高迪前往托尔托萨的一座修道院度假。这可能是修建圣德肋撒学校对他的影响。这项工程将以创纪录的速度在 1890 年夏天结束。他逐渐而明确无疑地融入了加泰罗尼亚天主教教会的核心集团。

1891 年夏末，第二代科米利亚斯侯爵克劳迪奥·洛佩斯（Claudio López）邀请高迪共同参观丹吉尔，研究有没有可能在该城市建造一座方济各布道所。这是高迪首次从马拉加（Malaga）出发，穿过安达卢西亚渡海前往非洲，并由此而有机会扩充自己的第一手知识。他沿途依次观览，从安达卢西亚那些以矩形体为主的著名白色小镇（white village）[1]，到北非柏柏尔人住宅那宛如刀刻般的轮廓曲线。

但关于计划中的工程，高迪只留下了一张草图。如果这座建筑真的完成了，它的规模气势将与圣家堂不相上下。带角楼的长椭圆形围墙，环绕包裹着仿佛贝宁人墙垣之内石笋般簇集在一起的林立高塔。

但是即便没有在丹吉尔的工程，高迪手里也有足够的工作让工作室保持忙碌。在莱昂，他已经受托为桂尔的几位朋友、合作伙伴与加泰罗尼亚的费尔南德斯－安德烈（Fernández y Andrés）公司建造富丽堂皇的总部。波提内之家（Casa de los Botines）是高迪在设计方面最受约束的建筑之一。饰有圣乔治屠龙（加泰罗尼亚的主保圣人）雕塑的花岗岩门面掩饰了建筑

---

[1] 西班牙的白色小镇成为极具特色的著名景观，不仅是因为房子白色的外观，还因为四周美丽的自然风景与“旧世界”（old-world）风情。——译者注

内部由铸铁立柱构成的商用空间。从它的所在位置可以看到莱昂市宏伟的哥特式大教堂，因此它在高迪所有的建筑里与周围环境最不合拍。它就是一块巨大的石头——宫殿和(城壕环护的)城堡的混合物，整体的沉重感只是通过窗户和角楼的巧妙结合才得以减轻。然而，它的建造速度却十分惊人——仅用了十个月。随着时间的推移，该建筑已被视为莱昂最重要的世俗建筑。高迪常常从莱昂去阿斯托加，直到格劳主教去世。但是那项工程的提早终结并未减轻高迪多大负担，因为在 1894 年，他已经接受委托，要给桂尔位于格拉夫的庄园修建酒窖。不过，这座酒窖的创作设计往往被认为出自高迪的助手贝伦格尔。[1]

1894 年，当这些工程完成殆半，高迪日渐热诚的天主教信仰通过他严格遵守完整的四旬斋而得到最好的证明。在当地报纸的报道里，这位形容枯槁的建筑师被描绘为仰躺在床榻、身上层层覆盖着厚大衣和毯子的形象。高迪日渐衰弱，很快就在他位于迪普塔西奥街 339 号的公寓里卧病不起。父亲和桑塔洛的劝说都无法让高迪放弃斋戒，后来还是托拉斯 - 巴热出面才解决问题。他极其反感人们过度狂热地展示信仰和神秘主义，最后成功说服高迪放弃了斋戒。目睹者描述过高迪如何病态地陷入了“深度的昏睡”，并透过他形销骨立的模样看到了“高贵与圣徒般的威仪”。

---

[1] 提出这点的是戴维·麦凯。有趣的是，麦凯在热衷恢复贝伦格尔的名誉时，还把桂尔的两件作品也归到贝伦格尔名下：主管的房间和工人合作社。还有人认为这些作品大都出自鲁维奥，见《霍安·鲁维奥·贝利韦尔与高迪主义的财富》(*Joan Rubió i Bellver y la fortuna del gaudinismo*), Ignasi Solà-Morales Rubió, Publ. Colegio de Arquitectos de Cataluña, Barcelona 1975, p. 40。

由于缺乏日记、信件、谈话记录，也找不到告解文字，所以现在已不可能完全理解高迪这一时期需要深化信仰的原因。然而，可以确定的是，到1894年，他对天主教仪式的遵循已经达到了极端的地步，连主教托拉斯－巴热都为此感到不适。这段经历发生之际，正值巴塞罗那天主教复兴运动的鼎盛时期，所以它并非巧合。如果对一些人来说，高迪与天主教教会日益紧张的关系代表了一种自我沉湎的逃避之举，那么他的思想挣扎无疑是真实可信的。

这种日益增加的虔诚体现在两个方面，并集中在高迪最亲密的人身上。高迪过于“刻板”甚至是夸张地遵循四旬斋，很可能是他对朋友贝达格尔被免职的一种反应，贝达格尔的失势是加泰罗尼亚文化生活中最大的悲剧之一。

贝达格尔从海上归来后出任莫哈宫的特遣牧师。他善于用诗歌表达最深切的向往渴盼，却又迂腐拘谨地拒绝参加正式宴会，因为女宾们会穿着低胸礼服出席。后来他从社会事务中解脱，被委派为宫里的布施者。[1] 这是一个需要谨慎谋事的职位，而事实证明这是一场灾难。

贝达格尔对待主人的钱财可谓挥霍无度。据估计他的花销与建造索夫雷拉诺宫（Sobrellanos）和规模庞大的天主教神学院费用相当。还有传闻称贝达格尔曾试图劝说侯爵夫人进女修道院。科米利亚斯对贝达格尔的荒唐行为很是厌恶，当他获悉贝达格尔

[1] Carner, A., *La Verdad sobre la Vida y la Tragedia de Verdaguer*, Editorial Gea, Barcelona 1971.

还有恶魔附身和暴力驱魔仪式等情况后，立刻采取了行动。[1]

在科米利亚斯门下生活十九年后，贝达格尔最终遭到驱逐。这是极大的屈辱。莫尔加德斯主教剥夺了贝达格尔的神职，这种干涉行为更是雪上加霜。起初还有一个通融的办法，是将他放逐到比克[2]的格莱巴修道院（Gleba），但是被他拒绝了。

1894 年，濒临破产的贝达格尔恳请科米利亚斯给予帮助。但是科米利亚斯却叫来了警察。贝达格尔在他简短的自传《为自我辩护》（*En Defensa Pròpia*）里尽情倾诉自己被碾碎的自尊："毕生的好友，却为了区区不足三十枚银币而将我可耻地出卖！"他咬牙切齿地跟阿佩尔莱斯·梅斯特雷斯（Apel · les Mestres）[3]抱怨："他们用铁链将我锁起来，让我一圈一圈不停地打转，却从不给我逃脱的机会。"[4]

随着世纪接近尾声，整个社会的两极分化越来越严重。一方面，无政府主义、工会运动及波西米亚风蔚然兴盛；另一方面，天主教统治阶层、权势集团和日趋反动的政府都争相施加自己的权威——正如贝达格尔事件所表明的，甚至在本阶层内部也是如此。

对于颓废状态的偏狭态度和恐惧，在艺术领域也有反映。

---

[1] 19 世纪 90 年代中期，沙尔克博士（Dr. Charcot）一直在巴黎研究歇斯底里症与恶魔附身在心理层面的模糊区别。西格蒙德·弗洛伊德经常在维也纳诊室躺椅上接待一个又一个歇斯底里、性压抑的中产阶级女人。

[2] 比克是位于西班牙东北部的一个小镇。——译者注

[3] 梅斯特雷斯（1854—1936），西班牙画家。——译者注

[4] 关于贝达格尔的精神崩溃及后来的患病情况，详见 Delfí Abelle 的《心理诊疗师眼中的贝达格尔神父》（*Mossen Cinto vist pel Psiquiatre*）和 R. Nolle Panades 的《哈辛托·贝达格尔神父的肺结核》（*La Tuberculosis Pulmonar de Mossen Jacinto Verdague*）。

由于深深厌恶“艺术圈”舞会的酗酒、淫荡、反教权氛围，雕刻家何塞普·利莫纳（Josep Llimona）决心要制止这样的腐化趋势。由他一手创建、旨在促进天主教艺术的圣路加艺术家协会（Cercle Artístic de Sant Lluc）不仅注重艺术创造性，也竭力排斥异己。第一条禁令就是，模特写生课上不准再出现裸体女人。高迪卧病在家时，协会的精神导师托拉斯－巴热公开发表了演讲。他向自由主义宣战，主张“为艺术而艺术”的想法已经破产。直到1899年，高迪才加入了该协会，但是毫无疑问，他对朋友们的处境完全感同身受。

关于圣路加艺术家协会“麇集的道貌岸然之徒”，以及与他们敌对的波西米亚风艺术家，已有不少著述。如果说鲁西尼奥尔的现代主义主要让人联想到鸦片的气味，那么，用艺术家玛丽亚·皮德拉塞尔拉（Marià Pidelaserra）的话说，圣路加协会艺术家们身上都是“奢华葬礼和昂贵蜂蜡的味道”。[1]

一道道战线已经铺开。1900年10月25日，毕加索在给朋友的信中写道：“如果你看到奥皮索[2]——就叫他送高迪和圣家堂下地狱吧。”

毕加索和其他的“四只猫”咖啡馆文艺圈成员对圣路加艺术家协会的教会正统本质倍感厌恶。高迪则成了毕加索刻薄讽刺文字的特殊目标。据约翰·理查森（John Richardson）所说，这种厌恶是相互的；高迪“看不起也不信任巴塞罗那要求变化

[1] *1893-1993 Cercle Artístic de Sant Liuc*（展览目录）, Departement de Cultura Generalitat de Catalunya, Barcelona 1993. 另一个重要的资料来源是：Jardi, Enric, *Cercle artistic de Sant Lluc.*

[2] 奥皮索（Ricard Opisso，1880—1966），西班牙水彩画家。——译者注

进步的那些年轻画家，这其中很快就会包括毕加索”。[1]

在巴塞罗那的毕加索博物馆，参观者很容易忽视一小幅名为《饥饿》（*Hunger*）的钢笔素描。这幅画在1902年匆匆完成，笔触格外生动。[2] 画面前景中站立着“神圣”家族成员[3]，背后是那位艺术家兼建筑师的唬人形象，置身于一堆古典半身雕像的碎片当中。他像当时许多加泰罗尼亚男人那样留着络腮胡，穿着破旧、邋遢不整的套装，耷拉着肩膀，上身前倾，正在严厉训斥众人。

他面前的一家老小因为饥饿而目光呆滞。艺术家说：“非常重要！……我要跟你们谈几件非常重要的事，跟上帝和艺术都有关系。”“好啊，你想谈上帝和艺术就谈吧。”——父亲模样的农夫似乎想说——“可是我家几个孩子都饿着肚子呢！”

画中艺术家的身份从未获得过确认，但是它无疑代表了针对超级保守的圣路加协会艺术家的讽刺群像。[4] 它顺便也体现出与高迪的某种相似，因为他以“神谕般的言语”闻名于世。[5]

尽管高迪所在的天主教群体不断遭到冷箭暗算，但还是在象征意义上取得了一些小的胜利。毕加索以“四只猫”为根据地的波西米亚群体出现了分裂：鲁西尼奥尔大多数时间住在锡

[1] Richardson, p. 62.

[2] 该画作在毕加索博物馆的分类号为 MPB 110.472。

[3] 此处原文作“‘holy’ family”，以此讥讽高迪以“神圣家族”（Holy Family）为名的“圣家堂”。——译者注

[4] 毕加索在“四只猫”咖啡馆的第一次个人作品展，直接与拉蒙·卡萨斯（Ramón Casas）的绘画才华形成竞争。毕加索从嘲笑巴塞罗那最著名的艺术家开始，他的嘲笑对象除高迪以外，还包括圣路加艺术家协会里其他相对不太重要的成员。

[5] Collins, G. R., *Antonio Gaudí* (“Masters of World Architecture”), George Braziller, New York 1960, p. 8.

切斯（Sitges）[1]，而毕加索正打算搬往巴黎。性情古怪的咖啡馆店主佩雷·罗梅乌（Pere Romeu）的记账水平与厨艺一样糟糕，他出面监督咖啡馆的关张。6 月 26 日，圣路加艺术家协会最终接管了大名鼎鼎却倒闭破产的“四只猫”咖啡馆。[2] 至少从短期来看，重新焕发活力、以高迪为名义领袖的天主教艺术权势集团，显然取得了胜利。

[1] 锡切斯，位于加泰罗尼亚自治区。

[2] See *Picasso and Els Quatre Gats: The key to modernity*, ed. Maria Teresa Ocaña, Exhibition catalogue, Museu Picasso, Editores Lunwerg, Barcelona 1995.

打造新的耶路撒冷

用两把尺子和一条绳索就可以催生出整个建筑。

——安东尼·高迪

在西班牙境内，这些日益加剧的分歧逐渐披上了暴力的外衣。到了 19 世纪 90 年代中期，无政府主义的暴行已不再是孤立或者偶发行为，而成为政治景观里的常见现象。然而，1898 年的古巴之乱，使得这一切相形见绌。

1895 年糖价的暴跌导致当时还是西班牙殖民地的古巴境内发生了叛乱。官方的反应迅速而残暴。被《纽约日报》（*New York Journal*）称为"屠夫"的魏勒（Weyler）将军被派往古巴。他将古巴的土地搜刮一空，把农民驱赶到集中营。这种策略行之有效。原本还有可能用谈判方式让反叛者重新归顺，但集中营的残酷却坚定了他们摆脱西班牙殖民者统治枷锁的决心。

古巴临近美国，自然也导致了其他问题。[1] 美国人声称，古巴“摆脱了自身与西班牙的不正常关系，又无力自主，在这种情况下，只能向北美联盟偏移重心”[2]。

旧世界与新世界之间不稳定的外交关系已经紧绷到破裂边缘。美军战舰“缅因”号在哈瓦那港沉没后，两国于 1898 年 4 月 25 日正式宣战。[3] 这场战争仅持续了十周。但是作战范围并不仅仅局限于古巴。很快，马尼拉和关岛相继卷入战事。这场“辉煌的小型战争”结束了，最后是 2.4 万名士气低落的西班牙负伤军人乘船返回本土。美西两国在 1898 年 12 月签署了《巴黎和约》，西班牙将把其殖民地波多黎各、关岛及菲律宾直接割让给美国；允许古巴获得名义上的独立，由美国海军驻岛基地予以保护。

对西班牙来说，这是一场充满灾难和羞辱的战争。它给 1898 年幻想破灭的一代蒙上了阴影。这个才华惊世的群体包括奥尔特加 – 加塞特（Ortega y Gasset）、乌纳穆诺、诗人安东尼奥·马查多和安赫尔·加尼韦特（Angel Ganivet），所有人都感到沉郁悲观。对于许多西班牙人来说，20 世纪的前十年无论在经济还是艺术上都困难重重。然而对于高迪来说，这一时期却是他漫长职业生涯中最富创造力且最成功的时期。在桂尔的赞助下，高迪不用为任何资金问题担心。他整顿了自己的工作室。

---

[1] 1845 年，纽约报人约翰·欧沙利文（John O'Sullivan）写道："以每年成百万人口的自由增长速度，在上帝分配的这片大陆进行扩张，就是在实现我们的昭彰天命。" 到 19 世纪中期，美国已经征服了西部地区。

[2] Wood, M., "Don't Tell Nobody", *London Review of Books*, vol. 20, No.17, 3 September 1998, p. 16.

[3] 最新的研究表明，"缅因" 号的沉没并非由西班牙军队发动攻击造成，而是由发动机舱的爆炸导致。

日渐增多的工作量需要委派更多人手。贝伦格尔的贡献投入一如既往地重要。一位刚获得建筑师资格不久的新人霍安·鲁维奥－贝利韦尔（出生于雷乌斯）设法通过母亲的介入，在高迪的工作室谋得了一份工作。[1] 此后的一项委托任务，则标志着鲁维奥从助手荣升为同事。[2] 高迪是幸运的。鲁维奥善于表达，是才华横溢的理论家、尽职尽责的从业者，在成熟的现代派风格氛围里是一位具有巨大潜力的建筑师。

1897 年秋天，高迪受寡妇唐娜·胡利亚纳·平托·罗尔多斯（Doña Juliana Pintó Roldós）以及佩雷·马蒂尔·卡尔韦特（Pere Mártir Calvet）几个儿子的委托，为他们的纺织业生意建造总部基地，其中还包括一套家庭住宅和一组用于出租的公寓。[3]

1898 年 3 月 29 日，高迪完成了图纸设计。卡尔韦特之家坐落于卡斯普街（Casp）48 号，与高迪位于康塞尔·德森特街（Consell de Cent）370 号四楼的公寓步行距离很近，并在一个古罗马住宅区的地界建造。卡尔韦特之家的底层用于经营家族商业，上面一层则是卡尔韦特全家居住。因为不得不置身于街区的中央，卡尔韦特之家面临一个新的建筑问题。当时建筑师展示自身才华的唯一机会，是借由灵活处理房屋的正立面来实现。开明的市议会也认识到这一点，他们认为立面设计精良的建筑

---

[1] Pabón i Charneco, A., p. 82.

[2] 同上。

[3] 其中一个儿子爱德华·卡尔韦特（Eduardo Calvet）是经济学家和政治家，时任全国劳动促进会会长，他给高迪介绍了很多未来的潜在客户。

物应该获得殊荣。尽管这项政策的好处十分明显，但仍有一些人批评说，这是加泰罗尼亚人追求浮华设计与体面光鲜外表的一种内在习性。巴斯克地区的哲学家乌纳穆诺用自己的“正立面”（fachadismo）理论对此进行了讽刺，并在文章里嘲笑了加泰罗尼亚人执着于以牺牲公众健康为代价的设计。卡尔韦特之家的内部设计证明了类似批评并不恰当。

卡尔韦特之家获得了有史以来第一个年度最佳建筑奖。[1]该评审委员会包括建筑师佩雷·法尔凯斯（Pere Falqués）、博纳文图拉·巴塞戈达（Bonaventura Bassegoda）和比利亚尔。只有一个人提出异议，他就是圣路加艺术家协会的成员恩里克·萨尼耶·维拉韦基亚（Enrique Sagnier Villavecchia），高迪最强劲的竞争对手之一，他所支持的另一栋建筑经过很长时间的讨论才最终获奖。[2] 卡尔韦特之家是一栋具有明显特性的建筑，但是作为一种“类型”代表，它也暴露出许多问题。

1891 年的《建筑条例》削弱了舍尔达在 1857 年提出的更趋向于平等主义的城市扩展区计划。当时人们心照不宣地意识到，由于各种社会与经济力量的因素，必须充分开发一切可利用空间。新条例从实用角度将建筑限高改为 22 米，比之前增加了 2.6 米。更重要的是，它不再限制装饰元素的应用：包括釉面处理的阳台、角塔和屋顶雕刻，并由此推动了“奢华的渴望”以及“繁复的装饰”。[3]

---

[1] Martinell, p. 309.

[2] Bassegoda i Nonell, J., *El Gran Gaudí*, p. 357.

[3] Rogent Pedrosa, F., *Arquitectura moderna de Barcelona*, Parera y Cia, Barcelona, p. 10.

尽管经济迅速增长、现金流入稳定，却根本无法保证城市扩展区工程的成功。到19世纪90年代，扩展区住房条件的等级高低，已经逐步明确转化为清晰的地域区分。一位房地产投机商加西埃尔先生建议他的父亲沿着圣霍安步行道的中轴划一道线，把这道线东边的所有房产（包括圣家堂附近的地区）全都变卖了。许多古老家族依旧对新崛起的家族怀有贵族式的蔑视。众所周知，赫力达（Gelida）侯爵曾在扩展区内建造了一所豪宅，但却无法忍受在那里居住。1886年的喜剧《扩展区的一间公寓》（*Un pis a l'Ensanche*）就是围绕着主人公如何从扩展区的简陋单元房搬回大教堂附近一间公寓，并重温旧世界魅力的经历展开。直到1906年两名妓女在唐·欧塞比家门前被她们的皮条客残忍杀害，从老城区大批撤离才成为事实。[1]

20世纪初，欧洲见证了不同建筑风格的迅猛发展。观察家们“惊奇地发现在他们晕眩缭乱的眼前升起了比金角湾附近更多的宣礼塔，比乌代浦尔当地更多的圆屋顶[2]，比孔邦库兰和吉登伯勒姆[3]更多神庙塔门和石制栅格结构”。[4]如果说比森斯之家反映了摩尔式的颓废，圣家堂和阿斯托加主教堂是对新哥特风格的沉思，那么卡尔韦特之家则是高迪关于巴洛克和洛可可式建筑风格的保守尝试。

---

[1] Marfany, J. L., “Gaudí el Modernismo”, *Gaudí el seu temps*, ed. Juan José Lahuerta, ed. Barcanova and Institut d'Humanitats, Barcelona 1990, pp. 86-87.

[2] 原文为Odeypour，常见拼法为Udaipur，位于印度拉贾斯坦邦。——译者注

[3] 应是印度泰米尔纳德邦的两处寺庙群所在地，常见拼法为Kombankulam与Chidambaram，原文为Kombakoroum和Chillambaram。——译者注

[4] Henri-Guerrand, R., *Art Nouveau Archiecture.*

这座宏伟建筑由蒙特惠奇山的砂岩建造而成，依靠巨大的扶壁支撑，坐落端正，足有五层楼高。两对壁柱分列左右，浮现出入口的轮廓，巧妙对应了纺织制造业采用的木制线轴造型。这种业内玩笑是扩展区内由建筑师设计的奢华建筑的一个共同之处。每个家庭都炫示自己继承或最新打造的家族系谱。一些特征暗示了房屋主人财富的来源，还有一些特征则表现了其兴趣爱好。不过它们都是对客户及其地位的恭维颂扬——如果建筑师够聪明的话。

高迪一直期待卡尔韦特之家成为“大自然的杰作”。半圆窗台的坡顶是丰饶的水果石雕造型，一堆苹果和梨子中间藏着两只斑鸠。作为典型的加泰罗尼亚人，已故的佩德罗·卡尔韦特（Pedro Calvet）喜食菌菇。盘花锤锻的金属阳台栏杆，则将这种喜爱化为不朽形象。它们相当于提供了一份食用菌类的目录：长得如同葬服一样漆黑的丛生喇叭菌（Craterellus cornucopioides）、美味的鸡冠形红笼头菌（Clathrus cancellatus），以及烤鸡的最好配料羊肚菌（Morcbella esculenta）。

一些人形容卡尔韦特之家既“守旧”又“近乎乏味”。[1] 任何寻求建筑创新的人都可能会觉得上当受骗了。但是这座房子证实了高迪对客户心愿的敏锐领悟。这里具有一种内敛的巴洛克式优雅，是在他其余作品里都找不到的东西。“最佳正立面”奖所附的文字赞扬高迪完全遵守了博·布鲁梅尔（Beau Brummel）关于高端品位审慎感的格言。

卡尔韦特之家真正令人赏心悦目的地方是其正门、门厅和

---

[1] Zerbst, R., *Antoni Gaudí*, Taschen Verlag, Köln 1993, p. 98.

定制家具的装饰细节。大多数意象和装饰都刻意让人感觉愉悦，但是背后却包含着政治意味和社会苦痛的存在。来到这所住宅前，拜访者要握住一个十字架形状的铁门环，敲打下方的锻铁甲壳虫。这种造型一直被诠释为信仰粉碎罪恶，但是还有其他解释，其中一种认为它表现了信仰天主教的加泰罗尼亚和寄生的卡斯蒂利亚王朝之间的战斗。这是复兴运动特别喜欢的一个话题。高迪很少有时间关注他贬斥为弗拉门戈舞配聒噪响板的西班牙文化。只要有可能，他就反复宣扬那些关于加泰罗尼亚的创造力怎样无与伦比的理论。拉福尔斯还记得他那段著名的慷慨之词：

> 加泰罗尼亚人具有那种灵活的感觉能力，他们既可以从整体感知事物，也可以根据它们的相对位置进行感知。地中海的海水和光线赋予了他们这种令人赞叹的品质，正是由于这种原因，真正的事物从不会欺骗加泰罗尼亚人，而是给他们带来启示。卡斯蒂利亚人却没有这种平衡对应的感觉。他们与加泰罗尼亚人相比就像是独眼巨人（Cyclopes）之于希腊人一样。独眼巨人只有一只眼睛。卡斯蒂利亚人能注意到事物的存在却不清楚它们的确切状态，所以他们看不到清晰的形象，而只是看到幻影。[1]

然而在卡尔韦特之家，高迪的创造却毫无华而不实的东西。一旦通过宏伟的木门，访客/住户就可以通过重复念诵

[1] Ràfols, p.141. 转译自 Collins, *The Drawings*, p. 42。

涂在墙上的天主教祈祷文“Ave Maria Purisima, sens pecat fou concebuda”（万福，至洁玛利亚，无原罪始胎者）来赎罪。不用说，高迪已经将这句拉丁语祈祷文变成加泰罗尼亚语。釉砖贴壁的门厅在装饰上也同样运用了玛利亚的色彩——蓝色和白色。对于那些往门厅外面走的人，精心摆放好角度的镜子可以让他们在离开前检查一下自己的仪容。

每一个细节都不可或缺。访客进门的时候，可以到喷水池旁边用附近泉眼引来的活水洗去自己身上的巷陌尘土。大厅的末端是一个华丽气派的巴洛克式铁笼电梯。乘梯升至二楼，便立刻置身于私密空间。密集的细节设计感仍然保持不变，但是新巴洛克式的风格却被抛到一边，变换为某种新颖主题，“与草木植株和流动的建筑石块同时形成关联”的某样东西。甚至门上的装置——窥视孔、通风格栅和把手都是按照人体工程学设计的形状。

卡尔韦特之家是成功之作。它将高迪作品的不同特征完美地融合在一起。即便是工程中的一些小问题也采取完全个性化的方式予以解决。市政府的建筑师法尔凯斯（Falqués）发现该建筑的总高度超过了 1891 年的法规。高迪的应对方式迅速而简洁。1898 年 11 月 24 日，鲁维奥奉命携带建筑的立面图来到市议会，而高迪事先仅用红笔划去了图纸上的山墙部分。一个月后，工程获得了批准，维持原设计不变。

从同一时期的照片来看，格拉西亚街和加泰罗尼亚广场却显得十分忧郁。其中一张照片里有格拉西亚街、加泰罗尼亚广场和蒂维达沃山坡，在全长两公里的道路上只有七辆马车和一部有轨电车。这是在秋天。道旁的树木已被大力修剪过。头戴草编船夫帽的闲游者懒散地待在法国梧桐树下。一位穿着考究的绅士转过身来呼唤他那停下脚步与熟人谈话的妻子。漫步者走在道路的中央。这一切注定将发生改变。

与巴洛克式的卡尔韦特之家截然不同，美景屋的城堡住宅则显得古香古色。它建造在蒂维达沃山麓的科塞罗拉（Colserrolla）小丘上，是高迪借鉴了中世纪的基督教堡垒和摩尔人在安达卢斯的防御要塞建筑群而获得的灵感。[1] 这种城堡在当时的欧洲全境十分时尚，或许由于它融合了两种建筑风格：带有某种浓厚军事色彩的北方浪漫主义。[2] 但高迪在寻找的却是某种更为可靠的东西。

美景屋形成了一种迷人的文化叙事。此时此地，在仁慈者马蒂（Martí the Humane）的皇室狩猎村舍遗址上，高迪对花园设计以及建筑与自然的关系展开了探索。

此处遗址见证过加泰罗尼亚天主教武士阶级的荣耀事迹。1409年9月17日，国王马蒂和玛加丽塔·德普拉德斯（Margarita de Prades）在此举行婚礼。不幸的是，仅仅过了六个月马蒂就去世了，将美景屋留给了玛加丽塔，而她不久就去了瓦尔多捷拉（Valldonzella）的西多会修道院。

这段历史为后续建筑奠定了良好的基石。高迪代表不会

---

[1] Glick, T. F., *From Muslim Fortress to Christian Castle*, Manchester University Press 1995.

[2] 吉马德 1899—1900 年于塞夫尔（Sèvres）所修建的亨丽埃特城堡（Castell Henriette），是一座具有浪漫化北方特色的半木制建筑，它也带有军事元素。

写字的唐娜·玛丽亚·萨格斯·莫林斯（Doña María Sagués Molins）签署了买卖契约，几个月内这片土地就动工了。

美景屋对于高迪来说意义非凡。他不让他的任何工作室成员参与该建筑的设计。美景屋（Bellesguard，加泰罗尼亚语，意为“美丽的风景”）将成为唐娜·玛丽亚的乡间别墅。这座方正整齐的垒筑之物，其格局安排对应了罗盘的方位。它用古老的碎石建成，就像特里西阿努斯（Teresianos）城堡的做法一样。[1] 纤巧的尖顶窗给建筑带来了差异变化。它们经过延展拉伸，给这座浑然一体的敦实建筑造成了富有表现力的间隔断裂。在雉堞墙的钉齿檐口下面，是一长排的窗户。带有危险狭窄通道的美景屋房顶，与山下哥特区中世纪风格的大王宫（Mirador del Rei Martí）遥相呼应，宛如它的续篇。

但是美景屋刻意的古旧设计，通过强有力的建筑革新而获得了平衡。在花园里，在废墟间，高迪用由斜柱构造而成的拱廊改造了斜坡地形，这道拱廊构成了高架通道兼扶壁，用来承受斜坡土壤产生的巨大重力。建筑中使用最多的材料是岩石和碎石，高迪把它们巧妙地加以重新利用。用中空的形体构件充当造型模具，先铺以层层碎石，然后再灌入灰浆。这种无限灵活的方法——它可以被反复使用——是对批量生产技术的一种迷人而廉价的探索。

现在的参观者进门后就会注意到高迪最初设计的清新纯粹，虽然他的助手苏格莱内斯后来添加彩饰，让它变得不甚分明。

[1] 高迪对美景屋位置布局的刻意安排，与南北极轴形成了直接呼应。楼梯井的窗户，以及它们绘有星辰与天空的彩色玻璃暗示了更多的基督教和神秘意义。发现这一点，我们完全不会感到意外。

各种造型简洁的砖肋从屋顶纵贯而过。在其他区域，金属扁带在一人多高的位置紧紧扭结，既具备连接系杆的功能，又是完美生成的灵动空间暗喻。美景屋是结构科学与优雅设计的完美结合。

高迪的榜样相当于催化剂：它要求其他建筑师予以回应。绕过蒂维达沃山坡向北望过去，是恩里克·萨尼耶设计的阿努斯之家（Casa Arnús），通常又被称为松林（El Pinar）。萨尼耶使用了他的标志性技术，撩开切割石料的遮掩面纱，显露出它底下光洁平整的灰泥肌肤。与刻意体现加泰罗尼亚特征的美景屋相比，萨尼耶的城堡毫无疑问是泛欧洲式的，而它的双塔有意模仿香波尔城堡（Chambord）陡峭倾斜的屋顶，更是突出了这一特征。[1]

卡尔韦特之家和美景屋都是赫赫有名的委托设计项目。相比之下，高迪工作室承担的其他项目则较为普通而庸常，尽管这些项目同样明显体现出他们的设计哲学。高迪为费利乌合唱团（Orfeó Feliuà）设计了一个用于宗教游行的两米高的纛幡。如果不是高迪巧妙地使用了软木栎树皮作为悬饰材料的话，这个巨幡将十分沉重。圣费利乌（Sant Feliu）是加泰罗尼亚公元4世纪时的殉教者之一，他被人置于磨盘上碾轧而死。[2]

1901年8月，高迪开始为商业委员会（Junta de Comerç）的卡斯特尔多斯里乌斯侯爵（Marquès Castelldosrius）及夫人的

---

[1] 香波尔城堡位于法国卢瓦尔－谢尔省，属法国文艺复兴式建筑。——译者注

[2] 在同一年，高迪为他的同事兼巴塞罗那居民卢塞诺斯设计了一个献给仁慈圣母的旗幡，克拉贝帮忙添加处理了相关的圣经场景。

一处住宅进行现代化改造。可惜的是，这座建筑在西班牙内战时遭到严重破坏，它堪称桂尔和科米利亚斯家族联姻后另一个收益颇丰的副产品。原先的伊莎贝尔·桂尔女士（Doña Isabel Güell）嫁入最古老的加泰罗尼亚贵族家庭——高贵的森马纳特（Sentmenats）家族：这使得桂尔家族仅用三代人的时间就从农民身份迅速蹿升至贵族阶层的圆满终点。在许多方面，伊莎贝尔都是高迪喜爱的桂尔家族成员。除了挚爱父亲，她还是一位有才能的音乐家，她常常在桂尔宫非正式的音乐会上进行演奏。在新宅竣工之后的一天，高迪正巧遇到了垂头丧气的伊莎贝尔女士。她的父亲送给她一架埃拉德（Erard）大钢琴作为礼物。但是在发货时才发现，任何一个公共用途的房间都放不下它。高迪的回答被载入了史册："伊莎贝尔，听我一句劝，学小提琴吧。"[1]

高迪还帮何塞普·巴迪亚（Joseph Badia）和路易斯·巴迪亚（Luis Badia）设计了一个新的工场。这两位因为邻居的抱怨而被迫搬迁。他们和高迪达成协议，用中世纪惯用的实物交换方式偿还高迪的付出。

高迪为他们设计的工场正立面简洁而极为素朴，并且采用了一种很快将成为他个人风格辨识标志的匀称外形。1902 年，高迪在建造米拉列斯（Miralles）庄园时，在大门、门廊和围墙

---

[1] 这个故事曾经被错误地归于高迪在同一时期为其他客户修建的两所住宅：巴特略之家和米拉之家。高迪设计的这两所住宅都不具备功能性的直立墙。根据平面设计图、门宽及钢琴大小，巴塞戈达教授明确认定这个故事属于卡斯特尔多斯里乌斯侯爵之家。Bassegoda i Nonell, J., *El Gran Gaudí*, p. 435.

部分再次使用了这种设计；1904 年，他将这种风格再次用于后来未竣工的格拉内尔屋（Chalet Graner）。

高迪常常带着实物大小的图纸和石膏模型到巴迪亚的车间。高迪一到，工匠奥尼奥斯就赶紧藏起来或者埋头于其他的工作。这并非因为他不喜欢高迪，而是他怕浪费宝贵的时间。奥尼奥斯深信，高迪来访就是为了用空间和技术上的难题来刁难自己。相同的解决方案，高迪绝不会采用两次——一旦被人发现就很乏味了。路易斯·巴迪亚与高迪单独交流想法，等高迪离去后，奥尼奥斯才重新露面并询问要做什么。高迪喜欢轻松随意的外观，好像金属器件是由自然造化而不是人为制作成形的。没有哪位主顾会如此苛求但又如此激荡心灵。巴迪亚后来评论道："我们这些与高迪合作过的人，谁都难免受其影响。毗邻那恣肆洋溢的观念之海，这些观念很快就变成我们自己的了。"

其他较为基础的建筑设计，看起来更可能出自他的工作室而非他本人之手。1899 年 11 月，高迪签约设计克拉佩斯位于格拉西亚区埃斯科里亚尔（Escorial）大街的住宅。这是一座简单的三层楼建筑，注重的是功能性而不是成为艺术杰作。类似的工程还有他替好友桑塔洛医生在阿萨尔托伯爵路 32 号的住宅进行的翻修。高迪的参与或许是为了换取桑塔洛的"私人"医疗咨询。沉默寡言的桑塔洛是建筑师的完美陪衬，这让他有很多机会在天马行空的独白中阐述他关于建筑、宗教和生活的主张。[1]

高迪和桑塔洛在"雅典娜神殿"文化中心结交成为朋友。

---

[1] Bassegoda i Nonell, J., *El Gran Gaudí*, p. 378.

他们所处的社交圈关系紧密，包括佩拉约咖啡馆和远足者协会，这意味着两人经常见面。每逢星期日，在一点半钟吃完第一顿饭以后，桑塔洛就会来拜访高迪。桑塔洛自足富有，生活过得从容自如。他一周两次去帮助管理妇产医院。当他发现这份职务还附带享有一份费用津贴，就辞去了院长职务。高迪和桑塔洛的关系纽带不只是友谊，两家人也保持着来往。桑塔洛的儿子霍安重操铁艺这份家族手艺，并与高迪的堂兄何塞普·高迪－波莫罗（Josep Gaudí Pomerol）建立了工艺合作社。

桑塔洛还是一位忠诚的天主教徒，每年夏天他都要和家人一起到蒙特塞拉特山休歇两周。1904 年，高迪、他的父亲和他的外甥女罗莎（Rosa）就在那里拜访了桑塔洛一家。桑塔洛有渠道接触到医疗记录和信息，这有助于高迪后来为圣家堂建构“耶稣诞生”的正立面而展开的解剖研究。毫无疑问，他还应邀为高迪提供了饮食方面的建议。作为忠诚的素食主义者，高迪和他的父亲都沉迷于克奈普（Kneipp）博士推崇的新鲜空气、水和特殊饮食。[1]

加泰罗尼亚拥有悠久的素食主义传统，这种传统至少可以追溯到古罗马时期。在那时，西班牙军团的士兵就以体质适于节俭饮食和辛苦劳作而著称。据说，基督被钉在十字架上时从百夫长餐盒里吃到的就是西班牙冷菜汤。塞涅卡[2]在《道德书简》（*Ad Lucilium Epistulae Morales*）中炫耀说，一小点面包和一些

[1] 克奈普曾是德国沃里斯霍芬（Wörishofen）教区的主教，他十分推崇水疗和新鲜空气。病人们在他那里接受冷热水交替的刺激疗法，并且被劝勉一年四季开窗睡觉。

[2] 古罗马政治家、哲学家、悲剧作家、雄辩家，新斯多葛主义的代表，出生于西班牙的科尔多瓦。——译者注

无花果就足以果腹了。[1]

但是，到了中世纪，类似于1235年出生的阿尔瑙·德·比拉诺瓦（Arnau de Vilanova）等医学名家则著书数卷，告诉加泰罗尼亚人应该怎样通过正确的膳食保持健康。比拉诺瓦在他的《阿拉贡国王之养生书》（*Regimen Sanitatis ad Inclinatum Regem Aragonum*）里面仔细考察了饮食、锻炼、沐浴内容，甚至发明了一种酒精和草药的调和物来促进消化。

然而在高迪时代的加泰罗尼亚，毫无疑问，这位建筑师是一个特例。事实上，“家宅”事务的顺利运转，离不开猪的成功宰杀。这一点跟其他事情几乎同等重要。

有人猜测高迪的节食行为直接来源于犹太人的传统，后者总是吃半饱，剩下的空间留给上帝。毕竟，高迪在内心里属于圣方济各会。在绘图板前耗费一整天，并有效调动身体的时候，吃饭属于不必要的间歇中断。高迪在马略卡岛的帕尔马有位助手托雷斯·加西亚（Torres Garcia），他说，高迪如此努力地工作，让他怀疑高迪有没有长胃。[2]一份莴苣，少许牛奶，或一小点橄榄油、坚果，稍稍煮过的莙荙菜梗，涂抹着蜂蜜的面包，就足以保持身体健康，当然，还有不限量的水。或者，他会匆匆吃下几片名为圣安东尼奥面饼（*Panes de San Antonio*）的饼干，他将这种饼干装在小袋子中随身携带，并常分给他人，但是他自己会留下那些淡淡的烤孜然口味的。[3]在圣诞节，本着同样的

[1] Edwards, J., *The Roman Cookery of Apicius*, Rider, London 1984.

[2] Bassegoda i Nonell, J., *L'Estudi*, p. 297.

[3] Cardoner Blanch, F., “Gaudí en la intimidad”, *Jornadas Internacionales de Estudios Gaudinistas*, p. 89.

节制精神，高迪会将每年从客户方托拉斯铸铁厂收到的果仁糖（turrón）分给家人和朋友：他的堂兄何塞普·高迪－波莫罗一家、桑塔洛医生、马塔马拉族亲，以及桂尔公园的守门人。[1]

当然，无论在天主教还是无政府主义者的圈子里，这位两颊凹陷的艺术家当时都颇为时尚，是一位“悲观王子”。叔本华在《作为意志和表象的世界》中写道，好人的准则规范是“贫穷、斋戒、贞洁和自我折磨”。天主教教义和无政府主义这两种极端世界通过庞佩约·赫内尔（Pompeyo Gener）联系到一起。1901年，他在毕加索创办的杂志《青年艺术》（*Arte Joven*）前几期里写道：“如果尼采具有圣方济各的心灵，那么他早就成为有史以来最伟大的先知了。”[2]

意大利商人弗拉米尼奥·梅扎拉纳（Flaminio Mezzalana）回到更追求享乐的巴塞罗那以后，希望将位于格拉西亚街（Passeig de Gràcia）和格拉西亚区大道（Gran de Gràcia）交界拐角处的托里诺咖啡馆（Café Torino）变成他的旗舰店。

进咖啡馆需要经过一个巨大的肾形入口，正中央的一根雕像石柱将它隔成两半；石柱正面是欧塞比·阿尔现代主义创作风格的维纳斯，她顺着藤蔓举起一杯满溢的味美思，而一位山林水泽仙女正在给她续杯［这座建筑是马提尼与罗西（Martini & Rossi）酒庄的产品展示场所］。走过由法尔凯斯－乌尔皮（Falqués i Urpi）设计、巴拉林（Ballarín）制作的玻璃与钢质挑棚，

[1] Matamala, p. 617.
[2] Herrera, p. 100.

来访者由此步入威尼斯和加泰罗尼亚各类艺术家创造的一系列设计风格恣意奔放的房间。这些艺术家都是各自工艺领域里公认的大师。普伊赫－卡达法尔奇（Puig y Cadafalch）用色彩鲜艳的图案装饰房梁；而高迪则创造了引人浮想的阿拉伯风格的厅堂，并再次尝试了压制纸板造型部件。对于如何将索耐特曲木椅的凝重与流行于青楼的涡旋装饰融为一体，高迪的参与介入提供了一种简单尝试。

高迪奔波忙碌于手头的各项委托任务。这时候圣家堂第一个十字耳堂的正立面也接近完工，他只能不断将自己的时间精力勉强均摊到巴塞罗那的五六个地方。与此同时，在比利牛斯山脉上的拉波夫拉－德利列特（La Pobla de Lillet），桂尔还委托高迪修建一座俱乐部会所，以供他在附近的阿斯兰德（Asland）厂区的工人消遣。这是一个非常奇怪的建筑，它使人们想起格拉夫地区的酒窖和拉波夫拉－德利列特的罗马式单拱桥梁——其名为韦伊桥（Pont Vell），横跨在白浪滚滚的略布雷加特河（Llobregat）之上。但是所有项目里最不寻常的，还要数高迪为巴塞罗那最早的影剧院之一慈悲堂（Sala Mercé）所做的贡献。比较古怪的是，这个建筑的营造目的是为了尊奉圣母。

电影是一个新奇而道德功能颇为可疑的领域——尽管它令人欣悦。高迪希望通过建筑本身融入更多道德层面的内容，而他这种想法并不孤单。乌特里略和罗梅乌已经对具有道德教化作用的场景表现出高度的兴趣。他们先前已经与莱昂－查尔斯·莫雷特（Léon-Charles Môret）共同将一套含有浓厚象征意味的皮影戏装置带到了芝加哥世博会上。回国后，罗梅乌开始为年轻观众探讨改进诸如《拿撒勒的耶稣》（*Jesus of Nazareth*）

和《曙光女神号护卫舰的沉没》(*The Wreck of the Frigate Aurora*)等题材。

当艺术家路易斯·格拉内尔·阿鲁夫(Luis Graner Arrufí)从纽约归来，并为慈悲堂构想出众多计划，电影技术的地位还远未明朗。高迪刚为格拉内尔的房子完成的一套设计尚未付诸使用，现在他又被要求为另一个不可靠的计划提供想法。电影史学家埃里克·罗德(Eric Rhode)强调了电影这种媒介的风险本质：

> 骗子、巧舌如簧的人、怪人、失败者：所有这些人都加入到影院开发的淘金热中。但是多年来，电影很可能让让你根本发不了财却落得两手空空。它徘徊于露天市场、二流音乐厅、啤酒花园、游乐场和教堂社工所的幽冥地府。[1]

但格拉内尔的选址却很好。新电影院坐落在兰布拉大街的学院路(Rambla de los Estudios)，毗邻喧闹的加泰罗尼亚广场。它和现在的电影院差别很大。观众顺着坡道向下走入一个长方形大厅，大厅的一端带有乐池，辅以设计巧妙的空气调节系统。今天它仍然以大西洋影院(Cine Atlántico)的名义而存在，但是当年高迪的装饰早已不见踪影。

在斜坡下面的空间，高迪搭建起以蒙特塞拉特山为原型的三维装置。[2] 当时还创作了一部音乐剧(名字就叫作《蒙特塞

---

[1] Rhode, E., *The History of Cinema,* Allen Lane, London 1976.

[2] 当高迪作为一名建筑系的学生在城堡公园(Ciutadella Park)工作时，就已经为世博会建造了蒙特塞拉特山的巨制模型。

拉特》）专门用来匹配高迪这件更具恒久意义的作品。在高迪用石膏制作的蒙特塞拉特山旁边，还有一系列教诲众人的山间景象，这些真人大小的雕塑描述了出埃及、耶稣诞生、天使报喜和隐士洞穴的情景。在只有几个月的特展期间，观众能看到《德黑兰集市》的内景，还有一道檐壁饰带上的《俄军在满洲》，展示俄国军队惨败给日本人之前的人员部署场面。在就座观看《乔治与龙》和《耶稣受难》之前，观众可以越过一座模拟火山的边缘，看见岩浆翻滚的情景。

为了 1904 年 10 月 29 日的开业安排，格拉内尔筹划了一场噱头十足的慈善活动来宣传他的影剧院，他预订了大量面包和米饭配肉，以提供给兰布拉大街一带的穷人。

但是该电影院并未获得成功：或许是因为其装饰或娱乐的道德说教意味太重，或许是因为格拉内尔病态的幽默感。在影院入口上方，一个机械制动、代表地狱来访的魔鬼纳尔邦厉声呼喊道："凡夫俗子，你们尽管随便嘲笑我，可是你们很快就会跟我做伴啦。"等你在两个售票亭中间选择一个并耐心地排了半天队，结果发觉领座员是个假人的时候，这场把戏才完美收场。

高迪对于慈悲堂的财务状况并不感兴趣。对于客户频繁抱怨特制座椅的吱吱咔咔让人很难听清银幕上的声音，他也觉得没什么要紧。[1] 令他兴奋的是电影媒介的直截了当和催眠效力，用瓦尔特·本雅明的话来说，它有能力运用"灵巧却具有穿透力的记谱符号"。最重要的是，他非常喜欢电影的潜力：它可以

[1] Torii, T., *El mundo enigmático de Gaudí*, Instituto de España, Madrid 1983, vol. Ⅰ. p. 254.

深深烙入集体心理，并裹挟以文盲为主流的群体注意力。这正是他在后来的建筑中更为细致讨论的领域。

尽管高迪的工作室承接各种各样的建筑设计，但其中名实相符的还是宗教性建筑。高迪已经拥有了加泰罗尼亚哥特式建筑专家的声望。[1]

1899 年 11 月 20 日，高迪在圣家堂接待了马略卡岛主教的访问，后者正在为岛上拟议修复和开发的主教座堂进行实际调查任务。

尽管高迪给主教留下了深刻的印象，但直到各种内部问题得到解决之后，高迪才被允许提交设计想法。1901 年夏天，坎平斯主教（Bishop Josep Campins）在罗马拜谒利奥十三世并且在返回巴塞罗那的归途中参观了法国和意大利的教堂。8 月 19 日坎平斯博士返回加泰罗尼亚，高迪迫切地接受了他的建议，并为他的计划欢欣鼓舞。主教和建筑师达成了共识。帕尔马大教堂所需要的是彻底重现其昔日的哥特式辉煌。尽管直觉告诉高迪："这将永远无法实现——太过完美的计划很难执行。"[2] 但是，像此前的维奥莱 - 勒 - 杜克一样，高迪也想拿这些中世纪能工巧匠处理过的石料做文章，并深信以他卓越的结构学知识，必定能在原建筑基础上实现改善。显然，承接马略卡岛工程的诱惑对他来说格外强烈。

---

[1] 1900 年，高迪的故乡雷乌斯打算改建其慈悲圣殿（Sanctuary of Misericordia）。在绘制了草图并制作了模型后，事情于 1906 年搁浅。至于原因是高迪的计划太宏大还是小镇对方案不满，在相关资料因西班牙内战而丢失后，就成为高迪职业生涯中的又一个不解之谜。

[2] Martinell, p. 411.

高迪多次错过了处理加泰罗尼亚民族遗产的机会。马略卡岛为他提供了拆解加泰罗尼亚一部分哥特遗产的良机。

和项目委托者住在一起可能会产生不必要的摩擦，但是由于高迪不经常到岛上来，而且居住的时间从未超过两个月，因此双方都有时间暂停各种关于建筑与礼拜问题的激烈争吵，各自放松缓解。这种状态也提供了奇怪滑稽的逸事插曲。

正式的午餐通常在坎平斯博士那里吃。桌子的一边坐着坎平斯、他的妹妹卡塔利娜和弟弟唐何塞普、雕刻师比拉鲁维亚（Vilarrubias），以及一位高阶神职人员。另一边坐着高迪和他的助手们，以及其他职位较低的教士，如主教秘书马蒂·略韦拉（Martí Llovera）博士。高迪的餐前仪式有些古怪。他用净水浇洗双手，拭干后再用面包屑仔细擦刮干净。显然，他没把自己当外人。

“从到达马略卡岛的第一天起，我就受到了极好的款待，因此我发现很难拒绝唐娜·卡塔利娜提供给我的任何东西。”高迪后来这样告诉马塔马拉。“有一次她拿给我上好的腌香肠(embutidos)。‘你吃了吧，安东尼先生，’她恳求我，‘我保证这是自家做的，纯猪肉馅儿的！’‘谢谢你，唐娜·卡塔利娜。’我回答道，‘非常遗憾，正是因为它太纯了，我才不能吃。’”[1]

高迪要求给自己安排规定膳食，并且继续吃他常吃的无盐蔬菜，只是额外添加了一些初榨橄榄油。

高迪热心地提出要在厨房打下手。一天唐娜·卡塔利娜正在准备一种叫作“马托”（mató）的马略卡餐点，这是一道乳冻

[1] Matamala, p. 358.

甜食，口感清淡而爽口，配上蜂蜜相当美味。卡塔利娜准备马托的时候，高迪在一旁观看，她用无花果树的嫩枝费力搅动温牛奶，树枝上布满切口，从切口流出的液体则是天然的凝乳剂。一旦牛奶凝固成冻，就要小心地给它翻面倒放过来——这一坨微微颤动的冻状物，相当于卡塔利娜女士家务技巧的丰碑。

经过仔细观察，高迪认真地思考了许久，提出自己可以用更省事的办法花一半时间达到同样的稠度。通过手腕的快速转动，一根新的嫩枝在乳脂奶液里不断盘旋。不到片刻，高迪将他的成果倒了出来——却是一大摊乳制稀泥。众人的欢笑让他颇为尴尬，但他很快恢复了常态："唐娜·卡塔利娜，看来以后我要把准备马托的任务直接转交给你啦。"

如果说高迪对主教的友情款待心怀感激，那么主教座堂则让他灵感迸发。到达仅三天后，高迪就向教堂委员会提出了他的初步设计。这种速度说明，高迪此行是有备而来的，他已经事先形成了主要想法，只等到达现场后再进行微调。然而相比之下，委员会的答复则显得太过缓慢，在足足一年后，高迪才接到让他尽快来帕尔马开工的邀请。

这一年的间隔让高迪有足够的时间筹备后勤并组建团队。此外这段时间还让他有机会不断沉思，并重读 13 世纪马略卡岛的天才人物——通晓多种语言的哲学家、翻译家、神学家及基督教殉道者拉蒙·柳利的部分著作。至少在三个世纪的时间里，马略卡岛曾经是十字军前往耶路撒冷的中转站。在此之前，来自大马士革、巴格达、科尔多瓦、非斯（Fez）的阿拉伯王朝和柏柏尔王朝曾经争夺过这里。主教座堂里停放着 1315 年从非洲贝贾亚（Bejaia）送返的柳利遗骸供人瞻仰。当年这位八旬老人在贝贾亚传道释经时遭到了一群暴徒的杀害。

在教堂建造于16世纪的圣坛上，有一幅柳利的俯视画像。何塞普·波拉在他描摹加泰罗尼亚伟人群像的作品集《伟人》（*Homenots*）中，首先关注的就是高迪和柳利的关系。波拉称高迪是“另一领域的拉蒙·柳利”，他兼有“纯理性”和“狂人的任性”的矛盾属性。在19、20世纪之交，人们对柳利骤然产生兴趣，1901年的《向真福者拉蒙·柳利致敬》（*Homenatge al Beat Ramón Llull*）[1]是其发端，这本书指出柳利拥有加泰罗尼亚人的典型品质——睿智、勤奋、虔信以及宽容。在阿卜德·拉赫曼三世（Abd al Rahman Ⅲ）位于扎赫拉城（Madinat al Zahra）[2]并拥有40万册藏书的图书馆遭到洗劫后，柳利为了挽救阿拉伯人和西班牙犹太人的学术成果而担当了关键角色。

柳利由此而成为人们了解古典、犹太人和摩尔人世界的文化的一个媒介。这个共同的传统，被称为“文化共存”（Convivencia）。[3]在现实层面，柳利对高迪具有更重要的意义。柳利曾经写道：“没有无益的手工劳作。”这个看法与弗兰塞斯克·艾克希梅尼斯（Francesc Eiximenes）[4]的思想相呼应。

柳利还进一步讨论了行会观念的正当性，并在《幼童教育》（*Doctrina Pueril*）中阐发了工商业主阶层的价值胜过地主阶层的经济观念。这是加泰罗尼亚当时的重要关注点。

---

[1] Beat相当于英文里的Blessed，汉译为“真福者”或“真福品”，位阶仅次于封圣者。——译者注

[2] 该城位于西班牙科尔多瓦市西约六公里处，是拉赫曼三世所修建的豪华行宫。——译者注

[3] 名称源自西班牙文化史学家和语文学者亚美利哥·卡斯特罗（Américo Castro，1885—1972）。——译者注

[4] 艾克希梅尼斯是14世纪加泰罗尼亚方济各会教士和著名作家。——译者注

柳利和高迪在其他方面也有着相似之处。柳利是一个人文主义者，他以现代主义者的启蒙态度看待实验和有效实用的实践技术。他几乎无所不能。与勒 – 杜克和高迪一样，他全身心地投入工作是由于对早年生活的失望。在帕尔马的时候，他疯狂地爱上了一个女人，痴迷地跟随她东奔西走。当他发现这个女人患了乳腺癌的时候，震惊之余，他开始狂热地关注基督教。他多次看到耶稣被钉十字架的幻象，从此愈发笃信。柳利通过把一生奉献于讲经和传教的工作来给心灵以慰藉。他的坚忍道路的确非同寻常。

柳利开始学习阿拉伯语，并将阿拉伯语文本翻译成拉丁语和加泰罗尼亚语。他希望通过相互了解，犹太人和摩尔人能够被逻辑常规战胜。尽管这并非全新的思想，却首次将一个民族——加泰罗尼亚——与更广泛的西方文明史联系到了一起。

大多数西班牙主教座堂的中心位置都有唱诗房（coro），以及带有华丽雕刻的唱诗班席位、色彩绚丽的圣坛装饰画和位于祭坛背后、带有精致装饰的铁制屏风。唱诗房形成了一道难以穿透的屏障，而唱诗班、贵族和教堂咏祷司铎团的阶级组合，则形成了独立隔绝的群聚团体。为了符合教会希望弥撒活动增加吸引力的需求，坎平斯和高迪决定移除唱诗房，恢复大教堂哥特式的纯粹，以便让领圣餐者的视野更加开阔。

1903 年 4 月 5 日，高迪离开巴塞罗那，到马略卡岛居住了七个星期。能够长时间离开工作室，说明高迪对部下的充分信任。在去往马略卡岛的航行途中，高迪继续改进移除唱诗房的想法。他把唱诗房原来的各个结构部分转移到教堂四处，以便使教堂内的光线更充足。司祭席的一幅繁密的巴洛克圣坛装饰画也被移走，只为了显露它背后一幅 14 世纪的哥特式装饰画。这个临时起意的决定使得教堂内的圣三一小礼拜堂得以彰显，并为观瞻马略卡岛国王豪梅二世（Jaime Ⅱ）和豪梅三世（Jaime Ⅲ）的坟墓提供了便捷的通道。

同年 10 月，高迪和鲁维奥返回马略卡岛，他们向教堂委员会展示了他们设计的彩色玻璃窗方案。至此高迪已经分配完所有的单项任务，并计划在第二年初夏返回之时执行这些计划。鲁维奥负责监督唱诗班席位及圣坛装饰画的拆除和重新摆放工作。二十岁出头的何塞普·胡霍尔 – 希韦特（Josep M. Jujol i Gibert）领到他的第一份实习工作——负责唱诗班排座的处理。霍安·马塔马拉和托马斯·维拉（Tomás Vila) 则被聘为雕刻师。托里斯·加西亚、伊乌·帕斯夸尔（Iu Pascual）和豪梅·利翁格拉斯（Jaumé Llongueras）作为彩绘匠进行协助。

高迪这样阐述了他的想法 :“我们不要让建筑带有考古学色彩。我们主要关注的是建筑各部分形成的相互关系。因此，我们不是照搬原来的外观形貌，而是打造出一种既定特征的呈现形式，并具有原创精神。” [1]

由于他们的着眼点在于消除大教堂的历史理念表述，并实现激进的新哥特主义，高迪和坎平斯触碰到了教堂委员会成员们敏感的神经。但是，真正刺激他们的却是胡霍尔 – 希韦特。他生动的色彩和技巧与教会的委托内容相冲突。相传他还用洗礼池涮洗他的画笔。更让他们窘迫的是胡霍尔 – 希韦特在唱诗

[1] Bergós Massó, p. 234.

班座椅后的题字：我们手上沾有他的鲜血。这一观点让自幼成长在浓厚反犹文化氛围里的教堂神父们不敢苟同。一些人在胡霍尔贡献的作品里看到了“神默示的祷告文的光环”，但其他人却在这种风格面前感到犹豫。

尽管存在各种疑虑，初期改造工程还是以创纪录的速度完工了。仅仅六个月后，1904 年 12 月 8 日，坎平斯博士主持了一项庆祝弥撒。第二天，当地的报纸《阿尔穆戴纳宫》（*La Almudaina*）报道了高迪的贡献：

> 首先，建筑正门给人一种前所未有的雄浑感，通过有数千人聚集跪拜的宏伟中殿向前望去，可以见到皇家小礼拜堂，那里巧妙排放着无数支蜡烛，辉映出高度的艺术技巧，再往前，就是背景深处的圣三一小礼拜堂，同样也灯火通明。

尽管在评论界取得了极大的成功，但是并非每个人都欣赏得来。最热衷于讨论人类世俗感情的哈夫洛克·蔼理斯（Havelock Ellis）[1] 就认为高迪的建筑太离谱了。

> 归根到底，马略卡岛的人们是建筑师和雕刻家。然而，他们的性情中潜伏着奇怪的暴力倾向——这是非洲文化的顽固内核，缘于审美感知的极度缺乏。我从未听过如此高

[1] 1859—1939，英国医生、作家和社会改革家，以性心理学研究而闻名。——译者注

亢而刺耳的教堂风琴……也从未见过如此热闹而刺眼的教堂窗户，丑陋窗格里的橙色和绯红色窗户，似乎要让人满心厌恶地联想起万花筒的模样……[1]

第二年，装饰细节也全部完工了。如同在科米利亚斯一样，高迪为大教堂设计了专门的家具：一个折叠式楼梯、一个巨大的枝状大烛台，还有两个华美的木制布道坛在中殿两侧相对而立。高迪在马略卡岛的相关活动给人们留下了一堆逸事，其中最生动的一则，莫过于他听到有人批评他设计的布道坛活脱像是两个对峙停放的矿料车以后粗鲁回应说："矿料车不也很美吗？"

很多世纪以来，蒙特塞拉特山修道院一直都是加泰罗尼亚人的信仰中心。高迪最喜爱的卡斯蒂利亚国王腓力二世将其建造为加泰罗尼亚版的埃斯科里亚尔修道院。它也是加泰罗尼亚身份与独立的重要象征。毕加索、米罗、达利和塔皮埃斯，每一位加泰罗尼亚艺术家都对它的非凡地位怀有敬意。即使在佛朗哥执政的黑暗岁月里，加泰罗尼亚神父们始终拒绝停止使用加泰罗尼亚语举行弥撒。蒙特塞拉特山修道院出版社（Abada de Montserrat）的辛劳努力，则让加泰罗尼亚文化得以传承。

高迪的直接委托人是托拉斯－巴热主教，他代表蒙特塞拉特山圣母精神联合会（Lliga Espiritual de la Mare de Déu de

[1] Ellis, H., *The Soul of Spain*, Constable, London 1908, p. 202.

Montserrat）——这是一个右翼的天主教加泰罗尼亚人组织。高迪到蒙特塞拉特山工作，是为了阐明他在艺术、宗教和大众爱好方面的一些激烈的加泰罗尼亚思想。[1]

托拉斯－巴热坚决反对当时普遍流行的悲观情绪，试图通过顺从上帝来寻求拯救。他希望人“与大自然融合”，以发现平衡与和谐，并重新找到信仰。对于艺术家而言，其工作很明确。他必须描绘并阐明这个与众不同的真理。[2]

高迪把地址选在山顶洞穴的阴暗空间中。他接受的任务，是通过耶稣复活而赞美教会和加泰罗尼亚。这一点简直不可能实现。托拉斯－巴热在他颇具影响的文化史著作《加泰罗尼亚传统》（*The Catalan Tradition*，1892）中写道，加泰罗尼亚人是“所有伊比利亚民族中最卓越的”，因为“其远古的种子纷纷埋藏在泥土里，埋藏在加泰罗尼亚的腐殖质中”。对于主教来说，推崇加泰罗尼亚文化的隐喻可以信手拈来，但事实证明，要想把它们变成伟大的艺术却殊为不易。

毫不奇怪，由于任务的性质以及联合会创始人的贫乏思维水平，《显示荣耀的第一个神迹》（*Primer Misterio de Gloria*）成了高迪最乏味的作品之一。1899 年 6 月 10 日，唐里卡多·佩尔曼耶·阿亚特斯（Don Ricardo Permanyer Ayats）和托拉斯－巴热致信修道院院长德亚斯·比利亚德格劳（Deás Villardegrau），

[1] 该联合会是由加泰罗尼亚联盟党（Unió Catalanista）的宗教宣传部门直接演变而来。这个小部门由托拉斯－巴热执掌，它在 1892 年《曼雷萨基本纲领》发表时成立，1893 年通过雷乌斯大会改进。

[2] 在《艺术法则》（*Llei de l'art*）一书中，托拉斯－巴热响应利奥十三世的倡导：复兴托马斯·阿奎那学说（Thomism），并在天主教教义与现代文化之间建立融洽的关系。

高迪在工作中（奥皮索的素描画，1900 年）

要求批准他们开工。这是一个小任务，但是其主题——耶稣复活，同时直接喻示加泰罗尼亚的重生——将显示出巨大的意义。为了引起更大的反响，这一作品的修建地与黑肤圣母像的发现地点很接近。

一年半以后，高迪被授予这项委托任务（这是十五项任务之一），天气条件刚允许就立即开始爆破岩石、移走泥土以扩容山洞。施工的动静相当大，以致整个山体都在震颤。尽管这项工程有着极大的象征意义，但高迪同时忙于其他的任务，因此很少有时间亲临现场。工程的主要任务仍然是山石爆破和泥土挖掘。各项工程交由鲁维奥监督，承包人何塞·巴约·丰特每周过来给工人们付工钱和食宿费用。

最初计划好的基金募集活动没有达到预期的效果。最后在1907年，组织委员会又追加了250比塞塔的开支，用来塑造何塞普·利莫纳的雕像作品《耶稣升天》。它将悬置在裸露岩面的半山腰，仿佛奇迹般地飘浮在空中。在春分时节，耶稣将被第一缕阳光照亮。德亚斯院长对工人们缓慢的施工速度十分恼火，他威胁联合会说，他有可能将这项工程交给其他组织完成。这一威胁迫使联合会迅速将项目向前推进。考虑到原先的预期之高，蒙特塞拉特山工程的结束方式相当虎头蛇尾。高迪巧妙地全身而退，近十年之后，这项工程内容经过精简，最终由赫罗尼莫·马托雷利·特拉特斯（Jerónimo Martorell Terrats）在1916年完工。

高迪为桂尔所做的下一个项目是桂尔纺织村的地下墓窖，它的开工日期尚未确定，但它肯定是酝酿时间最长的建筑设施。据拉福尔斯说，在1898年的某个时候，唐·欧塞比就邀请高迪为他迅速扩张的巴塞罗那南部圣科洛马·德切尔韦洛（Santa Coloma de Cervelló）工人聚居地设计一座教堂。这个纺织业领地是加泰罗尼亚最早试图重建远离城市腐朽影响的工人聚居地的尝试之一。在法国，社会学家弗雷德里克·勒普莱（Frédéric Le Play）曾经主张三管齐下的整治办法：将稳定的家庭、有效管理的慈善事业以及虔诚的天主教信仰当作武器。为了防止家长式统治社会的和谐与平衡遭到破坏，需要回归奥古斯塔斯·皮金这批建筑师臆想的中世纪封建领地模式，才可以打造一个以手工业为基础的新耶路撒冷。从工业革命时期开始，建筑师就开始为工厂周围蓬勃兴起的城镇和乡村寻找新的建筑语言。法国大革命前夕，克洛德-尼古拉·勒杜（Claude-Nicolas Ledoux）在阿尔克·塞南（Arc-et-Senans）建造了新古典主义标准风格的皇家盐厂，但此时也有许多其他风格可供感兴趣的工业家们选择：远如 1846 年在爱尔兰建造的贝斯布鲁克（Bessbrook），近如 1901 年奥尔布里希（Olbrich）在德国达姆施塔特设计的欧宝工厂建筑。[1]

桂尔并不是加泰罗尼亚地区引进工业村理念的第一人。1846 年，在蒙特塞拉特山巉岩下的略夫雷加特河上游，一个名为埃斯帕拉格拉（Esparraguera）的小镇上，曼努埃尔·普伊赫建造过塞多纺织村。[2] 高迪和桂尔一定对此有所了解。自 17 世纪起，这个村子常年表演著名的奇迹剧《埃斯帕拉格拉的耶稣受难》——它相当于蒙特塞拉特山项目计划里神迹展示的生动再现。

1860 年，桂尔的父亲唐·霍安购买了纺织村的地产。自 1882 年起，由于新式蒸汽机的应用，这里迅速地发生了转变。高迪的助手贝伦格尔和鲁维奥负责建造工人们的住宅、学校、俱乐部以及管理者和教师的宿舍。这些房子绝不超过两层，建

[1] 其他范例包括美国伊利诺伊州的普尔曼城（Pullman，1867）、英国米德兰兹的索尔泰尔（Saltaire，1852）以及由克虏伯建造的一连串村庄。与桂尔纺织村大约同时代的则有阿尔弗雷德霍夫（Alfredshof，1894）、阿尔滕霍夫（Altenhof，1906）、玛格丽特霍夫（Margaretenhof，1906），以及理查德·里默施密德（Richard Riemerschimid）为德累斯顿手工作业工厂所设计并竞标成功的低成本住宅。

[2] 在加泰罗尼亚，有许多成立时间早于桂尔纺织村的工业村。例如：堪布罗斯（Can Bros，1845）、罗萨尔工业村（Colònia Rosal，1858）、阿特梅拉·德梅罗拉（L'Atmetlla de Merola，1864）、维拉多缪诺（Viladomiu Nou，1880）以及与桂尔纺织村建于同一年的英国村（Els Anglesos）。更多的信息参见 *Arquitectura Industrial Espña*, *1830-1900*, Sobrino, J., ed. Cátedra, Madrid 1996。

造得很有新意。基于摩尔人风格样式的复杂图案和纹理，通过人字形的砖结构设计铺展开来：整个村庄巧妙地融为一体，却又形成了令人着迷的差异，足以幸免于区区二十公里以外的巴塞罗那的暴力和弊病。

但最能够调动工商巨头积极性的，是如何使工人逃离酒精的诅咒。这也是高迪的困扰之一：费尽力气让外甥女罗莎戒酒，是他晚年的一项重要任务。这不只是加泰罗尼亚人的困扰，尽管加泰罗尼亚作为全世界白兰地最大产地的身份强化了这种看法。在法国的里尔，纺织业大亨科尔布－贝尔纳（Kolb-Bernard）曾经与三大诱惑进行激烈斗争：酗酒、无神论和无政府主义。[1]这三者都不利于商业的发展，在工业化的新耶路撒冷，只有在工人遵守制度时，家长式统治的社会才会发挥真正教益。

无论桂尔的动机是什么，桂尔纺织村无疑是一个舒适的居住地。即使在今日，这里仍有工业乐园的氛围。对于高迪来说，纺织村代表了未竟的事业，他为马塔罗合作社展开的各种宏图规划从未结束。仔细比较两项间隔近二十年的工程，审视它们在各自赖以为根基的哲学理念与结构上的刻意反差，我们可以估量出高迪到底发生了怎样耐人寻味的巨大变化。马塔罗的协作幻梦被桂尔纺织村严厉的家长式领导所取代；马塔罗的叠层木板弧拱也被高迪历来最独特的结构设计取代。

他在马塔罗的工作展现了一位乐观建筑师的潜力和信心。反过来看，当我们审视桂尔纺织村的教堂地下墓室，高迪的独到之处也一目了然。高迪曾经说过："创造性持续不断地借助于

[1] 在英国伯恩维尔（Bournville）贵格派信徒中，发誓戒酒是必要的做法。

人而发挥作用。但人类并不创造，而只是发现。那些寻找出自然法则并将之奉为新作品依据的人是在与造物主合作。那些模仿抄袭的人则不是合作者。因此，创新在于回归本源。”

这是高迪的巨大矛盾所在。当他与年轻时的理想主义渐行渐远，成为越来越严格的天主教徒，越来越反对自由主义，越来越悲观，并沉迷于苦难——他的建筑也变得愈加蔚为壮观。

1898年，唐·欧塞比决定：小小的圣心堂再也无法满足需要，他的领地需要一座更宏伟的教堂。

尽管桂尔已经非常习惯等待高迪的灵感来临，但他万万没想到这项工程要等十年才能开工。为了构想中的教堂，高迪安排了一整套研究方案，将一个四米半高的悬链线模型悬挂在临时车间的天花板上。现存的照片显示，不同项目阶段的形态都被精心编列序号，从精巧的蛛网造型到披挂的帐篷。这个模型总体呈现为一个吊坠物、金属线与绳索构成的复杂悬垂结构。有别于其他人的建筑模型，高迪的建筑上下倒挂，像是聚成一团、摇摇欲坠的蝙蝠。

这种模型的最初来历，是因为高迪意外发现：在桂尔宫、勒哥尔特的马厩和圣德肋撒修道院使用的悬链线拱，具有一种独特的力量和优雅感。在高迪以前的所有建筑中，采取悬链线拱既起到了装饰作用，又顾及了结构设计。但是这次，高迪将悬链线作为整个设计的核心原则。他在天花板上沿正圆形钻出一系列悬索固定点，然后就可以借助于重力进行设计，让优雅的垂落弧线形成建筑顶拱。如果在这些弧拱顶点位置再添加另外一层，原来的弧拱会被继续拉伸。问题是如何仔细将绳索汇集成一个倒钟形，从而将整个建筑收拢在一起。因此，一层层的悬链拱离地面越来越近，外围的圆弧线会逐渐收缩内聚。这样一来，模型建立过程中的脆弱性，反而让它自身变成了一种具有奇异张力的结构。

这种过分简单化的描述无法解释，为了平衡翻转后产生的额外负荷而添加在倒弧拱顶点的吊坠物，究竟形成了怎样的重力体系；也无法概括某一份平面图的复杂性——它以钻孔方式排布在坠线板上，却并非完美的正圆，并形成各种不同的内拱和穹顶，又让这个精巧的难题变得更加纠结。这是一个非常复杂的设计。高迪每次到圣科洛马都要对它进行调整，贝伦格尔也是如此。工程师爱德华多·格茨·毛雷尔（Eduardo Goetz Maurer）常常前来提供专业的建议。提供实际建议的还有霍安·贝尔特兰（Joan Bertran）、奥古斯丁·马西普（Augustín Massip）和华金·特雷斯（Joaquim Tres）。队伍的其他成员，包括木匠穆里尼（Muriné）和马塔马拉，曾经辛苦耗费数千小时的精力，向吊坠小帆布袋里一粒粒添加霰弹枪丸。有一次，贝尔特兰在午餐休歇后稀里糊涂地将猪油抹在模型绳索上，结果老鼠咬断了美味的绳索，整个模型至少需要重新再调试一遍。

桂尔纺织村已经成为一个建筑实验室，它不仅依赖于那些指导原则，也同样依赖尝试与失误经验。高迪等人坚持在松林间的临时小屋中工作，可以说，这座小屋成了世界上最先进的建筑学实验室。

这件事在很大程度上说明了高迪的性格：他能够从貌似疯狂的冒险中得到合乎逻辑的结果。这个方案的背后还有“精神贵族”桂尔，他始终对那些琐碎担忧不屑一顾，并充当了高迪的助产士，耐心等待着一种新风格的诞生，就像坎魏勒（D. H.

Kahnweiler）耐心等待毕加索和布拉克（Braque）一样。

一旦建筑的骨架结构得以详尽阐述，建筑的表皮组织就可以派上用场了。纸帘遮掩的弦柱状窗格，仿佛是一个出于纯然想象却尚未获得透彻理解的结构记忆。没有任何最后定型的东西。屋内顶可以采用凹凸交错的三角形构造。这种三角形既象征了财富，也足以支撑巨大的压力和拉力。模型组合里反转悬挂的那一把遮阳伞，可以解读为鲁维奥理论的一种结构性阐述。鲁维奥认为真正的艺术需要三种品质：完整、匀称、明晰。[1] 或许这就是高迪说“用两把尺子和一条绳索就可以催生出整个建筑”时想要表达的意思。

佩鲁乔描述说，高迪的模型就像是“一只怪诞、鲜活的昆虫，它躲在清风吹拂的灌木深丛”。它完美呼应了罗斯金在《建筑的七盏明灯》里呼吁的理念——他提倡“技术元素和想象元素的统一，从本质上相当于人类肉体与灵魂的统一”[2]。此外，维奥莱－勒－杜克在其《访谈录》一书中指出：

> 由于一座建筑或结构的每一部分都必定有它存在的理由，所以我们会在无意识之间察觉到所有能够解释自身功能的形式。这就像我们看见一棵美丽的树时的反应：树的各个部分，从紧握大地的树根到宛如探寻阳光与空气的树

---

[1] 在未刊行的手稿《论完整》（*De la Integritat*）中，鲁维奥详尽描述了紧密相联的三个概念：“真正的艺术作品需要具备三种品质，而基督教精神将它们赋予各类艺术风格。如果没有这三种超凡品质，任何称之为美的事物都不可能存在。它们是：完整、匀称和明晰。”

[2] Perucho, J., *Una Arquitectura de Anticipación*, Editorial Poligrafa S.A., Barcelona 1967, p. 66.

梢，无不清晰显示出创造和维系这些巨型有机体的各种因素。[1]

在模型完工之时，摄影师维森特·比拉鲁维亚（Vicente Vilarrubias）和阿道弗·马斯（Adolfo Mas）拍下照片记录，并在冲印时颠倒上下位置。这样高迪、贝伦格尔以及绘图员们就可以根据照片来制图，并设计教堂的外部结构了。

据卡萨内里斯描述，高迪的地下墓室是“20世纪欧洲最具深远意义的艺术创作。如果当代艺术史可以不带民族偏见地书写，那么这里应该成为起点，因为高迪的地下墓室就像是一个巨大的罗盘，本世纪的每一位创作者都感受到了它的引导力量”。

“高迪青年时期关于神圣情感如何转化为建筑概念的想法，由此获得了具象化表达——这种观念贯穿了高迪一生，它激起了人们牺牲奉献的艰难反应。”[2]

在纺织村发生的一场意外加深了这种牺牲奉献感。1905年2月23日，一名年轻的工人何塞普·坎普德罗斯（Josep Campderros）不幸跌入一大桶腐蚀性溶液。他两腿的皮肤全被烧烂了。此时，似乎截肢才是唯一的解决方案。然而，不同寻常的群体精神此时显现了出来，教区牧师、桂尔的兄弟克劳迪奥和圣地亚哥，加上四十八名工人同事，纷纷愿意捐献出自己的一部分皮肤以供移植。六周后，何塞普·坎普德罗斯的身体

[1] Viollet-le-Duc, E., *Entretiens*, 1863, p. 332.
[2] Casanelles, pp. 102-103.

恢复到可以实施手术的状态，在不打麻药的情况下，医生从这些志愿者身上取走一块块皮肤来为青年移植。这种英雄主义的行为很快被梵蒂冈教廷知晓。庇护十世为每一名参与者颁发了“当之无愧”（Benemerenti）金质奖章。即使是在世风日下的时代，充满宗教奉献与勇敢的行为仍有可能发生。

他们开始被称为“圣巴托罗缪”[1]，随后又获得了国王阿方索十三世颁发的一等仁爱十字勋章，而圣地亚哥和克劳迪奥兄弟还被授予爵位。在这座新的耶路撒冷城，这种基督徒的仁爱英勇之举可以说是未来获得拯救的征兆。

[1] 耶稣十二门徒之一，传说他在传道时被暴徒剥皮而殉教。——译者注

置身乐园

每个民族在自己的原始灵魂里都拥有一个理想景观，并试图在自身疆域内予以实现。

——奥尔特加－加塞特

1898 年古巴危机之后，殖民地出口市场的丧失对加泰罗尼亚的经济产生了严重影响。行业衰退迫使桂尔这样的纺织业巨头开始寻求其他投资渠道。房地产开发可能是走出困境的一种途径。

1899 年 7 月 29 日，桂尔在巴塞罗那的城市边缘——格拉西亚区以北光秃秃的佩拉达山丘（Muntanya Pelada）购得了一块农场。在继续购入了毗邻的卡恩·科利－普霍尔（Can Colli Pujol）农场后，桂尔公园的总面积达到 15 公顷。项目委托人和建筑师对这一地点的用途早有考虑。桂尔公园将成为一座私人融资开发的花园式郊区住宅。

这项工程代表了一个与桂尔纺织村类型完全不同的社会实验。纺织村工人只需要相对狭小的空间，但是公园却为这里富有的居住者提供了花园般的环境、散步的林荫道、眺望的景色和休息亭。

这一带的地形从一开始就为工程造成了诸多限制。在这样一个最低点海拔 150 米、最高点海拔 210 米的地形上施工，需要对大路、小径和建筑用地进行巧妙规划。图纸中蜿蜒的设计看起来像是压紧的弹簧。高迪决定不去砍伐现有的植被，以便最大限度地保留该地的神秘美感。高迪再次选择三角形作为单独的造型方式，充分灵活地将此地划分成 60 个拟建地块，每个地块占地在一千到两千平方米之间。这将是一个小型的独立社区，并且被围护在高墙、大门和门房的后面。

桂尔公园的设计是给居住者提供一种体验加泰罗尼亚民族性与天主教虔诚感的鲜活尝试。[1] 高迪现在认定，加泰罗尼亚的地理位置以及它与太阳的关系极具象征性。他激情洋溢地宣称：

> 美德常居于中央；所谓地中海，意味着它处于大地的中央。它沿岸各处的光照平均（45 度的倾角最适于界定形体，并揭示其外观），历来是各类伟大艺术文化的繁荣之境，正因为它拥有这样的光线平衡：不多也不少，因为两种极端都会令人目盲，而盲者一无所见。事物的具体视象从地

---

[1] 这有点像 19 世纪 70 年代奥姆斯特德（Frederick Law Olmsted）为纽约中央公园所做的设计，甚至更接近于奥姆斯特德为加州奥克兰市的山景公墓（Mountain View Cemetery，1865）和纽约布鲁克林区的展望公园（Prospect Park，1871）所做的设计。参见 Witold Rybczynski, *A Clearing in the Distance*, New York 1999。

中海这里获得，它是真正艺术的必然栖身之所。我们的塑形能力处于情感与逻辑的平衡点上。北方的民族执迷于情感并为之窒息，因为光线不够清晰透彻而创造出幻象；南方民族却由于光线过于充足，他们忽略了理性而创造出怪物。光线不够清晰透彻与光线过强同样让人无法看清事物，因此他们的精神是抽象的。地中海的艺术总是比北欧的艺术具有更明显的优越性，因为它们致力于观察自然；北方人顶多会创作出漂亮的作品，而不会是杰作，这就是他们为何要向地中海人购买艺术作品的原因。反过来看，北方人又非常精于分析、科学和工业。[1]

这些带有民族中心论的腔调贯穿于他的设计。1902 年马丁·特里亚斯（Martín Trias）的购置合同公之于众（当年只售出两块地产，这是其中之一），我们从中看到，潜在买主曾经面临着一系列的限制条款。房屋规划位置要靠后，以便于望向地中海。山坡上的房子要修得靠后，以免遮挡地中海方向的远眺景观。但是又不能修得太靠后，以免妨碍了邻近高处的房屋视线。每个地块的围墙不能高于 80 厘米。此外还拟定了详细的条款以避免工商业的扩展，不让这里变得像城市中心和扩展区一样。

购买者及其继承人不能以任何借口将零星地段用于工厂、商店、砖窑、面包房、铁匠铺、医院、诊所、疗养院、

---

[1] Collins, *Drawings* trans. p. 42.

旅馆、客栈、青年旅社、餐馆、咖啡馆、巧克力店、午餐店、小卖部、药品或爆炸品货仓、批发商店，或作任何形式的工商、贸易、职业之用。[1]

为了给桂尔公园开创一个主题，高迪开始留意关注 19 世纪的露天市场。他采用了预制件和快速组装的新方法。最新潮的设计都藏在款式老派的正立面背后。如果成功的话，桂尔公园将具有一系列多层次的功能：私人空间和公众空间的互动；宗教与民族性的结合；史前内容与当代内容的混杂；陈旧技艺与时新科技的整合。在寻求现代性的过程中，建筑师和项目委托人的方向一致。

从许多角度看，桂尔都是完美的主顾。他慷慨大度，热心支持，对项目饶有兴趣，并始终坚信高迪的天才。但是随着桂尔公园的建造，他们之间的关系发生了微妙变化。部分原因在于，公园与桂尔的新宅邸离得太近了，那是一座 18 世纪的古典风格建筑，也在公园之内。桂尔通过历次海外旅行而撷英采华，他的提议和想法也变得越来越坦率直接。事实上，桂尔如此坦率直接，以至于专家们形容他是这项工程的共同创作者。[2]

两人关系日渐亲密还有另外的原因。桂尔构思这座公园的本意，是想让它成为家族投资组合多元化的关键因素。但是在公园的建设演化过程中，桂尔和高迪日渐远离了最初的盈利主张。

---

[1] Collins, *Drawings* trans. p. 69.

[2] 参见康拉德·肯特（Conrad Kent）与丹尼斯·普林戈（Dennis Pringle）的精彩专著《桂尔公园》（*Park Güell*）。

桂尔公园具有地道的英式血统，这一点从名称上就可以看出来，他们为公园命名时选择了英语拼写“park”，而非加泰罗尼亚语“parc”或者西班牙语“parque”。这是一个公园，一座花园城市，一个伊甸园，它意在提供一个远离工业化的庇护所。若想拥有人间乐园的股份，还需要人们在它的围墙之内行为默契。桂尔公园与许多同时代英国人尝试的乌托邦集体方案一样，拥有这种道德优势。

桂尔的商业利益使他与城市开发保持着紧密联系，也使他频繁接触位于英国米德兰斯地区工业同行的想法。他的儿子欧塞比·桂尔－洛佩斯被送到英国曼彻斯特大学研读工业工程。他的另一个儿子霍安后来成为加泰罗尼亚花园城市协会的创建人之一。[1] 桂尔的世界主义理念拓宽了高迪相对狭隘的见解。桂尔常常无视卡斯蒂利亚文化，而直接比较加泰罗尼亚、英格兰和德国的共同之处。德国文化旅行者迈尔－格雷费（Meier-Graefe）1906 年在巴塞罗那遇见过一个观点类似的人，他这样描述道：

> 有人将我引荐给一位工业家，对我而言，他是西班牙的一种新型人物。我们与他在一起共进午餐时，他用流利的德语说道：“你肯定知道，我们这里人不希望被视为西班牙人，我们是加泰罗尼亚人……”他在谈论西班牙南部和西部的时候，就像是米兰人谈论那不勒斯人。完全是不同

[1] Armando de Fluvia y Escorsa, *Una Família catalana de industriales y mecenas ennoblecidos: los Güell*, Instituto Salazar y Castro Hidalguia, Madrid 1970.

> 的民族。他们肥胖、愚蠢、懒惰而虔诚，毫无欲求，毫无政治本能。此外——他向我们保证他绝不是在奢谈道德——他说那些人已经完全堕落……文化只存在于加泰罗尼亚，尽管他说自己当然不受任何形式的地域民族偏好影响……[1]

桂尔很欣赏北欧的模式，因为北欧的态度和习俗相当符合加泰罗尼亚和加泰罗尼亚人的性格，他们同样欣赏勤奋、自我改善和努力工作。

巴塞罗那近期开始重建、距离桂尔公园最近的区域，是伊尔德方斯·塞尔达（Ildefons Cerdà）精准设计的扩展区。[2] 但是桂尔和高迪的做法与塞尔达相反，他们寻求的是未完全开垦驯化的私人荒野。桂尔公园是上层精英阶级的一块飞地。

不过桂尔和高迪也找到了更妥帖的灵感来源。[3]

距离留多姆斯仅三公里处便是马里亚瑙（Maríanao）侯爵的萨玛公园（Parc de Samá）。建筑师丰特塞雷——他在 19 世纪 70 年代曾与高迪合作过——在 1881 年着手将萨玛公园的面貌改造成一个迷你版的古巴。[4]

---

[1] Meier Graefe, p. 294.

[2] 在英格兰，公共卫生改良者本杰明·沃德·理查德森（Benjamin Ward Richardson）博士曾经呼吁建立一个名为许革亚（Hygeia，健康女神）的市镇。而在巴塞罗那，加泰罗尼亚人着眼于将来，已经对激进的法国人艾蒂安·卡贝（Étienne Cabet）的社会主义乐园伊卡利亚（Icaria）表现出赞许。

[3] 在《桂尔公园：历史象征学》（*El Park Güell—Historia y simbología*, Eduador Rojo Albarrán Los Libros de la Frontera, 1997）里，作者声称，公园的设计，几乎是一种怀旧之情的体现，它直接参考了桂尔就读大学时所在的法国尼姆市的喷泉公园，以及巴黎的一些历史遗迹（马德莱娜教堂、方尖碑、波旁宫和大堂广场商业中心）的布局。

[4] Vidal i Mas, Josep., “El llarg camí d’un poble Cròniques Cambrilenques”, ed. de l’Adjunctament de Cambrils, in Sala de Lectura, Reus.

在古巴奴隶的服侍下，马里亚瑙侯爵透过他的热带乐园、湖泊、瞭望塔和人工洞穴，可以望见他的私人动物园。每一条主干道两旁种植着来自美洲和远东地区的珍稀树种。高耸的加纳利海枣树、棕竹和叶大如扇的丝葵形成背景，前面则是低伏的巴西丝兰、一种罕见的圆柱仙人掌和一组法国装饰花瓶。在这些鲜活的植物种类之外，还有巨大的橡树、栗树、大蕉树和菩提树。在公园的正中心是带有东方式瀑布和喷泉的池塘，它用了很多巨大的蛤蜊与海螺的外壳进行拼镶。

丰特塞雷和马里亚瑙侯爵共同塑造了这种具有异国情调的乐园景象。它近乎蛮荒的如画特质非常诱人，但是让高迪获得最多启发的却是萨玛公园里仿景废墟的建筑细节。

在公园东角，负责周边巡逻的警察治安所旁边，一座角楼（Torre Angulo）巍然耸立。这是一个由砾石与多孔的大块石片砌成的奇形怪物。它位于一个中空的雕花基座之上，掩藏了特意建造在下方的洞室。这个洞室给侯爵和客人们提供了一处避暑用的凉亭。

在桂尔公园，高迪打算给“浅薄”的大众艺术赋予“深刻”的文化和宗教内涵。[1] 他复杂的视觉叙事方案不仅呼应了文艺复兴时期意大利流行的各种古代花园和仿景废墟特色，而且呼应了他另外两项杰作：圣家堂的基督降生正立面和桂尔纺织村地下墓室的风格特征。

高迪的建筑往往被视为过于离经叛道，但是这种观点却忽

[1] 关于通俗艺术的文化意义，请参考一位人类学家的论述：Geertz, C., *The Interpretation of Culture*, Basic Books, New York 1973。

略了高迪方法论里复古的一面。如果说桂尔宫是对莫哈宫古典主义风格的回应，那么桂尔公园则回应了巴塞罗那另一座著名的花园休闲所——作为文化舞台的迷宫花园(Laberint d'Horta)。

迈克尔·雅各布斯（Michael Jacobs）游历当代西班牙的创意之作《在期待与回忆之间》(*Between Hopes and Memories* ）对准备进入这个著名花园迷宫的读者形成了吸引力：

> 迷宫的中心有爱神厄洛斯的雕像，它意在表明“爱的实现”。迷宫外部有铭文鼓励参观者贯通迷宫。“进来吧，”上面写着，“你会毫不费力走出来。迷宫很简单，你根本不需要阿里阿德涅给忒修斯的线团。”不幸的是，爱情并不总是那么容易实现，很多参观者不得不借助于翻越树篱而强行完成这一过程。[1]

高迪对迷宫花园的兴趣并不在于爱情的变化起伏；事实上，他完全不赞成让人们发现藏在桂尔公园灌木丛里的恋人们。让他着迷的是为城市公共空间找到一种真正可靠的加泰罗尼亚建筑语言。高迪就像多梅内奇曾经盼望对城市建筑结构有所作为那样，希望通过花园设计对园艺学有所裨益。桂尔公园为高迪提供了一个检测设计理念的完美机会。

这是“君主制复辟精神的一项宏大巨制。它让古典原则以奇怪的方式适应了现代社会的迫切需求”。[2]

---

[1] Jacobs, M., *Between Hopes and Memoir—A Spanish Journey*, Picador, London 1994, pp. 215-216.
[2] Kent & Prindle, p. 41.

高迪和桂尔的桂尔公园计划迥然有别于迷宫花园。迷宫花园热衷于新古典主义风格，而桂尔公园的建造却采用了高迪独特的加泰罗尼亚风格。古典神话被加泰罗尼亚神话取代，画面主题变成了巴塞罗那伯爵“长毛”威尔弗雷（Wilfred the Hairy）的血色条纹盾、凶猛暴躁的龙以及它们的巢穴。从遥远大陆移植而来的异国树木被本土灌木所代替。大理石也被碎石块所取代。高迪深思熟虑的设计方案融合了古典神话、加泰罗尼亚历史、天主教礼拜仪式以及对殉教者的回忆，从而展现出一种全新的面貌。

1900年12月，工头何塞普·帕尔多·卡萨诺瓦斯（Josep Pardo Casanovas）在挖山修路时发现了一座洞穴的入口。欧塞比·桂尔立即将这一消息告知了巴塞罗那神学院（Seminari Conciliar）地质博物馆的阿尔梅拉（Almera）博士及其助手。山洞中挖掘出了大量化石，包括犀牛骨骼、巨龟甲壳、鹿以及其他动物的骨骼。二十五年来，古生物学家一直在加泰罗尼亚寻找圣经遗迹，以便从字面解读并确认创世故事。这个消息让他们兴奋不已。现在这个山洞已经提供了足够的间接证据说明大洪水是存在的，并且伊甸园很可能就位于加泰罗尼亚。阿尔梅拉博士毕生致力于证明圣经历史是自然科学的一项可敬分支，如今这种观点似乎很好笑。但是加泰罗尼亚属于吾珥文化的神话，却在高迪和桂尔这里找到了支持。

盘旋通向公园山顶的几条道路，路基支撑是沿坡倾斜而上的粗朴石柱，它们承托起整个路桥系统。俯视公园，呈丰富波浪形的道路体现了高迪对刻板直线的厌恶。

桂尔公园极富戏剧场面感。高高的围墙顶部装饰着醒目的陶瓷盾形纹章，宣示着“桂尔公园”的存在以及它与外部世界的脱胎分离。紧接着，就是两座造型奇异到令人不安的门楼。这两座楼台正对着多洛特街（Carrer d'Olot），比例上显得很扭曲。它们给人一种虚幻仙境的感觉。其中有个屋顶甚至像一只致幻的蘑菇，而一种相对纯真的解读则是：色彩亮丽的屋顶上倒扣着一只只咖啡杯。[1] 高迪设计的入口景观带有“童话救赎”的意味，而它的密码叙事，则呼应了洪佩尔丁克（Humperdinck）的歌剧《亨赛尔和格蕾特尔》（*Hansel and Gretel*）中的糖果屋，其当代译本的翻译者是霍安·马拉加利。[2]

这是高迪第一次展现的成熟风格，其结构、主题、装饰和功能融为一体。此时我们已经能够将高迪称为 20 世纪伟大的雕塑家之一了。

很显然，通过回归加泰罗尼亚的工艺传统，高迪可以开启一种全新的形式语言。加泰罗尼亚砖匠用薄瓷砖层压平铺而制造出鱼鳞状外表，构成了弧拱和穹顶的曲线，既坚固又有装饰性。这种方法既高效又经济，加以某些部件的大批量生产，抛物线形拱很快就可以完工。顶部结构上覆盖的是颜色生动的马赛克表面，它由细小的瓷砖碎片拼接而成，这种方法被称为碎瓷拼镶法（trencadis）。在高迪以后的作品中，碎瓷拼镶是最为突出的特点之一。巴塞罗那流行的一则传说称，吝啬的高迪让

[1] 尽管 Eduardo Rojo Albarrán 在《桂尔公园》（*El Park Güell*）一书第 101 页中说高迪不喜欢咖啡，并且说这个建筑像是《亨赛尔和格蕾特尔》（*Hansel and Gretel*）中女巫的头发。

[2] 由 Kent & Prindle 出版。马拉加利为加泰罗尼亚引入了大量外界文化，他翻译并传播了尼采、歌德、瓦格纳和诺瓦利斯等人的作品。

工人们在步行上班的途中捡拾附近建筑工地的瓷砖碎片。还有传闻说，工匠们在接到小心运来的巴伦西亚瓷砖后，当着送货员的面将它们全部砸碎，把他们吓得要命。

公园设计得就像是一部歌剧，依次展开各自独立的三幕戏。到达大门口的时候，演出就开始了：当铁门吱吱作响地缓缓打开时，分立左右的一对机械瞪羚就退回到笼子里面。

径直向前，参观者可以顺着一段典礼台阶，抬头望向带有遮顶的市集。台阶最低处，有一个石砌的小池，一条脖子上围着加泰罗尼亚旗帜的大蛇正在向池中吐水。沿着阶梯向上，可以看到另一个神话中的怪兽，这是一条出自《圣经·启示录》的龙。

接下来是壮丽的市场大厅，高迪将它形容为自己的古希腊剧场。林立的多立克式圆柱支撑起巨大的房顶广场平台。[1]但是，房顶下面，柱子中间，才是高迪设想的市场兼公共集会场所。[2]在它古旧的外观之下是一套净水系统。当雨水落到房顶的广场上时，积水会缓慢地经过鹅卵石和细沙的层层过滤而汇聚到圆柱顶端的碗状开口，再经过柱中的细管流到下方的蓄水池中。[3]高迪创造的这个系统，同时满足了排水、滤水和储水的多重功能。1913年，桂尔申请了矿泉水公司的执照，公司起名为萨尔

[1] 值得注意的是，申克尔（Schinkel）认为，在所有柱式中，多立克柱是最原始的一种。关于高迪对于多立克柱的使用和可能来源，参见 Bassegoda i Nonell, J., *L'Estudi*, pp. 148-149。

[2] 或许，它模仿的是三千五百年前的埃及卡尔纳克遗址，或者公元前3世纪被部分淹没的埃及菲莱岛的伊西斯神庙。

[3] 这并不是首创，此前帕克斯顿在英国的水晶宫、丰特塞雷在巴塞罗那的博恩市场都采用过这样的系统。

瓦（Sarva）。公司标识上有希腊字母表的第一个字母阿尔法和最后一个字母欧米伽，公司迅速成立，但很快就关张了。[1]

一旦参观者来到广场上，整个公园便在他们面前延展开来。以巨大石球（兼具玫瑰经念珠的作用）为标志的小路蜿蜒向前，缓缓通向山顶的耶稣受难像。城市和海港在一幅美妙全景画面里铺开：哥特式大教堂和圣家堂一样清晰可见。

霍安·马拉加利曾回忆起与高迪的一次谈话，而这位建筑师沉郁的悲观主义令他震撼不已：

> 在他的作品里，在他竭力将理念转化为物质形态的过程中，他看到了惩戒的律法，并为之迷狂。我无法掩饰自己对这种消极人生观的反感，我们简单讨论了一番，没说太多，只是谈到我为什么经常发现彼此无法领会对方的想法。偏偏我还认为自己是如此虔诚的天主教徒！[2]

到了 1906 年夏天，桂尔和高迪显然已经意识到他们的项目正举步维艰。公园遭受着种种困难：公共交通不方便，各种特殊的建筑限制，经济形势不明朗。预期的六十套房产只卖出了两套。极有可能是萨里亚街区（Sarriá）南边远处的蒂维达沃大道（Avinguda del Tibidabo）和巴利韦德雷拉（Vallvidrera）以南

---

[1] 在同一时间，为桂尔公园的整体装饰效力的胡霍尔（Josep Maria Jujol）也为另一项工程效力，而该工程的主人萨尔瓦多·桑萨尔瓦多（Salvador Sansalvador）则拥有一家矿泉水公司，灌装车间就在桂尔公园后面的山上。

[2] Trans. Hughes, R., p. 499.

区域的成功扩张，加上它们更为便利的交通联系，使得桂尔公园流失了潜在客户，[1] 削弱了永久入住此地的诱惑。桂尔公园的角色改变已经势在必行。然而，它依旧能够充当一个展示加泰罗尼亚天主教文化活力的平台。它通过低廉的游览门票提供了一处私人的乐园。

经过若干年的时间，桂尔公园让自己缓慢融入了巴塞罗那的生活。1907 年，这里举办了一场赈济水灾难民的慈善活动。第二年，这里又举办了花神诗歌竞赛的五十周年庆典、以山顶耶稣受难像为目标的竞走比赛、庆祝加泰罗尼亚教育的聚会，以及比利牛斯山登山者大会。这里还举办了体操竞赛、红十字志愿者的游行，并频繁举行加泰罗尼亚萨达纳舞的舞会。[2] 从城市开发失败试验中，桂尔公园迅速转变成为今天的面貌：一个耸立于雾气之上，可以俯瞰城市与大海全景的休闲公园。

1906 年 6 月，德国艺术批评家尤里乌斯·迈尔 – 格雷费以夜访桂尔公园的方式，结束了他在巴塞罗那的旋风式访问。此时正是仲夏夜，也就是西班牙的圣胡安节，整个国家都以异教式的放纵在庆祝这个夜晚。

> 最终在两点钟左右的时候，我们到达了桂尔公园，它像是一座洞窟，或是某种神庙，或是某个造型巨大却纹丝

---

[1] 蒂维达沃匿名协会（Sociedad Anónimo del Tibidabo）的组建工作富有成效，它吸引的赞助来自于阿穆斯（Arnus）、马卡亚（Macaya）、罗维拉尔塔（Roviralta）、丰梅尔斯（Fornells）、卡萨库维塔（Casacuberta）、阿尔西纳（Alsina）和法布拉 – 普伊赫（Fabra i Puig）等“乐善好施”（gent de bé）的家族。

[2] Bassegoda i Nonell, J., *L’Estudi*, p. 145.

不动的旋转木马。支撑整座建筑的一根根立柱，宛如庞然巨象的獠牙。我们从那里沿着一条小路往上走，侧面就是令人目眩的峭壁。路边排列着颅骨造型或其他什么模样的东西。我们沿着这条道路到达一个平台，仔细端详才发现它是一座空中花园，也是我们先前看到的那个神殿的屋顶。然后我们来到了一个巨大的花坛旁边，发现只能看见簇集的人群而看不到花朵。旁边还有一个相似的花坛，一个接着另一个，我不知道到底有多少个……眨眼间我们面前又出现了另一座形状辨识不清的建筑——既像印度宫殿又像是狗窝，不知道它是碎陶片或碎玻璃还是肥皂块或肥皂泡造的……我知道我并非神魂颠倒，而是因为遇到了现代建筑。我祈求奥尔塔、吉马尔、恩德尔和奥布里斯特以及其他所有作恶者原谅我曾经肆意刻薄地取笑过他们。跟巴塞罗那的这个怪物发明相比，他们给我留下的印象俨然是温和的古典主义者。[1]

[1] Meier-Graefe, J.. 这很可能是对蛇形长椅的描述。如此说来，蛇形长椅的建造时间比我们先前想象的要早得多。

骸骨屋

这位建筑师看待房屋就像画家和调色师绘制家乡的光线那样。一座建筑为什么不能被视为整件陶器或者光瓷器皿，恒久而多姿多彩地呼应太阳的照耀光芒?

——马里厄斯－阿里·勒布隆（Marius-Ary Leblond）[1]

建筑的颜色必须浓郁，合乎逻辑而且丰富多彩。

——安东尼·高迪，《雷乌斯日记》，1876 年 9 月

1901 年年初，巴塞罗那实力雄厚的纺织业家族群体里，一位核心成员何塞普·巴特略·卡萨诺瓦斯（Josep Batlló Casanovas）请求市政委员会批准他拆除自己的房子。这座房子

[1] Leblond, M. A., “Gaudí et l’architecture meditérranéan”, *L’Art et les artistes*, vol. Ⅱ, Paris 1910, p. 70.

建于 1877 年，与周围的时髦建筑比起来显得格外黯淡无光。在它的隔壁，中世纪风格理念根深蒂固的建筑师何塞普·普伊赫-卡达法尔奇（Josep Puig i Cadafalch）正忙着翻新改建巧克力巨头安东尼·阿马特耶（Antoni Amattler）同样毫无特色的房子。巴特略在紧锣密鼓地推行他建设新宅的雄伟计划。他一度考虑过佛罗伦萨式、威尼斯式、加泰罗尼亚哥特式和苏格兰式等不同样式。

在那个年代，大家族都有自己的专职建筑师，就像他们有法律顾问一样。在 19 世纪 90 年代，恩里克（Enric）、皮亚（Pia）和安赫尔·巴特略（Angel Batlló）先后委托著名的新哥特式建筑师比拉塞卡建造大型联排住宅。但何塞普·巴特略想让他的建筑给人留下更深刻的印象。

1904 年 5 月，巴特略向市政委员会再次递交了一份相对低调的方案，指出新建筑将不改变旧建筑的外形。巴特略已经找到了一个既能灵活应对限制又能进行大力革新的建筑师，那就是高迪。1904 年 11 月，随着高迪启用他信任的承包商何塞·巴约·丰特，巴特略之家的建设开工了。[1]

巴特略之家于 1906 年年初竣工，即使到了今天，它仍是巴塞罗那最具灵感的建筑之一。它坐落于格拉西亚街的一个街区内，当地居民称这里为“杂乱街区”，因为五座相连的建筑分别呈现出不同的现代主义风格。走在这条人行道上，人们仿佛置身于加泰罗尼亚工艺的大师讲习课。当初只要是头面人物，都

---

[1] 在巴约·丰特 1970 年去世之前，巴塞戈达教授对他进行了访谈，为此次工程的进展情况留下了详细记录。

会在这条街上盖房子。首先是多梅内奇-蒙塔内尔的列奥·莫雷拉之家(Casa Lleó Morera,1902—1906),紧接着是昂里克·萨尼耶(Enric Sagnier)秉持严谨古典主义风格的拉蒙·穆列拉斯之家(Casa Ramón Mulleras,1910—1911),中间穿插着特征不明显的博内特之家(Casa Bonet,1915),然后就是普伊赫-卡达法尔奇的阿马特耶之家(Casa Amattler,1898—1900)和高迪的巴特略之家(1904—1906)。这些建筑完美践行了多梅内奇及其弟子安东尼·加利萨(Antoni Gallissá)的尝试,19 世纪 80 年代他们在自己的设计学校三龙城堡工作室(Taller del Castell dels Tres Dragons)里孵化促进加泰罗尼亚工艺的创造性元素。三龙城堡位于 1888 年为巴塞罗那世博会兴建的多梅内奇咖啡餐馆内。

有很多技师和工匠为"杂乱街区"做过工作,如雕刻师、青铜铸造匠、家具木匠、彩色玻璃制造者、镶嵌画师、石膏匠和陶瓷匠等。在列奥·莫雷拉之家,欧塞比·阿尔瑙(Eusebi Arnau)创作了一个向街道探伸的醒目雕像。[1] 在房子二楼,精致的彩色玻璃上绘制着列奥·莫雷拉一家休闲的样子。拉蒙·穆列拉斯之家显得很拘谨保守,而阿马特耶之家则是从门前步道直到屋顶都模仿了佛兰德的宫殿。在此,阿尔瑙再次参与了建设。马斯列拉(Masriera)和坎平斯负责青铜铸件,埃斯科费特(Escofet)负责地板,霍安·科利(Joan Coll)负责细致的抹灰泥工作,加斯帕尔·奥马尔(Gaspar Homar)负责别致的装饰,铁艺部分则由埃斯特韦·安多拉(Esteve Andorrá)和曼

---

[1] 后来被建筑的现任承租者、奢侈品零售商罗意威(Loewe)所毁。

努埃尔·巴利亚林（Manuel Ballarín）分工完成。整个建筑充斥着巧妙的笔触。雕刻师阿尔方斯·胡约尔（Alfons Juyol）和阿尔瑙有充分的创作自由。他们雕刻了一个穿着当代服装骑自行车的人，用来调侃普伊赫在此处和市区其他工程之间往来穿梭；一个穿戴时髦的滴水怪从窗户侧柱上探出身子用箱式照相机为路人拍照，一个面容干瘪的老妇则用羡慕的眼光凝视着另一位曲线优美的新艺术派少女；而更为传统的造型，则是公寓入口石柱上的圣乔治用长矛将龙刺死的雕像；另外还有一件雕塑，表现了动物们组成管弦乐队的积极正面形象：猪在吹奏古长号，猴子在演奏管风琴。

面对类似的委托项目，三位著名的建筑师很快给出了各自的解决方案。正如戴维·麦凯在《1854—1939年的巴塞罗那现代建筑》（*Modern Architecture in Barcelona 1854-1939*）中所描述的，每个人的方案都新颖独特：

> 多梅内奇的设计充满理性，同时带有兼收并蓄的装饰风格；高迪执意要融会贯通自己的某个完整理念，并让这座建筑总体呈现出巴洛克风格的外观；普伊赫既有爱国情怀又具备欧洲精神，他的设计熟练穿梭于中世纪风格与古典主义之间。[1]

但是巴特略之家的原始创作思想是什么呢？第一张设计草

---

[1] Mackay, D., *Modern Architecture in Barcelona 1854-1939,* BSP Professional Books, Oxford 1989, p. 55.

图描绘了一个七层高的正立面向上汇聚到中央塔顶的外观。骨头形状的柱子隔开了肾脏形的窗户，突出了建筑的人格化特征。这座房子常被当地人称为“骨头房子”。高迪意识到，如果将这种样式的建筑与相邻的阿马特耶之家并列，将会产生突兀断裂感。他最后的解决方案是将塔顶减低一层，并移向左侧，形成隔空遥对阿马特耶之家屋顶的一小块露台空间。这种方案被视为“建筑礼仪”的绝佳例子之一。

即便如此，这两座房子仍然反差强烈，显得格格不入。普伊赫的建筑仍旧依照传统方针，其智慧体现在点滴细节上。高迪的建筑不拘一格，他设计的建筑外墙宛如巨浪翻滚，形成了节奏分明的海潮汹涌感。建筑上到处布满装饰物。鲜艳晶亮的碎瓷片与颅骨状阳台的冰冷石头形成了鲜明的对比。路易·佩尔曼耶曾经对巴特略之家的主题提出一个有趣的解释：这是在致敬加泰罗尼亚的主保圣人圣乔治。颅骨阳台是恶龙爪下的牺牲者，骨形的柱子已被啃食干净。房顶冠以十字架的高塔象征着圣乔治的长矛，而鱼鳞状的屋顶瓷片和弯曲的屋顶轮廓线代表了一条死龙。这几乎毫不掩饰地喻示着卡斯蒂利亚和加泰罗尼亚之间日趋敌对的僵持局面。

尽管巴特略之家是现代主义的杰作，但是高迪及其工作室都厌恶被贴上“现代主义”的标签，因为这样一来就会被牵扯上“现代主义这个异端，而教会当局已经谴责它是刻板武断的进步论，认为它无法与天主教教会的正统教义相调和”[1]。然而，

[1] Solà-Morales, I., “Barcelona”, Exhibition catalogue essay, Hayward Gallery, p. 123.

巴特略之家近乎肆意的新奇外观有力地展现了一个事实，那就是高迪已经接受了一整套的价值观和信念，并借此与那些秉持现代主义的同行紧密联系到了一起。

阿佩尔莱斯·梅斯特雷斯讲过一个趣闻，他说高迪正是在这段时期声称他只偏爱于宗教委托项目。如果有什么世俗工作摆在他面前，他首先要做的就是向蒙特塞拉特山圣母祈祷并寻求指示与首肯。阿佩尔莱斯·梅斯特雷斯开玩笑说，让巴特略欣慰的是，仁慈的圣母总是做出让步，允许高迪接受世俗工作。

正是巴特略之家让高迪第一次真正实现了自我，也第一次远远超出其他现代主义建筑师，让普伊赫和多梅内奇的风格显得落伍。这也是高迪第一次为我们提供了一种建筑自传的表现形式。[1]

---

[1] 富有启发性的讨论，参见 Joan-Lluís Marfany, “Gaudí el Modernisme” in *Gaudí i el seu temps*, Barcanova, Barcelona 1990, pp. 71-99。

被围困的城堡

牧歌画面般的山脉，一道道山脊绵延相接，通向远方，仿佛悠长而呜咽的波涛涌动，从某个辽远的风暴海洋奔赴而来，漫过这平静的水域。

——约翰·罗斯金

此时是1905年的秋天，工作室的任务堆积如山。桂尔公园已进入工程关键期，桂尔纺织村的建筑模型还需不断调整，帕尔马大教堂工程也需要高迪亲自监督。几项琐碎任务也增加了工作室的压力：锁匠行会的会旗；巴塞罗那前市长罗伯特博士（Dr Robert）的一座纪念碑；横跨博莫雷激流（Torrente de Pomeret）的大桥；为比克大教堂的壁画达到“妥帖”效果提供建议；此外，工作室还必须同时为神父们设计华丽的服饰，并见缝插针地完成美景屋的收尾工程。除了以上种种，还有一项高迪感兴趣的委托任务——为纪念豪梅一世逝世七百周年而修建一座墓地。普伊赫找到高迪的时候，高迪立刻意识到，这是重新建设国王广场（Plaça del Rei）周边区域的好机会。最后这件事无疾而终。[1] 或许可谓幸运的是，此时高迪为圣家堂筹款的工作也没有多少进展，导致整个工程几乎停滞，但是就在工程陷于停顿的这些日子里，它的名声却获得了前所未有的提升。在 1905 年的市政选举期间，《加泰罗尼亚之声》(*La Veu de Catalunya*) 发表了支持圣家堂工程的热情颂词。[2]

各种经济与社会改造工程的实验正在纺织村和桂尔公园不断展开。但是，或许只有在圣家堂，高迪—桂尔的哲学理念才能够像他们希望的那样成为内在衔接的整体。在这里，圣洁的家族和虔诚的艺术家可以搭乘"这辆更伟大的民族荣耀马车"[3]。然而，尽管高迪盛名日隆，但项目资金的捐款却并未因此滚滚而来。

高迪的大部分工作来自口头承诺。佩雷·米拉－坎普斯 (Pere Milà i Camps) 最初曾建议高迪充任巴特略之家的首席建筑师。现在，经过一段时间，合适的建筑场址出现后，终于轮到了米拉本人委托高迪建造公寓。

米拉是"有才华的翩翩公子"，常穿着一身耀眼的珍珠灰套装。[4] 他是政治家、地产商和《图画日报》(*El Día Gráfico*) 的出版人；此外，他还是成功的剧团经理人。[5]1903 年他和一

[1] 高迪去世后，鲁维奥－贝利韦尔接手了这项工作。

[2] 许多建筑师曾进入政坛：多梅内奇－蒙塔内尔、普伊赫·卡达法尔奇、霍安·马托雷利、费利克斯·卡德拉赫 (Félix Cardellach) 和伽利萨 (Gallissà)。

[3] Solà-Morales Rubió, I., *Eclecticismo y vanguardia*, Gustavo Gili S.A., Barcelona 1980, p. 43.

[4] Casanelles, p. 68.

[5] 他提出的计划包括巴塞罗那最重要的纪念斗牛场 (Plaza de Toros Monumental) 和鸽子舞厅 (La Paloma)。Alvarez Izquierdo, R., *Gaudí*, ediciones Palabras, Barcelona 1992, p. 134.

名富有的寡妇唐娜·罗萨里奥·塞希蒙·阿尔特伊斯（Doña Rosario Segimón Artells）结婚。1905 年 6 月她购买了格拉西亚街与普罗文萨（Provença）大街街角的一处优质地段。9 月高迪请求拆除这里原有的建筑，清理地基。[1] 米拉之家更为人所熟知的名字是采石场（La Pedrera），它将成为高迪的代表作之一。

高迪在这年秋天首次进行实地考察，他想知道这项工程怎样才能符合巴塞罗那扩展区的严格规划要求。米拉之家是高迪在格拉西亚街设计的第四项工程——此前他完成了希韦特药房（Farmacia Gibert）、托里诺咖啡馆的内部装修和巴特略之家的建设。这也是他承接的最后一项大规模工程。

扩展区在不断发生变化。其空旷地区（以前的放牧区）以惊人的速度得以开发。[2] 网格形的街道已经铺就。过去的棚户已被夷为平地。即使是建于 19 世纪七八十年代的宫殿也被拆除。在老城的里韦拉街区，居民点被成片夷平，以便给新建的莱耶塔纳路（Via Laietana）腾出空间。几个月内，这里有成千上万的居民流离失所。

甚至连高迪的工作室也在发生变化。鲁维奥现在开始获得他自己的大型项目：马纳科尔（Manacor）的圣家修道院、建造在蒂维达沃山坡各处的里亚尔普之家（Casa Rialp)、波马尔之家（Casa Pomar）、多尔塞特之家（Casa Dolcet）、卡萨库维塔之家（Casa Casacuberta）和罗维拉尔塔（Roviralta）的“小白羊”（El

[1] Bassegoda i Nonell, J., *El Gran Gaudí*, p. 512.

[2] 1901—1920 年，加泰罗尼亚的工业发展速度惊人：平均每年有多达五千座新屋建成，绝大多数就建在巴塞罗那城内。Carlos Sudrià,“La Modernidad de la capital industrial de España”, p. 54 in *Barcelona 1888-1929*, ed. Sánchez, A., Alianza, Madrid 1994.

Frare Blanca)。1906 年胡霍尔加入工作室，让高迪的收获远大于他的损失，虽然胡霍尔到来的确切日期尚不清楚。[1]

和高迪一样，胡霍尔也曾被迫勤工俭学，作为加利萨和丰特的助教，为重建巴塞罗那文化中心“雅典娜神殿”（Ateneo Barcelones）工作。正是在那里，高迪的朋友桑塔洛医生强力促成了他们的相识。

胡霍尔与高迪成了一对奇怪的搭档，此时 54 岁的高迪受人尊敬，但同时又以粗鲁著名，而且日渐不修边幅。陪伴在他身边的是 27 岁的胡霍尔，身材矮小，衣着整齐，留着乌黑浓密的胡髭。他们并肩协力，成就了 20 世纪建筑史上最伟大的一段合作关系。胡霍尔的儿子曾这样描述高迪：

> 作为杰出的天才，高迪并不像别人描述的那样离群索居，他并不是任何事情都要亲力亲为，并支配周围所有的人。恰恰相反，高迪非常聪明，他知道如何委派工作，他还知道谁最适合做哪样具体工作。我深信高迪是作为一个无可置疑的领导者在指挥工作团队——即使他想亲自做一切事情，也仍然会信任自己的合作者，这样等到建筑竣工之时，最终效果甚至会更完美。[2]

---

[1] *Joan Rubió i Bellver y la foruna del gaudinismo*, Ignasi Solà-Morales Rubió, Publ. Colegio de Arquitectos de Cataluña, Barcelona 1975, p. 25. 伊格纳西·索拉－莫拉莱斯分析，高迪向巴特略之家和米拉之家风格的转变，也是他与鲁维奥关系淡化的一个重要因素，尽管它并未造成真正的不良后果。1906 年，鲁维奥还接受了迪普塔西奥酒店（Diputación）建筑师的兼职工作。

[2] 胡霍尔儿子的话引自“Se cumple hoy Primer Centenario de Jujol”, *Diario Español*, 16 September 1979。

高迪私生活的节奏同样也在发生变化。他逐渐回归自我，回归到他的工作中。到了1906年，高迪和他的父亲及外甥女罗莎一同住进桂尔公园内建造的两栋房屋之一。他的父亲弗兰塞斯克此时已九十岁高龄，身体日渐衰弱。高迪为他延请的医生是附近格拉西亚区的何塞普·库韦罗·卡尔沃（Josep Cubero Calvo）。遗憾的是，高迪和库韦罗医生之间的关系很紧张，因为库韦罗未能成功挽救高迪手下一名工匠的生命。但是，直到有一次高迪派马车去接库韦罗却空载而归，他们的关系才彻底决裂。从此高迪再遇见这位医生时总会视而不见。

现在高迪很少待在老城区。桂尔宫的漫长聚会（tertulias）已成往事，在里切乌歌剧院和“雅典娜神殿”文化中心度过的夜晚也一去不返，他甚至也不再参加远足者协会的诗歌朗诵和公开演讲。只有每日在圣斐理伯内利堂（St Felip Neri）的忏悔和主教座堂的周日弥撒，才使高迪与哥特区的生活还保持着某种联系。

高迪的家庭生活逐渐显现出乡村式的缓慢节奏。公园内的另一所公寓由律师唐·马蒂·特里亚斯·多梅内奇（Don Martí Trías Domenech）居住。高迪很快和律师的儿子阿方索成为朋友。傍晚放学后，阿方索就会步行到车站接高迪。他们会一同上山漫步，高迪胳膊下面夹着一份卷起的《加泰罗尼亚之声》，并盘问阿方索自己不在的时候工人的进度如何。高迪会询问访客的情况，阿方索的学习状况、家人和朋友如何，等等。到了周日，高迪和阿方索有时候会步行去海边的巴塞罗内塔（Barceloneta），返程时经哥伦布纪念碑，取道兰布拉大街，然后穿过哥特区。有时候，高迪会在霍安·马塔马拉、堂兄何塞普·高迪–波莫罗或桑塔洛医生的陪同下，在海堤上坐几个小时。他告诉马塔马拉，他生活中最快乐的时光，就是花整整一下午倾听略韦拉博士用加泰罗尼亚语朗诵他翻译的荷马史诗。[1]

那些通常将高迪看作坏脾气、爱唠叨的隐士的人，肯定会非常奇怪高迪如何能够轻松建立一个彼此忠诚、相互欣赏的朋友圈。或许，他已将阿方索视为自己从未有过的孩子。民间流传着许多高迪热爱孩子的逸闻：他从不会忘记这位或那位朋友女儿的生日，也不会忘记伊莎贝尔·桂尔的圣徒纪念日，还会满心虔诚地扮演孩子们的好叔叔的角色，为他们带去各式各样定制的蛋糕和布丁。

和阿方索一起散步时，高迪常常会停下来与熟人闲谈。他们接着向前走，落日映照出两人的身影，这时高迪会转身朝着阿方索大声说："我们加泰罗尼亚人爱吃甜食（El Català es llaminer）。"然后就走进白马（El Caballo Blanco）商店，为阿方索买些零食，再随意聊一聊当地的闲话。

他们缓步走到公园门口，然后会跟看门人卡洛斯聊上几句。阿方索后来回忆道，那些谈话实际上是"高迪的独白"，他喜欢品评政治和艺术事件。[2] 阿方索还回忆起高迪在踏入私人福境乐土 [3] 的大门前，跟当地两位牧羊人滔滔不绝地讨论瓦格纳的场景。

---

[1] Matamala, p. 564.

[2] 这些逸闻摘自 1964 年 6 月 2 日和 20 日的阿方索访谈，采访者是西萨·马丁内尔，引自 *Gaudí: His Life, His Theories, His Work*, ed. Blume, Barcelona 1975, p. 90。

[3] "福境乐土"（Elysium）典出希腊神话，一译"埃律西昂原野"，指英雄和凡人死后去往的安宁乐土。——译者注

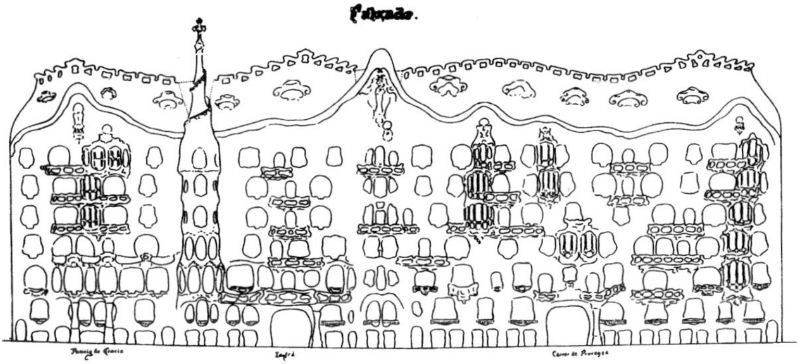

签字认可的米拉之家立面图，标有日期 1906 年 2 月

1906 年 2 月 2 日，高迪向市议会提交了米拉之家的首批图纸。最初的申请要尽早提交，以便争取时间清理场地。高迪凭经验知道这份图纸还需改进。最初的正立面设计图就像是在巴特略之家基础上略加改进的草图，这就不足为怪了。同样的正立面再加上添补修饰，被反复使用过四次。

建筑选址本身存在着一个特殊的问题。按照扩展区的最初规划，靠近十字路口的街区的四面拐角，都要沿对角平行线斜切，形成菱形的街心广场。切除后的屋角（xamfrà）形成三面临街的地段，从而创造了新的设计可能。常规设计方案一直忽略这个问题，结果就形成了新市民阶层平庸乏味的建筑风格。

到了世纪之交，由于现代主义越发注重手工艺和建筑装饰，因此人们找到了解决方案。阳台窗户（有时候高达五层）专门采用铁艺装饰、石雕和彩色玻璃，隔开了两个连续的平坦浅角，形成了个性化的空间。然而人们最常使用的装饰样板却直接来

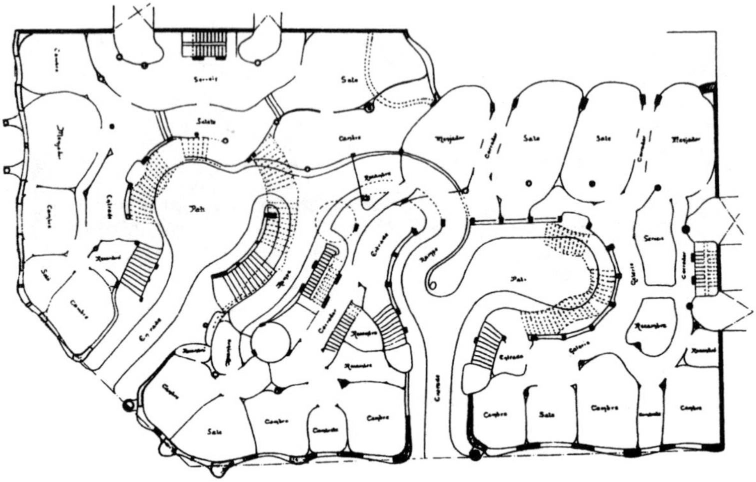

1906 年的米拉之家平面图，密布的房间均呈蜂巢形

自于各种图谱。不过，也出现了一些值得注意的特例。在议会大道的戈尔菲里奇斯之家（Casa Golferichs，1901—1903）设计中，鲁维奥创造了一种背对着街道、独具特色的别墅风格。尽管如此，米拉公寓却将成为扩展区第一幢占据了街角空间却没有在正立面做文章的建筑。

然而，对于高迪来说，建筑的地点、结构和风格常常要服从于建筑的主题。他希望建筑能够展示个性，成为端正矗立在加泰罗尼亚文化基础上的大厦，同时还要展示它需要的道德感和适宜性。为了让一座建筑的形式与功能相协调，高迪几乎总是采取实地考察的办法，细细体会建筑所在地的精神气质。

米拉之家的场址历史悠久：它不仅被罗马时代的道路围绕，

而且，据称它还是 11 世纪格拉西亚区圣母神殿的原址。[1]

拟建中的米拉之家从自身规模来看就足以令人震撼，它的占地面积超过 1600 平方米。不过真正吸引所有人注意的，还是它庞然耸立在通衢路口的膨胀外形。出现在巴塞罗那天际线上的这座“山”仿佛是来自另一个时代搁浅困陷的船体。这座建筑不是加泰罗尼亚式，不是西班牙式，也不是伊比利亚式或穆德哈尔式。它既非古典式也非巴洛克式，它晚于洛可可式却早于哥特式。这是一幢前所未有的建筑。

早在就读建筑学校的时候，高迪就开始研究每份他能够得到的图例——和毕加索一样，他不会忘记每一件有用的东西，能记起一切有实际价值的东西。高迪总是四处游览察看，辩论，识别各种错误、平庸和时尚的事物。他对有兴趣探讨的学生总是有问必答，并对某座特定建筑及某种特定风格的优点和品质发表一番见解。整个扩展区——从“杂乱街区”到格拉西亚——由此变成了一座建筑学院。

在巴特略之家开工时，高迪就研究过与他实力最接近的竞争对手的作品。埃克托尔·吉马尔（Hector Guimard）在 1895 年 8 月建于巴黎的杰作贝朗热堡（Castel Berenger）是米拉之家的灵感来源之一。它外观扁平，宛如一座新艺术主义风格的青铜山峦。它后院喷泉的图片，曾经刊登于世界各大建筑杂志。但更为关键的是，在米拉之家的 400 米范围内，高迪目睹了未来将演变为“米拉之家风格”的各种要素。

[1] Ràfols, J., p.122. Pabon i Charneco, A., “The Architectural Collaborators of Antoni Gaudí”, unpublished PhD Thesis, Northwestern University, USA 1983.

高迪肯定也看到了附近巴特列维尔（Batllevell）设计的安东尼娅·布雷斯之家（Casa Antònia Burés）及其建造过程——巴特列维尔还是桂尔公园中其他住宅的设计师。在安东尼娅·布雷斯之家，底层商铺入口中央的一株雕刻松树，将入口分隔成为双拱门。这不仅仅是一棵松树——加泰罗尼亚的圣树——它同时与建筑者的名字“恩里克·庇”（Enric Pi）形成了谐音。[1]这棵树生机盎然、枝芽蓬勃的形象代表了圣经里永恒常青的生命树（lignum vitae）。另一个突出的范例是萨尼耶设计的法尔加斯之家（Casa Fargas）。初看起来这座建筑会给人一种很普通的错觉，但是门框周围的拱梁向外弯曲，迫使环绕雕刻其上的植物纹样也随之产生微妙扭曲。正立面表面上有细细的波纹延展。刻画精确的植物细节汇成了气氛热烈的奇幻景象。法尔凯斯用 1905 年 6 月建成的费雷尔之家（Casa Bonaventura Ferrer）进一步发展了这一主题。[2]但这座建筑的植物造型装饰却具有自身特有的活力。棕榈叶和其他植物被夸大、扭曲成怪异的形式，明显让人感到触目惊心。如同德国建筑师奥古斯特·恩德尔（August Endell）在他的文章《形式与装饰艺术之美》（“The Beauty of Form and Decorative Art”）中描绘的，“自然景象栩栩如生，而我们开始明白：悲伤的树木、邪恶狡诈的枝条、贞洁

[1] 松树的拉丁名为 pinus，与建筑师的姓氏谐音。——译者注

[2] 佩雷·法尔凯斯 – 乌尔皮的建筑作品，后来与高迪一样成为某些讽刺画嘲笑的对象，特别是那些刊登在《塔楼上的牛颈铃》（*L'Esquella de la Torratxa*）周刊上的漫画。不过，大家的注意力首先被他设计的著名灯柱所吸引，今天你仍能在格拉西亚街两旁看到这些排列整齐的灯柱。

无瑕的草叶与恐怖可憎的花朵确实存在”[1]。当时欧洲全境的建筑师们都在进行自然的拟人化工作。

如果说高迪逐个察看过扩展区的其他建筑——事实上他确实这么做了——他的目的也绝非剽窃。可以肯定的是，高迪正忙于创建的这种新型建筑语言构词，并非完全脱离此前的所有建筑风格。[2]

承包人巴约·丰特开始拆除旧房子的时候，高迪为米拉之家设计的图纸方案却正在发生根本变化。起初，他只准备拆除半座房子，剩下的半座房子将用作工程的现场指挥部和工作室分部。高迪坚持要从早先的设计里去除一切不必要的细节，试图了解整座建筑的容纳量。他曾经解释说：“人的智慧只能在二维的平面上发挥作用……然而天使的智慧却是三维的，他们能够直接运用空间。人只有看到眼前展现的实物，才开始理解空间。”[3]

米拉之家的风格既原始又粗朴。从它的屋顶纵览全城景色，堪称是一道“奇境”。[4]其灵感来自许多隐秘的源泉：卡帕多西亚用风蚀岩石建造的别致教堂、佩特拉古城，还有藏于札尔斯

---

[1] Endell, A.,“The Beauty of Form and Decorative Art” in Dekorative Kunst I, 1897–1898, München, translation from T.&C. Benton and D. Sharp, *Form and Function*, London 1975.

[2] 据巴约回忆，有一天当高迪离开后，普伊赫溜进来仔细察看高迪为米拉之家顶楼设计的悬链拱。1913 年，普伊赫在设计考迪（Codomiu）香槟酒酒窖时采用了同样的设计风格。Bassegoda i Nonell, J., *El Gran Gaudí*, p. 515.

[3] Bergós Massó, p. 30.“人的智慧只能在二维的平面上发挥作用，比如一架钢琴：它从某一个方面解决了某一个未知数等式的问题。然而天使的智慧却是三维的，他们能够直接运用空间。人只有看到眼前展现的实物，才开始理解空间。”

[4] 乔治·柯林斯（George Collins）曾做出以上描述。已故的柯林斯是晚近著名的高迪研究者，美国“高迪之友协会”主席。

堡（Zalsburg）[1] 群山间的圣伯多禄陵墓和苏丹南部用粗砂岩粒砌成的高塔 [2]。多哥的泥质锥形塔也被借鉴，此外还有非洲的桑桑奴（Sansannu）和克赖斯 – 塞盖拉（Kreis-Següela）清真寺的建筑形式。异域和原始感已经是同时代艺术的执念。在高迪设计米拉之家的同时，年轻的毕加索正从非洲面具和雕刻作品中寻找灵感。

然而原始主义在当时的统治范围并不局限于视觉艺术。加泰罗尼亚文化的兴起意味着回归根本，并寻找它的内在实质。在西班牙各地，那些展现出"真实"西班牙的原始风景，例如豪尔赫·曼里克（Jorge Manrique）与阿西普雷斯特·德·伊塔（Arcipreste de Hita）描述的景观，也同样成为新的潮流时尚。在历史的表象之下隐藏着被乌纳穆诺命名为"心灵史"（intra-historia）的本质之物。

米拉之家第一阶段的工程很无趣：所有的精力都集中在清理碎石和挖掘地基上。

米拉之家特意对"自由平面结构"（free plan structure）这种新的建筑风格加以改造利用。[3] 它以火车站的轻型工业结构作为样板，交替使用铁柱与再生砖立柱。房子的正立面与铁制骨架的正面叠加结合。高迪在设计建筑外观时显然通过这种结构

---

[1] Zerbst, p. 29.

[2] Cirlot, Juan-Eduardo in *Antoni Gaudí*, essays, Estudios Criticos Editorial del Serbal, Barcelona 1991, pp. 93–94, ed. S.Tarragó.

[3] 原注：高迪在 1904 年开始巴特略之家的工作时，路易斯·沙利文（Louis Sullivan）已经采用钢架结构在芝加哥完成了卡尔森 – 皮里 – 司各特百货商店（Carson, Pirie, Scott department store）的项目。

自由空间指的是绘制建筑平面图时，并不设置分隔空间的承重墙和地板，而是采用一种独特的结构系统，建造内在于建筑空间的柱形构架。——译者注

方法而获得了自由。但它在平面构造上释放的自由度更是格外明显。[1] 此前，扩展区中的每一座建筑都采用对称、直线和直角的设计原则。在米拉之家的平面图中，一种富有生机的设计样式取代了直角造型，它们看起来像聚集的泡沫，每个泡沫代表一个房间，却像是偶然结合到了一起。[2]

高迪在建造米拉之家时采用各种古怪方法的传说开始流布。他的制图员卡纳莱塔（Canaleta）抱怨说，高迪要他将交给建筑工的平面图放大成巨幅尺寸，因此他只能趴在制图板上工作，结果蹭污了他来之不易的劳动成果。[3] 究竟有什么更好的办法，比如将平面图分成易于处理的小图，或者其他类似方法？高迪建议卡纳莱塔在制图板中间挖一个洞，这样他应该能够从下面爬过去，再从洞里钻出来绘图。[4]

一位书生气十足的建筑师问高迪，他怎么能同意在尚未完成设计之时就动工。高迪伸手将衣兜里的一张纸揉成团。他小心翼翼地展开皱巴巴的纸团，把它摊平，然后对着米拉之家举起来，骄傲地说："这就是我的米拉之家图纸方案，先生。Bon dia i A Deu！[5]"

这个故事很快演变成巴塞罗那的民间传说。此时高迪已成

[1] 1909 年，彼得·贝伦斯（Peter Behrens）在德国柏林设计的 AEG 通用涡轮发电厂，采用了相似的灵活形式。乍看之下，整个建筑显得巨大坚固，就像是一座现代金字塔。

[2] 扩展区的阿里保街（Carrer Aribau）和圣霍安路（Passeig Sant Joan）间的大片街区，是现代主义建筑最集中的区域。

[3] Bassegoda i Nonell, J., *El Gran Gaudí*, p. 513.

[4] 这个故事最早源于巴约，此后被研究高迪的专家巴塞戈达－诺内利教授和阿尔莱恩·帕冯－查尔内科－德罗卡福特博士（Dr Arleen Pabón-Charneco-de Rocafort）采信，并用来证明高迪拥有无与伦比的解决问题的能力和奇特的思维方式。

[5] 若逐字翻译就是"再见啦，见上帝去吧！"。

为活的传奇，伊比利亚半岛最著名的从业建筑师。他性格古怪，以自我为中心，做事专注，没有人怀疑他的才华，却有越来越多的人强烈抵制他。他精挑细选那些财源深厚的客户，拥有极端的天主教情结，偶尔还会脾气“爆发”，并越来越觉得现代主义已经穷途末路。所有这些开始引发负面的批评。

在高迪最具创造性的1906—1909年间，批评家欧赫涅·德罗尔斯也逐步形成了反对高迪的立场。

> 据说，我们著名的建筑师安东尼·高迪宣称有这样一个原则，谁也没办法完成图纸方案，所以最好还是听从自己每天晚上获得的灵感。高迪有他特殊的方法——但我也有我的。[1]

米拉之家进展迅速。高迪不但擅长委派工地现场和场外的任务，还善于跟巴迪亚兄弟和锁匠这样的专业制作者合作。当然，他也知道什么时候该亲自干预。有一个故事说的就是，他如何反复纠正某个石匠的工作，导致后者沮丧地哭了起来。高迪随后自己拿起凿子，打磨准备置于正立面顶端的装饰玫瑰。石匠是在依照自然形象雕刻一朵具体的玫瑰，但高迪却更想表现玫瑰的本质。高迪的玫瑰应当能够象征他的主顾罗萨里奥夫人。他磨钝了玫瑰的细节，直到它最终成为理想而非具体的玫瑰——它定格在成为玫瑰的那一瞬间。

---

[1] Eugeni d’Ors, *Complete Works in Catalan, Glosari 1906-10*, Editorial Selecta S.A., Barcelona, p. 1233.

高迪不仅信任胡霍尔，他还给了后者彻底的自由，容得他做任何想做的事。[1] 此时的胡霍尔年仅二十几岁，高迪却对他无比尊敬，所以后来的情况确实令人遗憾：胡霍尔作为20世纪最伟大、最富于创造力的天才，他的声名至今远未获得足够认可。[2]

高迪就像一位溺爱孩子的父亲，允许胡霍尔自由行事。反过来，胡霍尔对恩师的信任予以回报，并让高迪式的品位从严谨的自然主义风格向一种抽象且经常具有超现实主义色彩的方法发生转变。在马略卡岛工作的时候，高迪常常受到教堂委员会（Junta）的纠缠，他们要求高迪解释胡霍尔怪异而艳丽的涂抹色彩。高迪回答说："我屋里有两只猫：一个是苏格鲁耶（Sugranyes），他按部就班地做自己的活儿，而胡霍尔专门爱做不让他做的事。你们当然没错，但我能怎么办呢？"[3]

胡霍尔奉命完成米拉之家的阳台。他将真实、已发现的事物加以融合，坚持将注意力集中于艺术家可察知的笔触感觉，在细节表达上体现出一种摄人心魄的专注。所有这些，日后将通过霍安·米罗（Joan Miró）在作品《农场》（*The Farm*）里表现的迷幻景象获得回应。但是胡霍尔的方法与高迪的经验实践方式密切相关：高迪将每个新问题都视为处女地，或灵感的"发源地"（el origen）。

胡霍尔从加泰罗尼亚最具优势的一项手工业传统内部着手，

---

[1] Flores, C., *Gaudí, Jujol y el modernismo Catalán*, pp. 246-247.

[2] 出现这种情况，部分原因在于在高迪的研究者和拥护者当中流行的一种奇怪看法：称道胡霍尔就是在贬低高迪。但事实恰好相反。高迪的天才并不在于孤芳自赏，还在于他有能力将别人的最佳优势发挥出来。

[3] Ligtelijn, V. and Saariste, R., *Josep M. Jojol*, p. 14.

彻底更新了铸铁装饰的表现语言。在高迪于19世纪80年代设计的比森斯之家中，大门和护栏就采用了铸铁锤扁制成的棕榈花造型，并且不断加以重复。一米距离内的图案被重复使用着，可能不加变化地重复上千次，乃至于无穷无尽。但是，胡霍尔就像一个参加骑牛竞赛的选手，发现了一种新颖独特的方式，用来驯服他实现形式抽象化的金属，从而包含并约束它们优雅的“形式芭蕾”。阳台上装饰图案的顿挫动感所表现的活力与极端不和谐，生动对应着爵士乐即兴表演时微妙而松弛的章法安排。

胡霍尔的工作方法不同寻常。他给每座阳台都准备了一张铺平后与阳台等长等宽的白纸。在这些纸上，他用木炭勾勒出每一座阳台的草图，它们形色各异，却隶属于同一个主题造型：被海水冲到岸边的海藻，晾挂在米拉之家岩石般的窗台架上。胡霍尔甚至有可能把阳台作为一种象征，表明自然将重新占领洪水、大浩劫或基督复临之后饱经劫掠的城市。[1] 胡霍尔将设计图交给巴迪亚的工作人员后，就会鼓励他们 *fa presto*（加快进度），就像是用金属在空气里作画，要充分利用金属的延展力量、弹性和抽象的曲线感。巴迪亚制作的构件送来后，胡霍尔就开始调整舒展这些金属装饰物，并将适当的特征赋予各种抽象形式。在当时的西班牙，最富才干的加泰罗尼亚建筑师奥里奥尔·博伊加斯（Oriol Bohigas）和拉斐尔·莫内奥（Rafael

---

[1] 到了世纪之交的今天（本书初版于2001年。——译者注），有必要注意德国艺术家安瑟姆·基弗（Anselm Kiefer）最精良的一批作品的核心概念，是从未来回望我们当前的工业化世界如何完全解体为考古发掘状态下的器物：摩天大楼、工业厂房，全都被芦荻和野草吞没覆盖。

Moneo）都曾发表批评，认为胡霍尔的作品过于随心所欲和突发奇想，有悖于营构有致的方法。[1] 几乎所有人都认同这座建筑具有近乎恋物癖的特质，而胡霍尔在创造一个魔幻般的形式世界时展现了非凡的能力。在胡霍尔创造的世界中，“幻想似乎直接从逻辑国度中浮现”[2]。

高迪总是鼓励和敦促他的合作者。马塔马拉曾经回忆起高迪有一次在米拉之家与他称为“计算机器”的承包商何塞普·巴约忙碌一整天后回来时的情景。

> 当人类智慧聚焦于某个人的专业领域，它将呈现出怎样一种迷人的状态啊。今天我和巴约花了几个小时进行一些计算，却没有感到一丝疲惫，巴约也是这样，尽管我们在一刻不停地工作。巴约派上的用场不容置疑。[3]

高迪喜爱解决难题。当设计进入后期阶段，巴约和高迪发现米拉之家的一位公寓业主——制造业巨头费利乌先生（Senyor Feliu）有一辆劳斯莱斯，车辆转弯半径远远超过地下车库的设

[1] Bohigas, O., “Josep M. Jujol” in *Arquitectura Bis*, March 1976. Moneo, R., “Arquitectura en los márgenes” in *Arquitectura Bis*, March 1976.

[2] 胡霍尔独立完成的作品包括：巴塞罗那郊区的圣胡安德斯皮（St Joan Despi），1913 年建成的德拉克雷乌塔（Torre de la Creu）——它被大家亲切地称作“蛋塔”（Torre dels Ous），以及于 1915—1926 年施工的内格雷公寓（Casa Negre），在拜克斯坎普还有大量未完成的教堂和圣殿。通过这些作品，胡霍尔将获得迟来的地位，成为 20 世纪抽象雕塑的教父，尤其是赢得“装置艺术”流派教父的称号。

[3] Matamala Flotats, J., 参见 Cátedra Gaudí 未完成稿《安东尼·高迪：我与建筑师的工作日程》（“Antonio Gaudí, mi itinerario con el arquitecto”1960, vol.2, ChapterXXIII, p. 445）。

计宽度。为了重新设定最外缘的立柱位置，并平衡应力变化，巴约需要计算出相关数值。他为此耗费的时间，相当于最初计算整栋建筑的进度。[1]高迪坚信自己采取了正确的做法。其他更为谨慎的建筑师会出于安全的考虑，宁愿成倍增加拱顶的宽度，而高迪则笃信自身设计的精确性。在大多数情况下，他的预测都是精准的。而且，在施工过程中，绝大多数不合实际的想法都会得到纠正。他是那种通过反复试错而寻找好办法的建筑师。尽管高迪在专业方面的自负程度无人不晓，但他也会偶尔承认自己的错误。

高迪某天在工地上巡视时，看见一名焊接工正在制作T形铁支架。米拉之家主体建筑此时已接近封顶，但是高迪一眼就看出支架肯定不是出于他最初的设计。高迪原本是给顶楼空间的下檐设计了一道宽大的排水槽，巴约想用这些T形架加固檐槽。高迪坚持认为这毫无必要。然而，趁着高迪去马略卡岛的时候，巴约还是安装了铁架。高迪得知后暴跳如雷，但是当一名工人自屋顶滑落，幸好因为檐槽经过加固而得救以后，高迪主动向巴约道了歉。[2]

米拉之家正立面的建造过程遭遇了很多困难。尽管从技术上说，外墙不是承重墙，但是正立面使用的蒙特惠奇山的岩块厚度，导致巴约必须临时组装一套滑轮和重量平衡系统，才能确保将每一块岩石放到合适的位置上。尽管巴约在估算整个工程造价时留了相当充分的余地，但是他万万没想到，同一块石头必须提降四

---

[1] Bassegoda i Nonell, J., *El Gran Gaudí*, p. 514.
[2] Martinell, p. 84.

次才能够放妥。高迪经常自豪地宣称，这种空间实验，是他从当金属锻工的父亲那里继承的最重要遗产。它在模型制作的阶段比较容易控制。在调整黏土制作的正立面、打磨微缩细节、将卡板扭弯布置到位时，都会出现各自的问题。但是，如此沉重的岩石只能通过专列运输的办法解决，巴约几乎为此而破产。

巴约解释了他所面临的困境。高迪问苏格莱内斯，巴约是否在夸大其词。苏格莱内斯回答说没有。高迪随即跟米拉谈判，追加了一笔预算。有人问米拉先生，这个项目是否让他蒙受了经济损失。"我损失的不是钱，"米拉回答道，"我正在失去耐心！"

高迪和米拉都想使米拉之家成为奢华的代表。直通车库尽管采取了折中办法，却是这种奢华设计最明显的体现：高迪最初的设计是汽车坡道贴着院内天井的墙壁盘旋而上，这样即使是五层的住户也可以在自家的门前下车——但事实证明这太不现实了。此外，这些宽敞的公寓都配备了最现代化的设施，从中央供暖系统到二十四小时热水，一应俱全。

尽管米拉之家的建设没有遇到一次严重困难，但是烦琐的法律程序却减缓了它的进程。整个工程甚至在尚未展开时，就已经被叫停过。1905 年 10 月 4 日，高迪刚被任命为米拉之家建筑师的一个月过后，市政委员会的一名雇员就提出抗议，认为工地围栏将一个路灯杆圈进栏内，造成了部分占道。巴塞戈达一语道破："这是众多官方人士向无畏的唐佩雷·米拉发出骤雨般诘难的第一位。"[1]

八天后，工程正式叫停。这只是针对米拉进行众多评判的

---

[1] Bassegoda i Nonell, J., *El Gran Gaudí*, p. 523.

第一回，而他起初只是以一己之力相抗衡。后来，筋疲力尽的米拉甚至懒得应对。

这场旷日持久、史诗般的辩讼卷宗，现在仍安全地躺在市政管理档案馆。[1] 没有一句偏颇之词，然而这份毫无文采的判决书价值就在于：它让人领悟到官僚思维的运作过程。

1906 年 2 月 27 日，即高迪提交计划草案一周后，米拉请求批准拆除原址上的建筑——这个请求在二十个月过后终于获得批准。时间拖得太久。工程已经不顾法律约束而继续开展下去了。

佩雷·埃斯塔尼（Pere Estany）开始了下一轮的攻击，他要求高迪拆除一根向格拉西亚街面位置偏移过多的立柱。这就是著名的“象足案件”，这段逸事后来变成了米拉之家传说的一部分。[2] 高迪让巴约带个口信：“好！告诉他们，如果他们打算像切奶酪那样切掉我的房子，我们将在平整过的墙面上刻一行字：‘这座建筑在某天被巴塞罗那市政委员会下令肢解……’”[3]

市政委员会对此做出反击，并要求高迪执行他们的命令。第二个月，米拉之家的工程再次遭遇叫停。巴约和高迪再次置若罔闻。1908 年 6 月 16 日，无视工程停工令的巴约要求扩建

---

[1] 摘自《巴塞罗那扩展区委托书》，序号为 10.526。

[2] 高迪此前设计的巴特略之家，一直被称为“预见性建筑”的杰作。这类建筑或是借用某个叙事，或是拥有鲜明的个性——例如，圣乔治屠龙的主题。此类项目最知名的例证是里巴尔（C. F. Ribart）建于 1758 年的“凯旋象”（Triumphal Elephant），其主题是“荣耀国王的巨型售货亭”（Grand Kiosque à la Gloire du Roi），计划建在香榭丽舍大道上。它是采取大象外观造型、上下层各有两间房的建筑。弯卷的象鼻既是喷泉又是排水管，可以排出隐藏在大象头部的“盥洗室”产生的废水。

[3] Bassegoda i Nonell, J., *El Gran Gaudí*, p. 523.

临时围墙。此时，巨型石材已经吊装到位。十天后，他们获得了市政委员会的扩建许可。

这种法律上的猫和老鼠游戏持续到了下一年。1909 年 6 月，工程进入第三个年头，米拉之家已经完成四层，市政委员会终于接受了高迪的设计草案，且在一星期后重新发放施工许可。在米拉之家长达三十六个月的建设周期中，只有四个星期是合法施工。

1909 年晚春，施工围栏拆除，人们终于看见热议已久的米拉之家。柯林斯将它描绘成“人类之手创造的山脉”[1]。它像发酵膨胀的面团一样溢满自身边界。佩鲁乔说米拉之家是“一种轻柔呼吸的石肺”[2]；而漂泊不羁的弗朗西斯·卡尔科（Francis Carco）则将它比作一面“水泥制成的怪异旗幡，只不过少了根旗杆”。评论者都领会到米拉之家浑然天成的特质，以及它对巴洛克风格的过度调用。在与众不同的铸铁阳台安装之前（尤其是在 1909 年春），米拉之家尤其引人注目的是外立面装饰的简洁。套用高迪学生时代日记中的一句话，“毫无疑问，对于一座典范建筑来说，它的整体应服从于某个单一的主导维度。埃及人发展了建筑的纪念碑性，而中世纪则发展了垂直性”。

米拉之家这座建筑也遵循了单一的主导观念：山峦。只不过这道山峦还拥有对新艺术运动而言至关重要的运动感。米拉之家的柔和造型，仿佛一层层的瀑布湍流从房顶倾泻而下，引领着视线向下掠过一系列的涡旋。作为整体意义上的建筑，它

[1] Collins, G. R.
[2] Perucho, p. 154.

漫画中的米拉之家是一台战争机器

尽量避免含糊不清的面貌效果，同时在所有方面留存了引人疑惑的余地。

这幢建筑很快就有了许多外号。最常见的叫法是“马蜂窝”和“采石场”。这些名字听起来不仅逗乐，而且充满童趣和机智。然而，这些描述还暗含着某种忧郁的调子。米拉之家表面雕刻出的柔和褶纹，被比喻为“麻雀啄出来的”；它仿佛米开朗琪罗

米拉之家的一个阳台在画中变成了废铁回收场，或是 20 世纪的现代装置艺术作品

最后创作的那批困陷在岩石之中、具有未完成质感的奴隶雕像。卡萨内里斯注意到这种二元性：

> 步入老年的高迪满面皱纹，但在这副外表之下保留着一种孩童特有的观察力。或许这只是疯子的表现呢？他是

否有时也会认为自己疯了呢？[1]

米拉之家骤然现身于巴塞罗那已有的建筑景观。它的外观形式在艺术界引发了强烈反响。米拉之家呼应了远方背景里的山脉，当然，那就是加泰罗尼亚的圣山——蒙特塞拉特。高迪在蒙特塞拉特山顶洞穴施工时，曾通过炸开岩石来创造一个“自然的”空间，而在修建米拉之家的时候，他将这种方法进一步推进，充分利用这次机会，模仿和改造自然。

就像罗斯金用文字描述的那样：“蓝色山峦的沉默波浪在永恒慈悯的静寂之中升向天宇。”[2]

米拉之家今天的突兀外表，远非高迪最初的本意。高迪原本打算鼓励所有住户在各自的阳台上面披挂繁密的植被，从而调节改善他的人造风景。绿色攀缘植物、悬吊的花篮与藤蔓将柔化建筑的外部轮廓，而仙人掌、蕨类植物和棕榈将缓解阳台自身不断重复的水平线条感。高迪称得上是水力学专家，他甚至设计了一个自循环灌溉系统。然而这项设计无疾而终。米拉之家的粗粝外表在某种程度上使得这个思路更为明晰。[3]

高迪想让加泰罗尼亚的精神永远凝聚在岩石之中。自然的

---

[1] Casanelles, *A Reappraisal*, p. 78.

[2] Ruskin, J., *Modern Painters 4*, pp. 133-134.

[3] 米拉之家之中还暗含着东方美学的神韵，这种神韵可见于葛饰北斋风行一时的浮世绘画作。建于 1883 年的位于比拉塞卡（Vilaseca）的布鲁诺·夸德洛斯之家（Casa Bruno Cuadros）中也可以明显见到东方艺术的影响，多梅内奇的西班牙酒店（Hotel España）也是如此。18 世纪的费舍尔·埃拉赫（J. B. Fischer von Erlach）的版画作品里有许多比例较小的人物造型仰望中国风格的名山。也许，高迪也见过乔治·勒鲁热（George le Rouge）在其 1767—1787 年间绘制的《英国—中国式花园》（*Jardins Anglo-Chinois*）里的版画。

范例不胜枚举：它们出现在克雷乌斯角（Cap Creus）风雨侵蚀的岩间、弗拉格劳峡谷（Fra Guerau）、[1] 雷乌斯附近锯齿般的普拉德斯山脉（Serralada de Prades）中央，或安德雷特克斯（Andratx）的维尔斯山口（Portals Vells），[2] 抑或是他在参与远足者协会期间去过的圣米格尔·德法伊，或是马略卡岛北部被当地人称为“母龙”（La Dragonera）的帕雷斯激流（Torrent de Pareis）。

高迪有一次在凌晨四点叫醒他的几位助手，让他们一起观看帕雷斯激流在地中海日出的照耀下鲜艳通红的场景。[3] 另一个有可能的参考景点是位于巴利阿里群岛米诺卡（Minorca）的卡利科布斯（Calescobes）。[4] 距离家乡更近的地方，还有巴列（Vallès）地区加利法（Gallifa）附近的圣萨杜尔尼山（San Sadurni）。[5] 每座山都有人确信其为米拉之家的原型。但是如果要费力寻找某个具体典范，仍然有失于肤浅：因为高迪无意结束这份无尽的对照清单。

在《出埃及记》20：4 中，匠人和艺术家遭到警告：

> 不可为自己雕刻偶像；也不可做什么形象仿佛上天、下地和地底下、水中的百物。

这道禁令最初不仅仅是警告人们不要崇拜偶像，而且也禁

[1] 达利在《米诺陶》（*Minotaure*）杂志发表的文章中曾用米拉之家中的这些石质外立面作为插图。

[2] Hughes, R. , *Barcelona*, p. 516.

[3] Torii, p. 265.

[4] Bassegoda i Nonell, J., *Antoni Gaudí*, Caixa de Catalunya, Barcelona Ediciones 62，Catalan edition 1992, p. 107.

[5] Permanyer, p. 114.

止模求逼真的做法本身。但托拉斯－巴热主教并未因此而感到困惑。圣路加艺术圈的其他成员也是如此。西班牙拥有制作超级写实的还愿供品的传统。[1] 即使是近视的主教，也被米拉之家的雄伟所吸引，并且评论道："这座建筑在嘲笑扩展区里的其他所有建筑。"

大众观点则发生了分歧。拉米罗·德马埃斯图（Ramiro de Maeztu）在《新世界》（*Nuevo Mundo*）一文中称赞道：

> 每隔七八百年，人类就会在地球的某个角落建造一座独具创意的建筑。甚至连史诗之作也越来越频繁地出现。人们在现实生活中谈论高迪时不应该以为他只是一名建筑师。高迪的才华是如此炫目，即使是盲人也能通过触摸而识别出高迪的作品。高迪不仅有所尝试，而且获得了成功。[2]

但是巴塞罗那的所有漫画家都在将高迪作为嘲讽的主要对象。就像卡萨内里斯所写的一样：

> 漫画中不仅有单纯的八卦闲谈，还有当时思想界和社会领域的潜流，这股潜流有时散发着脓臭而令人作呕，有时则充满不敬与贬损。[3]

---

[1] 值得注意的是，安德烈·布莱东（André Breton）首先使用的术语是"super-realism"而不是"surrealism"。高度写实主义（Hyper-realism）原则无法解释为什么米拉之家会强烈吸引萨尔瓦多·达利以及许多其他超现实主义艺术家。

[2] Ramiro de Maeztu, "El Arquitecto del Naturalismo" in *Nuevo Mundo* No. 897, 16th March 1911.

[3] Casanelles.

米拉之家让有些人联想起不久前留德卡涅斯（Riudecanyes）发生火车相撞后的残骸。另外一些人则会想起鲁西尼奥尔的玩笑，他说，房客们只能将蛇养在弯来扭去的墙面。还有些人喜滋滋地看到这样一幅漫画：一个小男孩问，“妈妈，这里也地震了吗？”[1]。

这种幽默的目的，是为了抵消米拉之家极度乏味的严肃感。而另一幅漫画则将其描绘成齐柏林式飞艇的修理厂。与达利一样以古怪而著称的加泰罗尼亚作家弗兰塞斯克·普霍尔（Francesc Pujols）却非常欣赏高迪的勇气：

> 高迪孤注一掷，并且落落大方地完成了一座具有原始风格的建筑。尽管如此，它仍然体现出现代建筑的所有进步。

普霍尔是正确的。米拉之家的建筑理念直接来源于儒勒·凡尔纳和 H. G. 韦尔斯的未来主义奇想。入住米拉之家的房客们都知道，他们正处于一种最新潮的生存状态，毗邻着孤独风格边缘的外围。他们同样是城中众人的笑柄。

给《塔楼上的牛颈铃》绘制漫画的作者称高迪为“巴塞罗那的奥丁”，以便于诘难高迪创作当中瓦格纳的风格元素。尽管这是一座居家公寓建筑，但它承载的主题宏大之至。高迪的雄心也与日俱增。在设计米拉之家自循环灌溉系统的时候，他还

---

[1] 引自《布谷鸟》（*Cu-Cut!*），1909 年 1 月 21 日刊。

将自己局限在微观环境范围内，可是，当高迪回到圣家堂的耶稣诞生门，他却想要重新创造整个宇宙。

这是一个危险的想法。何塞普·普拉在他的《一位巴塞罗那绅士》（*Un Senyor de Barcelona*）中，记录了拉斐尔·皮热（Rafael Puget）对高迪的回忆：

> 高迪的个性里充满了一种病态而无解的骄傲和虚荣。在一个百废待兴的国家内，稍微做成一点事情，也总会面临被拆毁或无法完工的危险。而我们这位建筑师生来就与众不同——就好像从他初降人世的那一刻，建筑工程已经开始自主启动了。

> [高迪的作品是]宇宙生命的一种模拟品，人们处于其中，将以神秘的穴居方式度过一生……他既非罗马人亦非天主教徒——从这些词语在我们文化里的通常意味而言。他是森林里原始的基督徒……[1]

在漫画里，高迪的形象身披斗篷，正在检查自己的工作，看是否进展良好。但这批漫画里更尖锐的还是最后一幅。在布鲁内特（F. Brunet）的漫画中，米拉之家成了许多动物的巢穴，它是一座白蚁冢，或是一艘诺亚方舟。里面住满了不相关的动物：一条短吻鳄、一只猫头鹰、两只雕、一条蛇、几只鹈鹕、

[1] Trans. Hughes, R., p. 499.

《巴塞罗那的奥丁》（*Wotan Barceloni*）[1]，一幅 1910 年的高迪漫画肖像
发表于《塔楼上的牛颈铃》（*L'Esquella de la Torratxa*），高迪被描绘成瓦格纳式的超人

1912 年在《塔楼上的牛颈铃》发表的米拉之家漫画中
这座建筑变成了一座具有未来主义特征的齐柏林式飞艇修理厂

[1] Wotan，瓦格纳歌剧《尼伯龙根的指环》里的角色，即北欧神话里的奥丁。

企鹅、一只老虎、一头海豹、猴子、老鼠、刺猬、鼹鼠和一只青蛙。但房顶砌起的两堆人类颅骨造型，是高迪作为设计收尾的通风管道。米拉之家变成了巨型石棺，成为一座可怕的虚无主义纪念碑。

高迪用米拉之家创造了一种视觉效果强烈到令人惊讶的建筑形式。对于它，人们可以做出不同的解释。它深入发掘集体无意识，昭示了加泰罗尼亚民族认同深处的内容。但是高迪这种做法让自己陷入进退两难的处境。漫画、逗趣和传闻故事将永远划定我们未来的诠释边界。从此以后，戏弄高迪的文化游戏已经走出狭小的巴塞罗那艺术圈，进入更广阔的公共竞技场。

就高迪的个人生活而言，这段时期他正处于严重的危机之中。他早年的老师和支持者马托雷利逝世。1906 年 10 月 29 日，高迪的父亲弗兰塞斯克也去世了。他们甚至还没来得及在自己的“家宅”里住满一年。自从高迪二十年前设计桂尔宫开始，他就将工资直接交给弗兰塞斯克。心地不善的人会评论说，他不必用金钱玷污自己的双手。但事实不仅如此。弗兰塞斯克曾经卖掉他的地产、房子和拜克斯坎普的少许农田，供高迪完成学业。弗兰塞斯克去世后，高迪孤独地生活在山间住所中，身边只有他长期患病的外甥女罗莎·埃赫亚（Rosa Egea）和女仆比森塔。

平素经常被众人昵称为“罗西塔”的罗莎由于酗酒而染病，身体正在迅速衰退。[1] 就像易卜生剧作里表现的一样，人们相信宿命无法躲避，认为“父亲的罪孽会在儿子的身上重现”，可怜

[1] Bergós Massó, J., *Gaudí, el hombre y la obra*, Cátedra Gaudí, Barcelona 1974, p. 49.

布鲁内特以米拉之家为讽刺对象的《大洪水》（*El Diluvio*）显得非常可怕

它将米拉之家同时表现为诺亚方舟和停尸房

的罗西塔继承了上一代人的堕落倾向，喜欢喝酒带来的麻醉愉悦。罗西塔的妈妈罗莎（高迪的姐姐）在罗西塔三岁时就去世了，把蹒跚学步的小孩子留给了她的父亲何塞普·埃赫亚（Josep Egea），一位放浪不羁的音乐家和酒鬼，他却十分乐意将抚养孩子的责任推给她此时已经出名的舅舅。[1] 弗兰塞斯克在世的时候，罗西塔每天都陪他到桂尔公园散步疗养。他监督她的自我放纵行为，并心甘情愿地陪伴她。弗兰塞斯克去世后，罗西塔的身体状况急转直下。她患有结核病，容易心悸，孤独时就拿出瞒着舅舅藏起来的烈性药酒“卡门水”（Agua del Carmen）喝两口，从中寻找慰藉。[2] 她说喝酒给了她力量，但是，嗜酒使得她日益虚弱。对于高迪而言，这是一种诅咒。他严格遵循塞巴斯蒂安·克奈普倡导的普鲁士膳食法，主张每天饮用大量泉水。罗西塔的嗜酒就像是

> 对高迪的一种严酷折磨。高迪很憎恶醉酒，他曾经想办法让他的一些工人成功戒酒，却从来无法让亲爱的外甥女放弃这种嗜好。[3]

高迪的早期传记作者贝尔格斯·马索曾经把他生平里的这个阶段喻为一场“浩劫”（holocausto）。

---

[1] Bassegoda i Nonell, J., *El Gran Gaudí*, p. 17. 巴塞戈达提供的罗西塔的生卒年份为 1876—1912 年。由此可知，她的母亲罗莎并不像很多高迪传记作者（包括贝尔格斯·马索）所述，是死于分娩。

[2] “卡门水”是一种乙醇含量为 55% 的药酒，调有柠檬、薄荷、丁香、肉豆蔻、肉桂等香味，用来促进消化、缓解痉挛、排除胀气等，20 世纪初开始在西班牙流行，尤其受成年女性欢迎。——译者注

[3] Bergós Massó, p. 49.

庇护洞穴

你忘记了，我是西班牙人，我热爱悲伤。

——巴勃罗·毕加索

原创性即是回归我们的本源。

——安东尼·高迪

没有哪个原型能被简化为一种简单公式……
它是一尊永远无法倾空也无法灌满的容器……
它历经岁月而延续，不断需要重新阐释。

——C. G. 荣格《神话学》

高迪发现，米拉之家的蜂蜜色石头是一种富于象征性的材料。作为象征，它具有无限丰富的可塑性，是加泰罗尼亚大地的通行证。

加泰罗尼亚民间传说的守护者霍安·阿马德斯–赫拉特（Joan Amades i Gelat）写过一篇短文《石头与死者崇拜》，描述了古代加泰罗尼亚人围绕石头而产生的联想。

> 原始人认为，石头是各种精魄的容器，是善意精灵自愿栖身之所。无论原始人获得一块石头怎样的用途，都不取决于它的物质属性，而取决于石中精灵怎样与人发生感应，并表达怎样的善意。

1910年，弗兰塞斯克·普霍尔问高迪，他是怎样完成米拉之家独一无二的轮廓设计的。高迪回答："Els Grecs, avui, ho farienaixi."（希腊人若逢当世，亦复如是。）[1]

纵观人类历史，景观设计经常要刻意迎合某些宣传目的。尽管对庞然格制的贪欲，以及均衡适度感的匮乏，经常会让这些大规模实验沦为弥天盖地的蠢行。高迪在大都市造山的尝试，也面临类似的责难；此外，他似乎把自己当成了神明般的角色。不过，这种情况并不新鲜。回溯到古典时期的建筑文献，可以看到那时的建筑家们也在直接面对这个主题。维特鲁威（Vitruvius）在《建筑十书》（*De architectura*）里借用狄诺克拉底（Dinocrates）的故事警告建筑家不要过度虚荣：狄诺克拉底曾诱使亚历山大大帝在阿索斯山（Mount Athos）营造纪念雕像——一尊巨大的坐像，左手边是一座湖泊，右手边是一座城市，象征着他的永垂不朽。按照蒙·沙马（Simon Schama）

---

[1] 萨尔瓦多·达利在《米诺陶》杂志发表的文章中，将巴特农神庙残破的命运三女神衣纹垂褶转换为这件现代主义杰作的外观，让我们进一步注意到米拉之家体现的阿波罗古典主义特征。这位超现实主义者通过寥寥几笔的巧妙勾勒，继而介绍了一些令人赞叹的微观造型，立刻将整座建筑带回古典时代。

在文笔出色、引发争议的著作《风景与记忆》(*Landscape and Memory*)中的说法:

> 后来的一些评论者(尤其是歌德)相信,狄诺克拉底的故事颇具历史真实性。对于阿尔伯蒂[1]这样的建筑理论家来说,它的主要作用是成为一种神秘的试金石,用来检验平衡执中与狂妄偏颇、理念张扬与结构务实之间的关系。[2]

没有什么描述能够比这段话更精准地概括米拉之家的特点了。它体现出高迪无尽的雄心。从石器时代到古希腊时期,从中世纪到巴洛克时期,从异教盛行的年代到基督时代,所有关于山峦和洞穴的思考都在此获得重新审视。因为洞穴意象是基督教理念体系的核心所在。

中古世界的山峰—城堡,在地理学和心理学的双重意义上位于景观中心,象征着权威与控制。通过反宗教改革,山间景致变成了罗马教廷军械库里一件非常有效的利器。

传统上,山脉意象一直被用来评判人类的过失倾向,以及人类极端的虚荣、相信自己无所不能,就像营造巴别塔的做法代表了人类傲慢的极端例证。而建于山间的"庇护洞穴"同样处在启示神话的中心,例如亚维拉的圣德肋撒(St Teresa of

---

[1] 阿尔伯蒂(Leon Battista Alberti,1404—1472),意大利文艺复兴时期的建筑师和建筑理论家,代表作为《论建筑》(*De Architectura Libri decem*,又名《建筑十书》)。——译者注

[2] Simon S., *Landscape and Memory*, HarperCollins, London 1995, p.404. 与他持相同观点的还有约翰·伯恩哈特·费舍尔·冯·埃尔拉赫(Johann Bernard Fischer von Erlach)。埃尔拉赫也详述了狄诺克拉底的阿索斯山建筑,参见《历史建筑速写》(*Sketch of Historical Architecture*),1721。

Avila)、圣十字若望(St John of the Cross)和圣依纳爵·罗耀拉(St Ignatius Loyola),都是在这些精神孕育处找到了自己的信仰。[1] 高迪对他们孤独的精神追寻感同身受。

然而,正是巴洛克式的 *memento mori*(死亡象征)的设计,极其鲜明地体现出高迪与某种相当骇人的西班牙传统之间存在着关联。[2] 其中最为恐怖的是霍安·德·巴尔德斯·莱亚尔(Juan de Valdés Leal)的一组作品:《死亡与救赎的象征文字》(*Hieroglyphs of Death and Salvation*)。在名为《转瞬之间》(*In Ictu Oculi*)的作品中,霍安·莱亚尔形象地展示了我们所有人都可以在良善之山和罪恶之山这两者中间做出选择。这件作品的订购者是米格尔·德马纳拉(Miguel de Mañara),据称他是唐璜的人物原型。在《论真理》(*Discurso de Verdad*)中,他写道:

> 兄弟,即使你在世时是一个大人物,当死亡来临时,你与最不起眼的小人物有什么区别?去看看白骨累累的沟壑,它们都是死者的骸骨:不妨从中分辨一下富人和穷人、智者和愚者、卑贱者与显赫者。它们全是白骨,全是骷髅,

[1] 在《采石场:高迪的世界》(*La Pedrera: Cosmos de Gaudí*, Josep M. Carandell, Fundacío Caixa de Catalunya, Barcelona 1992)中,作者指出,米拉之家的一个入口和人类胎盘的外形非常相似。

[2] 在《西班牙艺术黄金时代的视觉经验》(*Visionary Experiences in the Golden Age of Spanish Art*, Victor I. Stoichita, Reaktion Books, London 1995)中,作者讨论了"如何描绘不可表现的事物"。在第7页,他写道:"'视觉'(vision)一词,按照托马斯·阿奎那的说法,有两层含义:第一,是视觉器官感知到的东西;第二,是想象力或知性的内在感知。在神秘主义的层面上,幻象视觉体验并不一定通过眼睛获得,即使它仍然是对某种形象的知觉。"在此意义上,将米拉之家描述为建筑史上伟大的"幻象"杰作,是完全正确的。

它们看起来没有分别。[1]

高迪的千禧式奇幻风格与形式语言，都透露出不同寻常的抱负。这是时代的标记，也是当前政治景观的精确标识。[2] 正如沙马指出的：

> 每当新一代建筑师或雕塑家将他们的建筑想象成某种重新调节国家与社会的隐喻景象时，这种狂妄自大的幻象似乎都会显露出来。[3]

米拉之家建设期间，尽管高迪可能已远离政治，但他仍然见证了加泰罗尼亚政治彻底重新定义的全过程。1906 年，加泰罗尼亚民族主义的各派力量在加泰罗尼亚团结党（Solidaritat Catalna）的旗帜下聚集。5 月，普拉特·德·拉里瓦（Prat de la Riba）影响广泛的著作《加泰罗尼亚的民族性》（*La Nacionalitat Catalana*）出版。类似的艺术主张，也出现在同一时期俾斯麦治下的德国。此前一年，在莱比锡，建筑家威廉·克赖斯（Wilhelm Kreis）和雕塑家弗朗兹·梅茨纳（Franz Metzner）着手建造一座官方的民族战争纪念碑（Völkerschlachtdenkmal）：地下墓穴里的巨型石柱，是一系列条顿骑士的造型。他们带着凝视沉思

---

[1] Brown, J., *Images and Ideas in Seventeenth-Century Spanish Painting*, Princeton University Press 1978, p. 136.

[2] 波德莱尔极其欣赏的法国浪漫主义时期最激进的雕塑家之一奥古斯特·普雷奥（Auguste Preault），生前就未能完成将整座勒皮山（Le Puy）变为雕刻作品的宏大理想。

[3] Schama, S., p. 404.

的表情，永远困守在充满张力的瓦格纳风格的空间里。

不可否认，米拉之家承载了过多的象征元素。然而，高迪通过这座建筑究竟传达了什么意义？那些有钱有势的住户能否在这里寻找到庇护，并远离城市的腐朽力量？抑或他们注定要在富裕而无知的状态下毁灭？

"原创性"，高迪经常向所有乐于倾听者反复宣称，"就是要回归我们的本源"。在这些令人费解的堡垒立面背后，高迪掩藏了他内心最深处的信仰。然而，与荣格明显不同的是，高迪并不致力于寻求解释；高迪也没有意识到，他的作品在多大程度上带有真正的自传性质。

拉戈内西主教（Bishop Ragonesi）有一次参观圣家堂以后（这种情况为数不多），曾称赞高迪是"我们时代的但丁"。在《神曲》"炼狱"篇里，维吉尔登上了一座山岛，岛上的岩石从海面森然挺立。诗人缓慢爬上这座炼狱山的台地和突出边沿，来到了人间乐园，重归纯真无罪的状态。

登上米拉之家的顶层，我们立即进入了一个迥然不同的世界。烟道、通风口和电梯井都被塑造成一座座雕像，分别排列成协调有序的队伍。这些没有眼睛的机器生物像是在冬眠；不过，即使沿着格拉西亚街向前走，仍能感觉到它们的存在。

如同亨利·摩尔的雕塑作品，高迪的这些设计也都具有同样的内敛感觉。[1] 温菲尔德·迪格比（Wingfield Digby）曾这样

---

[1] 雕塑家何塞普·苏比拉赫斯（Josep M. Subirachs）在《勇士的花园》（*Gaudí: El Jardí dels Guerrers*, Pere Gimferrer, ed. Lunweg, Barcelona 1987, p.150）里也做过这种类比。苏比拉赫斯至今仍在负责完成圣家堂的工程。

分析亨利·摩尔的作品："看起来并不是人物造型变成了石头，不如说，它长成了石头；所有属于人的东西，现在都带有泥土与岩石的厚重物性。"高迪的人物造型也像摩尔一样，具有"大洪水前的"古风形式，"与现代人完全不同"[1]。

高迪在米拉之家的屋顶上，用雕塑生动展现了一个不为人注意的精神世界。这些雕塑的功能是遮盖屋顶上常见的一片混乱——这种功能远不及它们的外形重要。有些仿佛大麦禾束盘绕着烟囱。它们的造型并不是为了改善烟道的通风性能，而是暗示着扭曲的痛苦。屋顶上的雕塑景观可以被视为高迪在面对悲剧与孤独时绝望抗争的一幅立体画像，每一尊缄默塑像都是一部痛苦不堪的忏悔录里的独立段落。

难怪萨尔瓦多·达利会与它产生深刻的共情。达利和高迪在不同程度上有效回应了无意识的召唤。1933年，达利撰写了《论现代建筑中风格的惊悚之美与可餐之美》，文章里附有几张克雷乌斯角风侵日蚀的岩石照片，还有一幅米拉之家正立面的照片。他在照片上面随手勾画，在每扇窗户上都描绘了巨大的眼睛。

高迪总是喜欢在作品中表现两种相反事物之间的张力。米拉之家乍看上去就像是从城市地面上迅速萌发出来的一样。建筑师似乎只是服从自然力量的谦卑仆人，却又充分体现出自己身为浪漫艺术创造者的高傲情怀。正如瓦尔特·本雅明所说：

当现代性逐渐与天主教结合在一起，魔力（demonic）

[1] Ibid., p. 63.

观念出现了。

米拉之家中无疑也蕴含着某种魔力。阿诺德·豪泽（Arnold Hauser）像歌德当年那样，将这种类型的裂变与浪漫主义联系在一起。

> 这位浪漫主义者一头扎入他的“双身自我”，正如他一头扎入所有既黑暗又暧昧，既混乱又迷狂，既具魔性又宛如酒神式的事物，并借此逃离自己无法以理性方式把握的现实，一心只想寻找到某个避难所……他发现“在自己的胸膛里栖居着两个灵魂”，他难以认同自己的某种内在感受与思考，他随身携带着自己的灵魔与法官。简言之，他发现了心理分析的基本事实。[1]

高迪逃避的现实正是物质主义的可怕世界。但与此同时，高迪又将他毕生的大部分精力都献给了加泰罗尼亚最杰出的一批实业家。这是当时艺术家的普遍关切，与他同时代的康定斯基（Wassily Kandinsky）曾写道：

> 物质主义的噩梦将宇宙间的生命变成了一场邪恶而徒劳的游戏，这场噩梦尚未终止，它仍然紧紧攥握着所有清

[1] Hauser, A., *The Social History of Art*, Routledge and Kegan Paul, London 1962, p. 170.

醒的灵魂。[1]

米拉之家的真正主题不只是一座山峰，它是一座火山。建筑外表的松散褶皱，其实暗示了熔岩缓慢无情的移动。[2] 正是这股“复仇的熔岩”，当年席卷庞贝，将这座以淫荒无度而闻名的城市彻底埋葬。高迪已经开始了单枪匹马反抗物质主义的十字军征伐。这幢建筑的无意识目标，是想惩戒中产阶级的虚荣。究竟是怎样的建筑师，才会在唐娜·罗萨里奥化妆台的侧面绘制以下铭文呢？

Memento homo qui pulvis eris et in pulvis reverteris

（人啊，可记得你本是尘土，仍要归于尘土）

高迪死后，唐娜·罗萨里奥彻底重新装修了她的房屋，清除了高迪的一切痕迹，取而代之的是路易十五时期的仿制品。

无论如何，对于高迪而言，熔岩的意象和建筑物柔和的轮廓线，都映照出他与物质自身魅惑属性之间的缠斗。[3] 修建米拉

---

[1] Kandinsky, W., *Converning the Spiritual in Art*, Dover Publ., New York 1977, p. 1. 初版于 1910 年。

[2] 在 *La Pedrera*（《采石场》）一书中，Carandell 援引贝达格尔的史诗《亚特兰蒂斯》第四篇中的观点，认为地理灾难是高迪创作灵感的一个可能来源。

[3] “对于持续其诱惑的罪恶，腐败物质即是惩罚：原本就属于罪恶的爱，当它突然发作时，回应它的便是最具惩戒性的死亡，他可以直接表现的那一种，即解体腐烂。” 参见 Lahuerta, J. J., *La Pedrera*（1996），以及高迪建筑展览目录里的文章 “Gaudí, Dalí: The Elective Affinities”。对于高迪和建筑遗迹的更多讨论，可参见 Robert Harbison 的 *The Built, the Unbuilt and the Unbuildable*, Cambridge, Mass. 1991。

之家“在高迪的心里刻下了一道深深的伤痕”[1]。但是这种伤痛直到一年以后才显现出来。

1909年初夏，巴塞罗那的气温和湿度都在攀升，而米拉之家仍未完工。屋顶上还有待安装卡莱斯·马尼·罗伊格（Carles Mani Roig）以圣母和天使为主题的雕塑作品。7月下旬的一场突发事件，令高迪再也没有机会完成米拉之家的建设。这是巴塞罗那城即将忍受数十年的创伤，最终它导致了西班牙内战。虽然米拉之家永远没有完工，但它仍然是人类悲哀建筑史上最伟大的一座丰碑。

[1] Casanelles.

风云突变

所有已死世代的传统，像梦魇一样压制着活人的头脑。

——卡尔·马克思

贫苦的西班牙人，通常来说
并不讨厌绅士（老爷们），
但是如果绅士无法让人爱戴，
他们就会痛恨绅士。在痛恨的那天过后，
愤怒的一天就会到来。

——康塞普西翁·阿蕾纳尔（Concepción Arenal）[1]
《致绅士的一封信》（“Cartas a un Señor”）[2]

在扩展区不断开拓、日益富庶的背景映衬下，米拉之家的

[1] 康塞普西翁·阿蕾纳尔（1820—1893），西班牙著名女性作家和社会活动家。作为第一位取得大学教职的女性，阿蕾纳尔还是西班牙女性主义运动的先驱之一。——译者注

[2] 引自 Shubert, A., *A Social History of Modern Spain*（《现代西班牙社会史》），Unwin Hyman 译，London 1990。

"远古洪水前"造型迅速拔地而起。巴塞罗那建筑业空前繁荣的背后，隐藏着亨利·詹姆斯所说的"巨型人类磨坊的轰鸣声"。

在19世纪的大部分时间里，加泰罗尼亚的纺织工业不断经历零星的卢德主义运动。桂尔家族在工业界如此杰出，所以经常成为针对目标。博纳普拉塔（Bonaplata）的工厂于1836年被夷为平地，1855年工厂经理何塞普·伯德里（Josep Sol i Padrís）遇刺身亡。1885年，安赫尔·马托雷利–蒙特利斯（Angel Martorell y Montells，高迪的导师霍安·蒙特利斯的兄弟）在管理欧塞比·桂尔的巴普尔·贝勒（Vapor Vell）工厂时遇刺。

19世纪90年代见证了暴力程度日益严重的往复循环：镇压过后是范围更广、经常毫无分别的无政府状态。1893年9月24日，加泰罗尼亚陆军司令马丁内斯·坎波斯（Martínez Campos）逃过了一次刺杀。不到一个月，圣地亚哥·萨尔瓦多（Santiago Salvador）在里切乌大剧院的观众席引爆了两枚奥尔西尼炸弹[1]，致二十人死于非命。三年后，基督圣体瞻礼节的游行队伍离开海洋圣母殿时，遭遇到野蛮的炸弹袭击，造成十二人丧生。1897年8月8日，意大利无政府主义者对政治集团的核心发动了袭击，枪杀了西班牙首相卡诺瓦斯·德·卡斯蒂略（Canovas de Castillo）。

一百年间，巴塞罗那已经从带围墙的城镇发展成为熙熙攘攘的大都市。[2]没有哪座欧洲城市在经历快速工业化或移民潮的同时，能够免除不断增加的苦痛。然而，巴塞罗那人的生活和

---

[1] Orsini bomb 是一种触碰引发的炸弹，这里采用音译。——译者注

[2] 1800年巴塞罗那的人口为8.5万，1900年已激增至53.3万。但1900年这里的人均寿命仅有26岁。

工作条件之差仍然令人震惊，在欧洲城市排名表里位列倒数第二，仅仅略胜于圣彼得堡。

巴塞罗那的新移民——作为滋养工厂的肥料——用加泰罗尼亚历史学家比森斯·比韦斯的话说，他们具有千禧年信徒的性格气质，“不负社会责任……没有相互联合的传统”[1]。此时的巴塞罗那并存着两套价值观念：一种属于中世纪的村落群体，一种属于工业化大都市。来自安达卢西亚、埃斯特雷马杜拉和卡斯蒂利亚的新移民，都深受地域性的种族主义之害。来自穆尔西亚（Murcia）的移民群体被蔑称为“穆尔西亚佬”（murcianos），并且被认为会危害到加泰罗尼亚人的身份属性。[2]

更危险的是，新移民在政治上无能为力。经过长达五十年的卡洛斯战争（Carlis war）[3]，“政治越来越成为极少数拥有特权者独自表演的小步舞”[4]。治标不治本的办法，例如 1890 年实行的普选，在实践中收效甚微，因为选举过程完全被拥有权力的老板们（caciques）把持着，他们的职责就是获得想要的结果。惯性很快由此形成，而 1898 年的灾难更是雪上加霜。[5] 这一年

[1] Vicèns Vivès, J., *Els Catalans*, p. 165.

[2] 根据《加泰罗尼亚百科全书》（*Enciclopedia Catala*）记载，事实上，1900—1930 年穆尔西亚人仅占加泰罗尼亚地区总人口的 1.5%，占新移民总数的 17.4%。在西班牙其他的工业中心，如巴斯克乡村地区巴斯克自治区（巴斯克语为 Euskadi），外来移民集体被贬称为“模子”（maketos）。

[3] 原文为 Carlis War，疑似作者的笔误，应作 Carlist War，指的是 19 世纪为争夺西班牙王位而爆发的内战。在 1833—1876 年间，卡洛斯亲王及其王权、教权的双重追随者与自由派和共和派军队进行了一系列激烈的战斗。卡洛斯战争对西班牙日后的政治格局走向具有较大的影响。——译者注

[4] Preston, Paul, *The Spanish Civil War*, Weidenfeld & Nicolson, London 1986, p. 12.

[5] 有分析称，“丧失意志”（Abulia）是 1898 年那一代人分析西班牙衰落的中心概念。它是哲学家兼文学批评家奥尔特加 – 加塞特（Ortega y Gasset）经常使用的词语。参见奥尔特加 – 加塞特的观点。

帝国瓦解。先前的海外殖民者成批乘船回国：包括传播福音的教士、军人、战争中负伤的人、破产的商人以及遭遇挫折而移居殖民地的加泰罗尼亚地方主义者。

然而，1898 年的危机只不过是加泰罗尼亚经济长期遭受的一系列灾难里最近的一次。1888 年的淘金热结束了。葡萄根瘤蚜肆意糟蹋葡萄种植园；船主的生意不景气，却归咎于缺少“全面的”贸易保护主义；廉价而毫无技术的工人大量涌入，导致雇主有机会降低他们的工资。[1] 社会主义、共产主义和无政府主义这三大巨头都不可避免地对新生的底层阶级形成了一种近乎磁性的宗教吸引力。[2]

然而，教会与工业界的关系将成为最具爆破性的因素。很显然，天主教教会早已将工人们弃之不顾。反教会运动如火如荼地展开了。[3] 当时流行的偏见认为虚伪的教士们正在滥用各种特权。尤其是那些身处封闭修会的修女，就像在宗教改革时期那样，被蔑称为“巴比伦淫妇的侍女”[4]。

---

[1] 在帆船时代向蒸汽时代转变的过程中缺乏资本投入（科米利亚斯是例外），也在一定程度上造成了船主数量急剧减少。参见 Raymond Carr, *Spain 1808-1939*, p. 435。

[2] 无政府主义与其他许多种革命观念一样是从比利牛斯山以北地区传入的。1854 年，加泰罗尼亚大罢工的同年，加泰罗尼亚联邦党人、政治家马加尔（Pi y Margall）出版了《反革命与革命》（*Reaccion y Revolucion*）。他在其中表达了蒲鲁东的观点：“任何一个有权凌驾于他人的人，就是独裁者。”这一时期日渐盛行的西班牙无政府主义背后的影响力量，是巴枯宁（Michael Bakunin）及其在 1868 年访问西班牙的门生朱塞佩·法内利（Giuseppi Fanelli）。

[3] 多达 40% 的共和国提案里都含有强烈反对教会的主张。拥护卡洛斯的帝制主义者和信仰教皇至上的教会之间可能存在的关联，使得反教会事业受到更加广泛的欢迎。

[4] Cohn, N., *The Pursuit of Millennium*, Temple Smith, London 1970, p. 81.

拉斐尔·肖（Rafael Shaw）在《内观西班牙》（*Spain from Within*，1910）一书中进一步指出各种不端行为的广泛存在：从买卖圣职到金钱腐败和滥用告解职能。[1]在肖看来，问题出在可恶的耶稣会士身上，他们听命于总教长，那位恶名昭彰的"黑衣教宗"——"他像是某个操纵所有木偶提线的靡菲斯特，端坐在罗马教廷。"[2]

整个19世纪，梵蒂冈对于自由主义和工业化的回应，构成了教皇政策的主要内容。额我略十六世（Gregory XVI，1831—1846）于1832年发布了《惊奇你们》（*Mirari Vos*）[3]，谴责各种自由主义，并为19世纪余下的几十年奠定了基调。庇护九世（Pius IX，1846—1878）于1864年发布通谕《何等焦虑》（*Quanta Cura*）以及《谬说要录》（*Syllabus of Errors*），将宗教自由怒斥为"彻底的谵妄"和"信仰无差别论的瘟疫"，加以苛责。利奥十三世（Leo XIII，1878—1903）尽管骨子里同样保守，但他与现代工业社会建立了更加主动的关系。1891年发布《新事》（*Rerum Novarum*）通谕之后，利奥十三世承认了私有财产权，也首次承认基本生活工资的重要性、工人权益以及工会可能发挥的积极作用。对于工人阶层而言，这是令人鼓舞的改变，不过，这一通谕仅适用于天主教信众范围。高迪和许多其他雇主一样，

---

[1] 肖是保险销售员和兼职记者，历史学家雷蒙德·卡尔（Raymond Carr）批评他经常抱持偏颇态度，因此提供了当时人们对天主教教会所有成见的一份完美目录。

[2] 靡菲斯特（Mephistopheles）是歌德名著《浮士德》中魔力无边的魔鬼，浮士德博士将自己的灵魂卖给了这个善于诱惑的恶魔。——译者注

[3] 本段出现的教宗及通谕译名，见以下参考网址：https://www.vaticannews.va/zh/vatican-city/news/2018-08/sergio-centofanti-scandaldevelopment-doctrine.html。——译者注

将这种改变视作一种召唤，以期恢复他们想象的中世纪行会那种牧歌式的和谐。

此时的西班牙已经远远不像往昔那么虔诚。[1] 面对快速的工业化大潮，对于维系社会而言至关重要的礼仪和文化模式，也以灾难般的速度分崩离析。

不过，西班牙的天主教教会在应对这些问题时，也并非全然反动。教会中也有改良派。[2] 在阿斯图里亚斯（Asturias），阿沃莱亚神父（Father Arboleya）提出，工人信仰天主教应当是自愿的信仰显现，而不是在贿赂、恐吓或威胁革除教籍情况下的被迫表态。阿沃莱亚反对科米利亚斯侯爵的做法，后者的西班牙煤炭公司（Hullera Española）是阿斯图里亚斯四大煤矿之一。"侯爵给我留下非常糟糕的印象。当我看到确凿无疑的事实时，他却说我完全错了……"[3] 阿沃莱亚回忆道。科米利亚斯的狭隘观点，还引起其他人的不满，如诗人霍安·马拉加利。然而，天主教教会内的多数人并不太愿意进行改变。天主教教会无论层级高低，在不信任城市平民方面达到了高度一致：有一种令人沮丧的宿命论声称，工人处于社会的底层，在某种程度上是因为他们活该。[4]

从拥护教皇绝对权力的神权主义者豪梅·巴尔梅斯到新托

[1] 洛格罗尼奥遵循复活节仪式的比例已经从 1870 年的 70% 下滑至世纪末的 40%。巴塞罗那和比克还有一项更有用的指标，那就是去教堂参加上述仪式活动的信徒总数大幅度减少。Shubert, p. 162.

[2] Vicèns Vivès, J., *Approaches to the History of Spain*, University of California Press, 2nd ed. 1970, p. 145.

[3] Shubert.

[4] 比森特主教（Father Vicent），一名巴伦西亚教士，在他写于 1895 年的《无政府主义与社会主义》（*Anarquismo y Socialismo*）中，将贫穷等同于原罪。

马斯主义者托拉斯－巴热，加泰罗尼亚的主流传统仍然是家长制的性质，他们将教会与工人的协作关系视为某种单向的关系。在西班牙的智识阶层和上流社会，受到王室庇护的天主教复兴活动的势力越来越大。

《新事》的发表很快就激起了天主教群体的反响。总体来说，天主教信仰的工人建立的圈子，与桂尔纺织村倡导的工作环境差别甚微。但是，正如许多其他社会工程的早期实验情况，只不过是因为工人的聚居点相对远离城市，所以他们才能够生存下去。

但教会干涉引起最大纷争的领域是市场。在这个领域，各个教团都出于方便而混淆了慈善与筹款的差别。女修道院往往兼做面包店、廉价洗衣店的活计，并擅长针线活与服饰修改等。不用交纳税赋，专门从事劳工阶级妇女除卖淫以外唯一能够在家完成的工作，修女们注定要招来怨恨。此外，修士和修女通过消费税这种针对所有必要物资的税项，再加上某个教会联盟拥有的食糖、烟草和火柴垄断经营权，还可以继续获利。[1] 不过，真正让教会与工人形成直接冲突的，是1902年通过的一项议案：各教团应当成为“解决社会矛盾的无可替代的辅助机构”。

1901年4月，普拉特·德拉·里瓦成立了一个加泰罗尼亚人的联合政党——地方联盟（Lliga Regionalista），为即将到来的选战做准备，从而有效破坏了自由党和保守党在过去二十五年间独揽加泰罗尼亚政治权力的局面。里瓦的政治冒险收益甚丰，

[1] Ullman, J. C., *The Tragic Week*, Harvard University Press, Cambridge, Mass. 1968, p. 49.

他率领的地方联盟获胜，占据了巴塞罗那七个议席中的四个。联盟推举的议员一位是多梅内奇，另一位是备受爱戴的罗伯特博士[1]，即高迪后来为他修建纪念碑的那位。

然而，面对迫在眉睫的经济问题，地方联盟的胜利并没有降低寻找相关解决办法的紧迫性。在工人和雇主围绕工薪待遇而展开的战斗中，罢工和停工成为工人最青睐的武器，产业革新则不可避免地遭到了冷落。[2]

共和党提出了最极端的解决途径。亚历杭德罗·勒鲁斯（Alejandro Lerroux），一个蛊惑人心的老手，自命为无冕之王，他将“青年野蛮人”（Jóvenes Bárbaros）这批好战分子的激情煽动了起来：

> 当代的青年野蛮人，入侵并洗劫了这片不幸土地上衰朽而穷困的文明：他们破坏圣殿、抛弃诸神……扯下见习修女的头巾，鼓励她们嫁人，为加泰罗尼亚人繁衍后代。

这是无耻的行径，但它却把握了当时盛行的反教权情绪。1905年11月，地方联盟又一次获得了胜利，以辛辣讽刺而闻名的《布谷鸟》杂志随即再次唤醒了1898年的那只奇诞拼合怪兽。这家刊物登载了一幅现在很有名的漫画，画面是一位肥胖的商人扭头问站在大门口的卫兵：

---

[1] 巴托梅乌·罗伯特（Bartomeu Robert）在1857—1864年就读于巴塞罗那医科大学，并获得博士学位。——译者注

[2] 地方联盟党党员迅速增加到7.3万人。

“这儿在庆祝什么？怎么这么多人？”

“这是选举获胜的庆功宴。”卫兵回答。

“获胜？哦……这些人肯定是平民百姓。”

感觉自己被诋毁冒犯的军官们冲进《布谷鸟》和《加泰罗尼亚之声》杂志社，把所有东西砸了个稀烂。这些犯下罪行的军官事后并没有受到任何惩罚。相反，1906 年 3 月 20 日，一项授权军事法庭对表现出不忠于政府的公民进行审判的裁决权法案，在没有遭遇任何反对的情况下获得通过。这是一项巧妙的司法安排，它的直接针对目标就是加泰罗尼亚的分裂意愿。

1906 年春，当高迪正在仔细审视巴特略之家宛如被击败巨龙背部的弧形屋顶脊瓦时，加泰罗尼亚团结党（Solidaritat Catalana）诞生了。来自各个政治层面的加泰罗尼亚人开始会聚起来，发出同一个声音。1906 年 5 月 20 日，超过 20 万加泰罗尼亚团结党的支持者举行示威，抗议构成隐患危害的军事裁决权法案。同月，里瓦酝酿已久的著作《加泰罗尼亚的民族性》（*La Nacionalitat Catalana*）正式出版，提出要在伊比利亚联邦内建立自治的加泰罗尼亚州。这本政治小册子出版后备受欢迎。

在 1907 年 4 月举行的全国选举中，团结党取得了压倒性的胜利，赢得了 44 个地方议席中的 41 个。普拉特意识到高迪在加泰罗尼亚文化生活中拥有卓越的声誉，因此试图诱使高迪作为团结党的候选人参与政治激辩。他甚至要求另一位现代主义建筑师普伊赫－卡达法尔奇为他当说客。但是，高迪不愿抛下在建的米拉之家。最终是卡达法尔奇奔赴马德里，并列席西班牙议会，成为加泰罗尼亚的代表。

尽管如此，在党派政治层面，无政府主义也依然保持着活跃的状态。1906 年 5 月 31 日，马特奥·莫洛尔（Mateo Morral）试图在国王阿方索十三世启程度蜜月时行刺。莫洛尔刺杀未遂后自杀，但他留下的线索间接指向另一名极端主义分子弗兰塞斯克·费雷尔（Francisco Ferrer），导致费雷尔被羁押了近一年时间。1907 年 6 月，警方终于拘捕了霍安·鲁利（Joan Rull）。他在业余时间从事恐怖活动，还是警察的线人。他单枪匹马放置了多枚炸弹，以此敲诈市政当局，并栽赃给某个无政府主义者，向警方告发了他。来自苏格兰场（Scotland Yard）的探长查尔斯·阿罗（Charles Arrow）奉命调查此事。[1] 经过三个月密集的贝利兹西班牙语课程训练，阿罗借助于福尔摩斯崇高声望的余威来到巴塞罗那。他的调查很快就得出一个圆滑的外交式结论：巴塞罗那比巴黎或伦敦更安全。[2] 在整个调查过程中，鲁利一直缄口不言。然而，有一套说法在外界不断流传。负责调查此案的莱昂·特雷索尔（León Tressols）探长暗示，对鲁利的审讯结果间接指向了欧塞比·桂尔的线索。不出意料的是，特雷索尔警长随即被调离此案，并领取津贴退休。1908 年 8 月 8 日，鲁利被处决。

1908 年冬季和第二年春天对于纺织工业界的大多数成员来说，意味着灾难的发生。在特尔峡谷（Ter valley），40% 的男人和 30% 的女人失去了工作。社会动荡的所有因素此时已经齐备：

---

[1] 彼时阿罗探长刚办理退休，此前他已经在刑事侦缉处（CID）忠诚而出色地效力了二十六年，并且是侦缉处著名的辣手侦探。他在索霍区和莱斯特广场家喻户晓，这里的各家赌场普遍对他敬畏有加。阿罗探长最著名的案子是：端掉了伦敦西区一个专门敲诈上流社会青年的团伙。他还通过指纹分析手段，破获了著名的海军上将纳尔逊怀表失窃案。

[2] *The Police Review and Parade Gossip*, ed. London, the Metropolitan Police in-house gazette, editions 26 July 1907, p. 357 and 2 August 1907, p. 363.

食不果腹的平民、经济衰退、失业率高企、迅速涌入的移民、无政府主义者的新一轮爆炸活动、高压政权，以及势力强大却遭到围攻的教会。形势一触即发。

保守派首相安东尼奥·莫拉（Antonio Maura）从来不曾热衷于让政府卷入代价高昂的殖民冒险活动。然而，西班牙需要在摩洛哥保护自身利益，抵挡法国和里夫山区土匪的威胁——尤其要保护丹吉尔的港口设施和贝尼布伊夫尔（Beni-bu-Ifrur）地区的矿藏。这些矿藏属于一个大财团，由科米利亚斯侯爵、欧塞比·桂尔和罗马诺内斯伯爵控制。这年6月，摩洛哥危机达到了高潮。6月11日，正当莫拉准备启程去桑坦德（Santander）消夏时，《通讯报》（*Correspondencia*）向他传递了一条极其明确的信息：

> 前往摩洛哥相当于迈向一场革命。

7月15日是个周四，激进的政治家埃米利亚诺·伊格莱西亚斯（Emiliano Iglesias）站在普埃夫洛之家（Casa del Pueblo）门外，向数以千计的群众发表长篇大论，声称诚实的工人绝不应该捍卫“科米利亚斯、桂尔和莫拉的利益，这三个人对教皇俯首帖耳”。

7月18日，周日，新征入伍的西班牙海军士兵沿着兰布拉大街前往港口准备登船前往摩洛哥。“巴塞罗那完全变成亚瑟港（Port Arthur）监狱了。”《加泰罗尼亚人民报》（*El Poble Català*）宣布。[1]

[1] 参见1909年7月22日的《加泰罗尼亚人民报》。

当士兵们到达港口时，抗议声四起："派教士们去！……打倒科米利亚斯！"新兵们听到这些口号，满心厌恶地把圣心徽章扔进了水里。

周一，大批人群聚集在莫哈宫舞厅百叶窗紧闭的带顶拱廊里，不停地叫喊着："西班牙万岁……处死科米利亚斯！"

负责维持治安的是三十六岁的巴塞罗那省长安赫尔·奥索里奥－加利亚多（Angel Ossorio y Gallardo）。奥索里奥是颇具潜力的出色人选。他曾在社会改革研究所（Institute of Social Reforms）就职，对于社会主义和劳工的诉求，他一直表现出相当开放的态度。

7 月 20 日，西班牙人通过电报得知摩洛哥战事的首批伤亡消息，但就在同日，又有四万名新兵应征加入摩洛哥的战事。[1] 饱受晕船之苦的西班牙军队，登陆后就饿着肚子直接开赴战场。在邻近巴塞罗那的塔拉萨（Tarrassa），罢工委员会准备好相关决议，抗议"某些贵族夫人对预备役成员遭受的痛苦构成了侮辱"，她们"仅仅向他们颁发奖章和斜肩绶带，而不是为他们的亲属提供一家之主离开后丧失的生活来源"。此外，"被送上战场的人都是有利于生产的公民，他们通常并不关心圣十字是否会战胜新月；他们本该让牧师和僧侣组成军队，因为这些人不仅与天主教的胜利直接利益攸关，而且没有任何家庭或亲人方面的负担，也从来没有为国家效劳过"。

当晚从摩洛哥又传来了坏消息：西班牙军队在里夫的补给

[1] 这支预备役军队被派往摩洛哥，作为第二次里夫战役（Second Rif War）的后备军。——译者注

线被掐断，士兵伤亡惨重。

周六早晨，媒体利用最后的机会发表了一篇社论，对不断发展的危机进行评论。《加泰罗尼亚人民报》发出了先知般的警告："排气阀已经紧闭，蒸汽正在聚集。谁也不知道它是否会爆炸。"

7 月 25 日周日恰好是 1835 年暴动的纪念日。当年暴动发生的斗牛场外，云集了大批警察——但是平安无事。周日傍晚，在加泰罗尼亚广场（Plaça Catalunya）附近，卵石街道上撒满了沙子，以便在紧急情况下召集骑警时马蹄不会打滑——但是仍然平安无事，人们陆续散开回家吃晚饭去了。

悲剧周

以眼还眼，以牙还牙，以手还手，以脚还脚，以烙还烙，以伤还伤，以打还打。

——《出埃及记》21：24-25

城外有那些犬类、行邪术的、淫乱的、杀人的、拜偶像的，并一切喜好说谎言编造虚谎的。

——《启示录》22：15

第二天凌晨四点，悲剧周（Semana Tragica）迅速展开序幕；在左派人士的记忆里，它是“荣光周”“红色周”和“男子汉周”（Semana Viril）。

对于成千上万个挤在自家狭小的贫民窟房屋里的人来说，那是一个极其潮湿的夜晚。屋里面让人感觉气闷，还不如在室外舒适。晚间，还有不少人仍逗留在外，喝着热巧克力、白兰地或苦艾酒。在工人集中的街区，如拉巴尔、波福莱塞（Poble

Sec）和里韦拉，人们正在为白天的事情做准备。

罢工活动的领袖们已经开始在各家工厂门外策划天亮后采取的行动。担心遭到报复的雇主们也迅速关闭了仍在运营的几家工厂。九点的时候大罢工开始了。然而，罢工行动很快就汇入了广大民众违令抗议的浪潮。

绰号“四角钱”的妓女玛利亚·略皮斯·贝尔赫斯（María Llopis Berges）带着一伙人，沿帕拉列罗（Paralelo）大街进出各家店铺，骚扰或威胁咖啡馆店主们也参加大罢工。在城市的其他地方，这场战斗的指挥者是风头十足的妓院老鸨、绰号“毕尔巴鄂人”的何塞法·普列托（Josefa Prieto），还有她绰号恰巧是“惩罚者”的姐妹恩卡纳西翁·阿韦利亚纳达（Encarnación Avellanada）。接下来的两天，其他人纷纷横扫各自的城区，她们走街串巷，像陷入疯狂的瓦尔基里女武神（Valkyrie）；绰号“高个子”的恩里克塔·萨瓦特尔（Enriqueta Sabater）锯断了电报线杆，并设置了路障；克洛特区的激进组织红衣女士会（Damas Rojas）的领袖卡门·阿劳赫（Carmen Alauch）则聚集了一群十来岁的少年参加。接下来的大骚动酷似希罗尼穆斯·博斯（Hieronymus Bosch）画作里的混乱场景。[1]

只有一群工人拒绝参加这次罢工。这些电车司机在老板马里亚诺·德·福龙达（Mariano de Foronda）的胁迫下留在工作岗位。他们被视为大罢工最终失败的关键原因。[2] 福龙达电车公

---

[1] 迄今为止，对于这悲惨的一周的最佳讨论仍然是 Ullmann, J. C. 的《悲剧周》（*The Tragic Week*）。

[2] 福龙达是一个旧式村落的首领。他从他的家乡安达卢西亚的卡斯托萨村带出很多人做工。这些人与巴塞罗那的地方政治隔绝，也没有工会一类的组织，他们的生活完全依赖福龙达的个人恩赐。

司的公共安全记录糟糕至极，交通事故屡有发生，大部分是源于刹车失灵，或司机在接近人群时没有减速行驶。为了让手下完全服从他的命令，福龙达还喜欢用骑行霰弹枪吓唬对方。

政府当局试图从表面上恢复常态，结果却沦为内政部长拉谢尔瓦（La Cierva）与省长的个人争斗。这场较量以奥索里奥省长宣布辞职而告终。奥索里奥不愿宣布戒严。他收拾行李，违抗上级命令回到自己在蒂维达沃山的夏季别墅。上任不久的加泰罗尼亚陆军司圣地亚哥将军临危受命。

当局者的混乱无序状态同样也在罢工者中出现。共和党的临时领导人是埃米利亚诺·伊格莱西亚斯，他以办事拖延不决而闻名。[1] 其他潜在的领袖人物包括团结工会（Solidaridad Obrero）的革命者米格尔·莫雷诺（Miguel Moreno），以及“青年野蛮人”的几位代表、罢工委员会的社会主义者法布拉·里瓦斯（Fabra Rivas）和弗兰塞斯克·费雷尔（Francesc Ferrer）。费雷尔在当天清晨乘火车抵达巴塞罗那，他对这次暴动升级为全面革命的想法持有悲观看法。

当罢工急剧转变为反教会的肆意破坏行为时，罢工领导层显然已经对局势失去了整体控制。奥索里奥在他的回忆录《亲历者声明》（*Declaración de un Testigo*）中写道：“在巴塞罗那，他们不用准备革命，原因很简单：因为革命一直蓄势待发。”

周一晚上，玛利亚会管理的圣何塞普（Sant Joscp）工人社团，被愤怒的罢工人群烧毁。

圣何塞普是教会机构的示例典范。它的原本宗旨是服务于赤贫

[1] 此人绰号为“泻药英雄”，曾吞下大把泻药，旨在逃避参加艰苦的谈判。

者，但是却遭到他们的憎恨：玛利亚会与科米利亚斯侯爵关系密切；他们进行慈善活动，开办免费的教会学校，与本地的费雷尔学校形成竞争关系，并积极参与信仰天主教的工人团体，反对世俗工会。

在帕拉列罗街和兰布拉大街之间的拉巴尔区，狭长的街道很快就呈现出战场面貌。到处都布满了路障。成堆的卵石、铁床架、木门、路缘石和一节节铁轨都被叠放在一起，用来阻止军队前进。无论是国民卫队前来鸣枪警告，还是圣地亚哥将军率领五个步兵连的特遣队赶来，都无济于事。

周二清晨，暴动者发出命令要焚烧修道院，重点是毁坏教会的财产。后来的事实表明，类似于埃米利亚诺·伊格莱西亚斯这样的领袖人物认为：这是针对"软性"目标而消耗暴动者的破坏力量，以免展开全面革命的一种方式。但是，当城里开始谣言四起，声称教士们将武装起来进行反抗，并扶植一位卡洛斯派的成员登上王位，纵火行为愈演愈烈。

圣安东尼皇家学院（Royal College of San Antoni）首先被烧毁，它隶属于皮亚尔会（Piarist）的神父们，与之同时遭焚毁的还有早期罗马风格的珍宝级建筑圣保禄修道院。邻近普埃夫洛之家的另外两个修道院也在天黑前毁于暴徒之手。扩展区、里韦拉区的罗马风格礼拜堂和教堂纷纷毁于大火，教会学校被付之一炬，修道院遭到袭击。

每一次放火焚烧时，暴民们总能发现似乎可以证实他们对修道院隐秘生活最肆意的幻想的证据。[1] 在圣安东区（St

---

[1] 1886 年，若姆·皮盖（Jaume Piquet）的戏剧《被活埋的修女》以圣哲罗姆教团修道院为背景，在巴黎奥德翁剧院（Teatro Odeón）上演时取得了巨大的成功。

Anton），他们发现了“伪造货币”的印刷模板；在圣马特奥（Sant Mateo），人们发现并焚烧了总值近百万比塞塔的股票和证券；然而更邪恶的是，他们在波福莱塞的圣母无染原罪修道院（Immaculada）发现了一具玻璃顶盖的棺材，里面是一位美貌修女的“殉难”躯体。[1] 有关的传言迅速传遍整座城市。暴徒们在玛达肋纳修道院（Convent of the Magdalenes）发现了更多体现修女们乖戾邪恶的证据。她们的尸体被掘出，身边的随葬品是她们生前用来鞭笞自己的鞭子，而且手足都被缚住。然而邪恶程度更甚的是，他们发现有一间阴森恐怖的“惩戒改良”室；疯癫的修女特蕾莎·邦索姆（Teresa Bonsom）被绑在这间屋里的一张床上，这张床上钻有窟窿，并且接通了煤气管。

到了周二晚上，整座城市陷入彻底的无政府状态。后来被称为“悲剧之夜”的这个晚上，发生了戈雅在版画里描绘的一幕幕骇人场景。巴塞罗那人在未来几天里不会再听到摩洛哥战役在周二当天伤亡惨重的消息。超过两千名西班牙预备役军人被围困在古鲁古山（Mt Gurugú）的坡地，被柏柏尔人的部落成员屠杀殆尽。

在“悲剧之夜”，高迪登上屋顶，沿着防护矮墙来回踱步。桂尔公园的居民相对安全，与六周前在巴尔卡萨启用的国民卫

[1] 随着时间的推移，这些特别的“诡异”发现都逐渐得到相对合理的解释，但这种合理性在那样一场风暴高潮时期是无人理会的。那些“非法”印模是为了制作赎罪券、证书和捐款用的宗教明信片（estampas）；圣哲罗姆教团（Hieronymite）的修女们继承了政府债券；那位美丽的修女是阿拉贡（Aragon）公主莱昂诺尔（Leonor）。

队驻所距离很近，足以受到保护。[1]然而，高迪为他的堂兄何塞普·高迪－波莫罗忧心忡忡。何塞普住在波布莱努（Poble Nou），正好处于火势延烧的线路上。

一夜之间，市中心有二十三座教堂和修道院被焚烧摧毁。火红的落日将余晖洒向滚滚烟尘和飞舞漫卷的烈焰。高迪巡视城区，逐个辨识著名的地标建筑，因为加泰罗尼亚独一无二的建筑遗产已经摧毁殆尽。

高迪在撰写波夫莱特复兴计划的少年时期，就痛心于西班牙内战、骚乱和出售教会地产给加泰罗尼亚建筑遗产带来的破坏。在巴塞罗那，兰布拉街区的多数建筑都是中世纪时的女修道院、教堂和男修道院。许多地方都仍然留有旧式结构的局部痕迹，仿佛在提醒观光者回想起加泰罗尼亚昔日的荣光。

一边通过复原和考古挖掘，展开英雄壮举般的辛勤劳作，以期挽救这些建筑杰作，一边又看着它们遭到肆意毁坏，肯定会觉得痛苦失望。此外，在高迪天主教思维模式里铭刻最深的，还是通过这种壮观方式，再次确信人类制造罪孽的能力。

高迪关系最密切的教友，包括他在圣斐理伯内利堂的精神导师阿古斯蒂·马斯（Agustí Mas）、他的导师托拉斯－巴热，以及圣家堂委员会和枢机主教卡萨尼亚斯（Cardinal Casañas），肯定都向他传递过各自的忧虑。在悲剧周之前的一个黄昏，高迪像往常一样，从圣家堂漫步穿过城区到圣斐理伯内利堂去告

[1] 当时在贵族中盛行的自我安全保护办法，是鼓励国民卫队进驻他们的宅邸。玛利亚诺女侯爵（Marquès de Marianao）在萨莫庄园（Parc Samó）如此安排，而科米利亚斯侯爵在阿斯图里亚斯也做了类似的准备，他在乌霍（Ujo）的办公室就位于国民卫队驻所的隔壁。

解。一路上他发现，在兰布拉街区的四面八方都会不可避免地看到零星爆发的抗议活动。

高迪对正在发生的事件反应如何，目前已经成谜。自由主义者说，高迪变成了反动的懦夫，躲在桂尔公园内闭门不出，他的沉默就是有力的说明。他就是科米利亚斯和桂尔的走狗。毫无疑问，高迪敬佩桂尔，他一生大部分时光都在为桂尔工作，他们两人拥有许多共同的宗教和政治信念。尽管如此，高迪首先是一位建筑家。公民的责任，就像他早年积极参与远足者协会的指导委员会那样，都已经成为过往。他的全部精力都集中于建筑和上帝。当他拒绝普拉特的邀请，不愿担任团结党的代表时，就已经极其充分地表明了他的态度。高迪预见了这场政治风暴的到来。事实上，他对工人的生存状态始终表现出极大的关注，这是因为他和教会内部的现代主义者拥有许多相同的观念。

高迪绝非装聋作哑或一心顺从的信徒。礼拜仪式的最新调整和超验通神论的费解问题也深深吸引着他，他也经常以此苛责神父们。当高迪看到某些教士躲避职责范围内的艰苦圣职时，他也会表现得相当严厉。高迪曾在比雷纳广场（Plaça Virreina）停步询问教区牧师布拉索神父（Father Brasó）。马丁内尔是这么记载的：

> 高迪建议神父采取一定的措施，对当前盛行的反教权思想加以防范。神父回答，“那不关我的事”。高迪立即反击：“那就等他们杀了你，再找个愿意管事的人替代你吧。”神父可能意识到高迪的警告非常重要，但这种粗鲁态度产生

的糟糕印象却一直留在他余生的记忆里。[1]

这是布拉索神父本该留意的警告。到了周二晚上，已有两位神父被杀害，还有更多的神父在袭击中受伤——周二白天的某个时刻，暴乱者开始袭击格拉西亚区的各处宗教机构。[2] 一个目击者讲述了布拉索神父所在教堂的毁灭过程：

> 在圣霍安教堂，神父和本教区的一些信徒起先还试图阻止汹涌的人群，但他们很快就屈服让步了。座椅和管风琴在几个长长的祭坛前熊熊燃烧。圣体礼拜堂当天幸免于难，但第二天早上七点，另一群人冲进来，最终它也付之一炬。主祭坛和侧面的祭坛都被烧成了灰烬。[3]

这次暴乱并非反对和憎恨教会的孤例。如果哪个教团或个人能够有效调剂工人的需求与教会的多余物资，那么，巴塞罗那乌赫尔神圣家族圣会（Congregation of the Holy Family of Urgel）修女们居住的四座建筑，就不会有任何一座遭到袭击。经过这番审视，高迪肯定为圣家堂的命运而忧心忡忡。修建圣家堂的筹款渠道各式各样：既有来自富裕虔诚家庭的定期捐款，

---

[1] Martinell, p. 91. 原文源于马丁内尔与雕塑家坎普斯（J. M. Camps）1955 年 4 月 27 日的对话。

[2] 有人在索尔街（calle Sol）的圣斐理伯内利堂纵火，而安赫尔街（calle Angel）的赤足白袍修士贝尔福特卡·梅利塔斯（Barefoot Carmelites）修道院也未能幸免。

[3] Amalang, *12 walks*, p.145. 马拉加利在此后的 1909 年写下了他最著名的文章——充满雄辩色彩的《被焚毁的教堂》（“L’Esglesia Cremada”），描述圣霍安历经的这次浩劫。

也有其他来源，包括教区贫民的小额捐赠。圣家堂是一座圣殿，是信众汇集地。它处于一个劳工阶级为主的教区中心，与圣佩雷·克拉韦尔（Sant Pere Claver）教堂耶稣会士管理的备受憎恨的信教工人团体距离很近。

高迪在桂尔公园里闭门不出。每天困在这个地方，他肯定经常沿着十字架苦路（Via Crucis），走到自己屋后的佩拉达山峰顶的十字架前祈祷。在那里向南望，能看到桂尔纺织村附近的略夫雷加特三角洲。向右看则是圣德肋撒修道院，还有隐藏在普泰克斯街一带的小山后面的美景屋。然而他脚下正前方就是溃败不堪的巴塞罗那城，修建圣家堂就是为她的邪恶和腐朽赎罪。

马丁内尔说，在悲剧周的几个下午，高迪曾探望病中的阿方索·特里亚斯（Alfonso Trias）。

> ［高迪］在被迫蛰居的状态下找到了安慰，他坦承自己害怕圣家堂会成为这次暴动的牺牲品。小伙子安慰高迪，并预言他们不会破坏这项工程，因为它能给很多人提供工作机会。高迪向他感谢道："希望上帝听到了你的话！"[1]

然而，巴塞格达在《伟大的高迪》里对这段描述提出了质疑：因为根据巴约回忆，这周他和高迪至少去过一次市区，并前往米拉之家进行实地考察。

[1] Martinell, p. 90.

> 我们从环路上看见格兰大道（calle Mayor de Gràcia）[1]那边有人在开枪……当我们看完了整座建筑，高迪说："我要去圣家堂。"巴约想陪高迪一起去，当他们走到阿拉贡街（Calle de Aragon）时，听到了响亮的枪声传来。高迪问道："那是枪声吗？"接着就继续走向圣家堂，神色如常。[2]

根据巴约的描述，高迪当时正置身于战斗最激烈的扩展区，所以他违背了圣地亚哥将军禁止市民上街的命令。这很可能是由于高迪被困在桂尔公园的时候消息闭塞，不知道已颁布戒严令。毕竟，当时所有的报纸都停刊了。周二清晨，人们仍然早早出门购物，试图采购到生活必需品，再匆匆忙忙地赶回家，锁好大门。如果巴约的回忆可信，那么，高迪的行为确实符合他的性格。他一如既往地固执，不让任何微小的意外打断他手头的工作计划。而且，据巴约说，他们察看了米拉之家的整座建筑，这项工作可得耗费不少时间。

巴约说，他们离开桂尔公园后首先目击的突发事件，是在抵达邻近格兰大道北边的环路时看到的情况。尽管离开安全的桂尔公园显得有些固执和愚蠢，但此时还没有人能预见，事件将发展到何等危险和具有破坏性的程度——两个小时后，整座城市飘摇欲坠，濒临彻底的无政府状态。在去往米拉之家的途中，巴约和高迪恰好穿过风暴眼。他们西边的格兰大道正在爆发革命；南边的大学附近，几座修道院被洗劫一空并且被焚毁；

[1] 即格拉西亚区大道（Gran de Gràcia），位于格拉西亚区；与之名称相似的格拉西亚街（Passeig de Gràcia）则位于南边的扩展区。环路应该是指与格兰大道北端相接的米特雷将军环路（Ronda General Mitre）。——译者注

[2] Bassegoda i Nonell, J., *El Gran Gaudí*, p. 517.

在米拉之家的东边，哥特和拉巴尔街区已经公然叛乱。当时唯一安全的通道就是去往圣家堂的路。

当晚，包括莫雷诺和里瓦斯在内的罢工委员会成员，在圣家堂召集了一次大规模的集会。不过，圣家堂没有受到任何侵犯，尽管它在巴塞罗那城的象征地位众所周知。

周三上午，特雷维尼奥（Treviño）骑兵团试图移除波福莱塞和拉巴尔的街垒，却被暴乱者击退。在帕德罗广场（Plaça del Padró）哲罗姆（Jerònimes）修道院的门外，五十名妇女将圣哲罗姆隐修会修女的遗体一具具挖掘出来，然后扛在肩头扔到了圣豪梅广场。梦魇般的行进队伍沿着卡门街（Carrer Carmen），不绝如缕地缓慢涌向兰布拉街区。他们的最终目标是工人利益的最大侵犯者科米利亚斯侯爵及其姐夫欧塞比·桂尔的宅院。修女们的腐烂尸体被弃置在莫哈宫的拱门之下，被悬挂在桂尔宫的铸铁大门上示众。没有什么比这种情形更能证明他们对这两个人的刻骨仇恨与蔑视了。

科米利亚斯和桂尔几乎参与到加泰罗尼亚的所有生意领域：银行业、保险业、纺织业、混凝土制造业、矿业、房地产、跨大西洋的航运业、农业及烟草专营企业，他们还染指了备受憎恶的消费税包税业务。所有这些业务都成为他们庞大帝国的一部分。

克劳迪奥·洛佩斯，第二代科米利亚斯侯爵，在那个时代是最理性化的人。没有人比他更明白规模经济的益处。尽管他有阴险之名（人们仍记得贝达格尔事件[1]），然而，克劳迪奥·洛

[1] 详情见“神圣教父”一章。——译者注

佩斯却以更明显的家长专制风格解决了劳动力问题。[1]他乐此不疲地提出了许多变革措施：科米利亚斯名下的火车站书架上，不允许再有色情文学作品，自由派的出版机构成为攻击目标，学术界的无神论者遭到围猎，而他的跨大西洋轮船则变成了“流动教区”，还有专门为矿工开设的耶稣会培训课程。工人生活的方方面面都被置于天主教审查者的监督和控制之下——他们甚至过分到了禁止工人们混合洗浴的程度。[2]科米利亚斯的天主教工人群体习惯对成员进行操纵，并实施米什莱称为耶稣会典型心态导致的特色手段：“将专职学校和修会学校里告密学生鬼鬼祟祟的习惯伎俩，转移到了整个社会。”

桂尔伯爵曾经毫不夸张地声称，他的舅舅克劳迪奥·洛佩斯是当时西班牙“教会政治的关键”[3]。在近三十年的时间里，科米利亚斯家族一直是走在天主教复兴运动最前沿的平信徒成员。他们捐助的科米利亚斯神学院只是更为广大图景的一小部分证据。利奥十三世的通谕《新事》发布后，克劳迪奥·洛佩斯迅速做出回应。他组建名为“天主教行动”的社团（Acción Católica），组织了大约一万五千名西班牙劳工前往罗马朝拜教皇。[4]他甚至开始商议购买罗马城，并将之作为礼物进献给教

---

[1] 几年后，这一事件仍是公众关注的热点问题。1902 年 6 月 19 日的《布谷鸟》（No.25）杂志推出了贝达格尔事件专刊。1904 年，《巴图菲》（*En Patufet*）的 6 月和 8 月刊也均是关于这位著名诗人的专题报道。

[2] Shubert, p. 162.

[3] 1948 年，一份恳请为洛佩斯行宣福礼的文件从巴塞罗那呈递给梵蒂冈。

[4] 19 世纪 80 年代，天主教工厂法国的天主教实业家吕西安·阿梅尔（Lucien Harmel）曾组织工人的大规模朝圣活动。1889 年去罗马朝拜利奥十三世的约有一万名工人。*Saints and Sinners: A History of the Popes*, Eamon Duffy, Yale University Press 1977, p. 239.

皇。[1]有一点很明显，科米利亚斯只有在参观位于马德里弗洛尔街（Calle de la Flor）的耶稣会驻所（Residencia de los Jesuitas）时，才会受到正常接待。在其他任何地方，人们只是向他表现出最大的敬意，往往近乎畏惧。

在《高迪对话录》（*Conversaciones con Gaudí*）一书中，马丁内尔回忆到，在悲剧周期间，高迪如何通过阅读狄奥多西皇帝的传记以期“稳定精神情绪”。在高迪看来，狄奥多西在中世纪时期逃离了君士坦丁堡，隔着博斯普鲁斯海峡目睹圣索菲亚大教堂被焚毁。关于这段历史的错误改写，证明高迪具有自我戏剧化和制造神话的强烈倾向。[2]典型的是，他为此而单独选择了圣索菲亚这座基督教早期的卓越教堂建筑——它是拜占庭时期最伟大的建筑作品。

跟通常情况一样，历史距离将高迪经历的种种考验和磨难都置于某个清晰的戏剧化语境。受苦和殉道由来已久。其实，苦难让充满战斗精神的教会人士像钢铁一样接受锻造回火，它产生宣泄的作用。它还是一种必要的恶，清除了教会机体中的政治毒素，并且将通过这种偿还方式，将圣家堂真正的赎罪意图赋予这座神殿。

在悲剧周接近尾声时，巴塞罗那的里卡多主教（Bishop Ricardo of Barcelona）在《教会公告》（*Boletín Oficial Eclesiástico*）

---

[1] Kent & Prindle, p. 47.

[2] 高迪当时想到的动荡场面，应该是狄奥多西二世在公元 415 年面对哥特人和匈奴部落来袭之际重建这座大教堂，或是尼迦大暴动过后，查士丁尼发愿要第三次修建它的情景。

里记录，1909 年 8 月 9 日这一天，共有 12 座教堂和 40 座宗教建筑被毁。神奇的是，在这种激烈的反教权情绪下，当天只有三名教士被杀害。[1]

悲剧周的恶果在此后多年都影响着西班牙的历史走向。“迷幻狂乱的政府各部”将继续止步不前、敷衍了事、虚与委蛇。[2]然而，莫拉首相的政府却无法承受这种暧昧态度的后果。它必须赶快打消某种可能性，免得奥索里奥省长优柔不决的做法被视为执政党的普遍特征。

“作恶者”很快被捕获并起诉。总共有五个人被判处死刑，其中争论最激烈的是对费雷尔本人的“合法谋杀”。[3]10 月 9 日，费雷尔出庭，仅仅四天后，就被匆忙宣判死刑，其中无疑充斥着仇恨。[4]费雷尔的遗言令人闻之怆然 :“看仔细了，我的孩子们！我是无罪的。现代派（Escuela Moderna）万岁！”

悲剧周让加泰罗尼亚政治界的观点逐步明朗化。地方联盟一度对加泰罗尼亚社会各层面的选民进行压制，后来则缩小范围，开始支持莫拉的压制性政策，成为一个保守的当权政党。在 1909 年 12 月的市政选举中，亚历杭德罗 · 勒鲁斯率领反对加泰罗尼亚自治的共和党获得了压倒性的多数票。

---

[1] 秘密警察、国民卫队和军队中共有 8 人死亡、124 人受伤。暴动者的尸体据称有 104 具，许多历史学家认为，这是一个粗略的低估数字，因为参与暴动的人及其家庭在随后几周里需要与正式叛乱者尽量保持距离。

[2] Rafael Shaw.

[3] Bookchin, M.

[4] 起初，人们以为费雷尔已经成功地逃往法国。事实上，如同历史上殉教的基督徒一样，他就躲藏在马斯赫米纳尔（Mas Germinal）后面的山洞中。费雷尔犯下的错误，是觉得有必要出去完成一项紧急的股票交易业务，所以忍不住走出藏身处。这立刻引起了西班牙政府的警觉，意识到他还在国内。

地方联盟对待诗人霍安·马拉加利的态度，表明悲剧周带来的思想危机达到了最低谷状态。马拉加利在悲剧周期间没有住在城里。[1] 起初他并没有找到评点事态的方式。8 月 18 日，天主教教会予以正式回应，发表了托拉斯 – 巴热神父写给教区民众的公开信《殉教的荣光》（*Le Glòria del Martiri*）。马拉加利为人谦卑，他认为神父已经说出了所有该说的话。但托拉斯在私人信件里认为：人们越来越不在意他表达的“永恒真理”，所以还需要马拉加利运用“凡人的语言”。“我们已经抵达一个关键时刻，即使是石头也必须开口说话！”

在费雷尔被处死之前的几天，马拉加利开始撰写他最著名的文章《被焚毁的教堂》（“La Iglésia Cremada”）。《加泰罗尼亚之声》的编辑认为文章内容过于敏感，所以进行阻挠不让它发表。马拉加利在《被焚毁的教堂》里恳请这座城市施行宽恕，结果文章在整整二十年后才进入公众视野。[2] 马拉加利的人道思想极为务实，它是基于对西班牙社会莫名顽症最深切的理解。1893 年，圣地亚哥·萨尔瓦多在里切乌剧院引爆炸弹时，马拉加利距离危险仅咫尺之遥，他当时坐在第七排，而坐在第十三排的二十个人都死于爆炸。尽管如此，十六年后的马拉加利仍然坚持认为，人们无法也不应该像多数保守派群体那样轻松随意地

---

[1] Benet, Josep, *Maragall y la Semana Trágica*, Ediciones Peninsula, Madrid 1966.

[2] 普拉特·里瓦（Prat de la Riba）时任《加泰罗尼亚之声》的编辑，先前的两位审查官克拉斯卡尔神父（Father Clascar）和伊格纳西 – 卡萨诺瓦斯（Ignasi Casanovas）已经将这篇文章删改得面目全非。倘若马拉加利的这篇文章发表了，费雷尔有可能因此获救。尽管如此，马拉加利以他例行的宽宏态度，并没有对里瓦表示恶意。实际上，仅一个月后，马拉加利还在一次官方宴会上朗读了一篇献给里瓦的颂词。

对其加以指责。社会责任不应该是少数人的特权，而是全社会的义务。

“真正的基督教精神，”马拉加利主张，“更有可能在暴乱中被忽略的那些贫穷朴素的教堂里找到，而不是在那些比它们更早存在、舒适自矜的天主教思想里。”

马拉加利详细描述过其中一座小教堂举行的弥撒：

> 我从未聆听过这样的弥撒。牺牲品陈列在那里，渗出鲜活的血液，仿佛基督为了人类而再次死亡……饼和酒仿佛刚被创造出来：圣饼像是在颤动，在阳光的照射下，葡萄酒注入圣餐杯时，就像一道血流……[1]

马拉加利早年对高迪的评判较为严厉。1903年，他写道：

> 我渐渐明白了，高迪就是天主教教条主义传统的代表，从正统意义上说，他的立场相当过硬。与他相比，我简直就是一个半吊子，浑身上下都是异端邪见的漏洞。

但是后来他开始仰慕高迪，并且形成了更深的理解。他们两人交往日益频繁，高迪也一反常态地克服他沉默寡言的本性，偶尔应邀去马拉加利家拜访，参加马拉加利的英国夫人克拉拉·诺布尔每天下午四点例行举办的“英式茶会”（té inglés）。

马拉加利长期以来一直赞赏高迪，并在文章里对他表现出

---

[1] 参见《1985年巴塞罗那艺术委员会目录》，Arthur Terry 翻译。

极度的共鸣，认为高迪的宏愿就是要创造出一种具有深刻精神性的作品实体。他经过一段时间才意识到，在高迪急躁易怒、浮夸武断的外表下，隐藏着一颗受伤的敏感心灵。高迪强烈的宗教意识，他对天主教教徒日常作息安排的严格遵守，都为他提供了一个坚实的平台，用来安稳他的炽烈本性。但是马拉加利也意识到，且悲剧周肯定也再次强化了这种意识：面对无政府状态和无神论的挑战，天主教教徒必须团结起来。面对暴力，是选择惩罚还是宽恕，只能由未来决定。

高迪和马拉加利周围结交的人物，对“施加于虔诚灵魂的可怕折磨”都高度敏感。[1] 悲剧周的第一个牺牲者是自杀身亡的拉蒙·卡塞利亚（Ramón Casellas），高迪熟识的朋友 。作为小说家和批评家，他的文学生涯界定了现代主义美学的发展。马拉加利在卡塞利亚辞世后，立即写道：“Déu meu, Déu meu, teniu-nos ben fort en la vostra mà!（上帝啊，上帝，请赐予我们勇气！）”[2]

悲剧周造成的破坏远不止于巴塞罗那的哥特式建筑结构。一种极度谨慎、恐惧和节俭的心态取代了 1888 年的乐观氛围。

马拉加利绝望地表示，他仿佛跌进了深渊，“就像一块石头沉入池塘”[3]。对于高迪来说，悲剧周事件的影响将在他的未来岁月里萦绕不散。高迪此后的所有作品都建立在天主教的某种补赎精神之上。他所有的创意理念都已经被吸入米拉之家这道

[1] Benet.
[2] Margarida Casa Cuberta 在《鲁西尼奥尔的名字》（*Els noms de Rusiñol*）中，描述了卡塞利亚卧轨自杀对巴塞罗那知识界带来的影响。
[3] Benet.

涡旋，而它的全部意义将通过他正在奋力建造的那座圣殿扩展放大。

被抛弃的卵石

未完成时，一幅画仍有生机，带着危险。
完成后的作品是死掉的作品，它已被杀死。

——巴勃罗·毕加索

谈论高迪的“品位”就像讨论鲸的“品位”。

——拉斐尔·皮热

巴塞罗那长达一周的骚乱，并没有殃及米拉之家。随着城市秩序的恢复，高迪再次发现自己违反了巴塞罗那城的规划要求。他与马丁内尔谈话时解释道：他心目中的米拉之家就像北冰洋上的一艘破冰船。它冲撞劈裂出一条航道，好让其他威力稍逊的船只跟随前行。[1]

[1] Martinell, p. 84. 米拉之家开启了巴塞罗那独特建筑风格之先河。按照马丁内尔的说法，受到米拉之家显著影响的有比森特·费雷尔设计的位于圣佩德罗环路（Ronda de San Pedro）和加泰罗尼亚广场（Plaça de Catalunya）路口的建筑作品。

1909 年 9 月 28 日，巴塞罗那市政总设计师普拉纳达（Planada）宣布，米拉之家违反了第 118 号建筑法规对扩展区房顶高度的要求，这是无法容忍的。10 月 21 日，米拉之家工程被叫停，仅仅三周过后就有命令下达，要求拆除米拉之家所有超过法定高度的部分。这就意味着要拆毁烟囱、电梯升降井和通风设备，连同高迪精心设计的屋顶雕塑公园。

幸运的是，米拉之家在 12 月幸免于建筑拆除车的摆锤，因为人们认识到这是一座民族的纪念碑，因此不必受限于以往所有的规定。不过，直到 1914 年 12 月，高迪才等来豁免裁定。[1] 这个“缓刑期”过于漫长。1910 年春天的时候，高迪已经彻底退出了米拉之家的项目。

当时的米拉之家还没有完成最后一项收尾工程：卡莱斯·马尼（Carles Mani）表现天使拥戴圣母的群像雕塑。

这组群像并没有多少新意。19 世纪晚期的圣母像已沦为陈腐的题材。然而马尼塑造的圣母并不是羞赧内敛的母亲形象，而是一尊魁伟的巨型雕像。[2] 不过，马尼的微缩石膏灰泥模型却表明，这座雕塑并非杰作。这预示着这座圣母像几乎不可能成为真正的巨作。高迪在很多领域都品位不凡。他拥有一种近乎天才的能力，能够从助手的装饰艺术作品里提取出最精华的内容。但是在对待雕塑和绘画作品时，他却认为

---

[1] 据马丁内尔记载，最终裁定在 1910 年 12 月 28 日这一天送达，而巴塞戈达－诺内利（Bassegoda i Nonell）却绝对确信是在 1909 年 12 月 28 日。后一种说法言之成理，因为抛开成见、允许米拉之家重新开工的法令是在 1910 年 7 月 5 日获得通过的。

[2] 马尼与高迪一样偏爱夸张的巨型比例制作。有人问他设计的《堕落者》（*Els Degenerats*）的尺寸时，他回答道：“我希望它摆在沙漠里看的时候就像埃及的狮身人面像那样大。” Bassegoda i Nonell, J., *L'Estudi*, p. 307.

所有的个人成果都要彻底服从于完成状态下的建筑自身以及它传达的要旨。

高迪为米拉之家屋顶设计的圣母像，原本囊括了整座建筑的全部意义。但今天我们只能看到马尼为这座宏伟怪诞的雕塑安放的基底。

对于幼年丧母的高迪来说，圣母的理想化形象是他所有近距离接触过的女性的替代者。米拉之家圣母的象征意义，不太像是朝着这个目标迈进，而是后退了一步。

在悲剧周之前，米拉之家还一直在严格按照高迪的设计方案进行建造。不过，在骚乱发生后，米拉要求弃用马尼的屋顶雕像。在“悲剧之夜”，他以工商业保卫联盟（Lliga de Defensa Industrial）会长的身份试图通过协商制止骚乱时，曾经目睹无政府状态下的人群爆发的能量。因此，米拉担心，屋顶的圣母像可能会让这个建筑显得像是一座捍卫信仰的堡垒。

马尼的模型体现了天主教圣母雍容至尊的典范形象。不过，在巴塞罗那城市天际线的映衬下，她代表了某种更古老、更原初的形象：大地之母盖亚。

然而，米拉不为所动。他已经为高迪违反规定的做法缴付了10万比塞塔的罚款。假如说高迪的艺术自负激怒了市议会，导致他们动用手头掌握的一切法律手段，那么，激发他们怒气的最好办法，莫过于在整栋建筑的屋顶上再竖立起一尊巨无霸似的圣母像。

没有圣母像的米拉之家，它的视觉力量就从天主教转变为泛神论的底色。高迪去海滨拜访罗萨里奥·塞希蒙，希望说服她，不要让这幢建筑在近乎完工时遭到肢解残割。米拉之家的墙面上共有 150 个开口，象征着玫瑰经念珠的数量。[1] 更为重要的是，建筑正面雕刻着线条简洁的玫瑰图案，加上圣母雕像本身，都是向罗萨里奥·塞希蒙表示致敬。[2] 但是，高迪为了迎合她的虔诚和虚荣而竭力颂扬的做法最终归于失败。此外，佩雷·米拉对高迪的死缠硬磨也无动于衷。

高迪选择与马尼合作，这本身就是一次冒险。马尼是一位表现主义风格极强的非凡艺术家。[3] 他出生于莫拉－德埃布里（Mora d'Ebre），那是位于雷乌斯和法尔塞特（Falset）以西更偏远的山区。马尼曾在巴黎学习艺术。当时加泰罗尼亚的艺术围绕着鲁西尼奥尔和毕加索而形成了先锋派的“法外之地”，马尼游走于这个圈子的边缘，而罗丹那种富有表现力的成熟风格，则对他产生了艺术诱惑。

有一天，高迪和马塔马拉去马尼的工作室讨论进展。雕塑家正在怒气冲冲地用一把硬鬃刷蘸着黏土泥浆水刷掉石膏灰泥模型上多余的部分。当两人在旁边观看时，注意力无法集中的马尼将泥浆甩了他们一身。[4] 高迪的另一次拜访，陪同者是巴约。刚到没几分钟，他就发现自己腿上有跳蚤在咬。因此后来每次到马尼工作室之前，高迪都会请巴约帮他在脚踝和裤腿位置撒满自制的杀虫粉。高迪不愿意让这种事情伤害到马尼的感情。[5]

---

[1] Torii, p. 270. 原引自“El Santo Rosario en Cataluña”, *Templo*, Año 103, Barcelona, October 1969, pp. 6-7。

[2] “罗萨里奥”（Rosario）这个名字本身有“玫瑰”的意思。——译者注

[3] Bassegoda i Nonell, J., *El Gran Gaudí*, p. 517.

[4] Ibid., pp. 516-517.

[5] 有一次，高迪还专门在患有皮肤癌的老马塔马拉使用过的盥洗盆里洗脸。

高迪尽了最大的努力，仍然无法改变米拉的心意。[1] 确实，米拉对这项工程进展的种种忧虑，迫使他采取行动，动用手头的唯一武器——与高迪停止结算工程尾款。雇主与建筑师的分歧找不到任何调和余地，最终引发了一场旷日持久的官司，案件最后转交给终审机构建筑师联合会。后面的程序将继续耗费七年时间。

恐怕没有哪座建筑比米拉之家更能代表一种自传性质的尝试。在石质的正立面上，高迪升华了他所有的尘世激情与精神渴求。奉献给米拉之家的三年时光，让这位五十七岁的建筑师身心俱疲。这将是他承接的最后一项世俗工程。

米拉之家的细节部分仍然没有完工，比如：内部装饰、阳台和两处开阔中庭的壁画，它们后来均由高迪工作室的其他成员完成。

“未完成的”米拉之家令人震撼，并显示出无穷的意蕴。它现在的面貌跟近百年前相似：它是一个奢华的套房公寓，又是一座献给加泰罗尼亚最关键历史时刻的天主教纪念碑。它既古老又现代，是高迪设计的第一座也是最后一座真正意义上的 20 世纪建筑——一部后现代主义的杰作。

---

[1] 1916 年，布韦纳文图拉 · 巴塞戈达 – 阿米戈（Buenaventura Bassegoda i Amigo）作为建筑师协会的会长，帮助高迪协商解决了米拉之家的诉讼案。

“密集如林的象征”[1]

建筑的完美即是凝固的音乐……

——拜伦爵士

科学是一个装满东西的食物篮子
里面还有更多东西，无人能够对付
除非艺术给篮子装好提手，并拿走
确实有必要去除的东西，以便完成这件事。

——安东尼·高迪[2]

1909年冬，巴塞罗那的政治局势仍处于一触即发的状态。然而，在毁坏圣像的活动如此频繁之际，圣家堂工程并没有受到冲击，这个事实表明这座城市的目标感和社群归属感仍然兴

[1] *Correspondences*, Charles Baudelaire.
[2] Bergos Massó 1969 no. 52, trans. Collins, *Drawings*.

盛不灭。

1909年11月15日，巴塞罗那主教胡安·何塞·拉瓜尔塔·费诺列拉（Juan José Laguardo Fenollera）宣誓就职，并为新成立的圣家教会学校（Escuelas Parroquialas de la Sagrada Família）祝祷。

这座朴素的学校建筑，建设工期很短，建材是造价低廉的砖和瓦。它至今被视为20世纪建筑的里程碑，主要是因为它在20世纪20年代晚期受到了勒·柯布西耶（Le Corbusier）的盛赞。[1] 尽管现存的已并非原来的建筑（在西班牙内战中，它两次遭到焚毁），但复原的房屋严格遵循了高迪的原始设计。设计的简洁与创新程度与它的低廉造价同样让人惊叹，整个工程仅耗资4000比塞塔。[2] 引用马丁内尔的话：“这一排篷顶房屋印证了大师常说的道理：美与结构的逻辑能超越所有历史风格。”[3] 它的结构之美寓于极为简洁的手法。H形的房梁，沿着中央位置的长矩形（学校的总体结构），横架在三根立柱上方，将整个宽敞建筑一分为二。笔直的木条垂直交叉摆放在这副横梁之上，沿着H形的伸展方向，逐级升降起落，好像一摞卡片呈扇形展开。一根檩条在北立面位置尚处于最低点，到了南立面就会升至最高，由此而形成的波浪般起伏的屋顶，提供了完美的

[1] *Manuales de Arquitectura 7*, Jornades Internacionales de Estudios Gaudinistas, Publicaciones de Colegio Oficial de Arquitectos de Cataluña Baleares, ed. Blume, Barcelona 1970, p. 76.

[2] 4000比塞塔是马丁内尔提供的数字，而巴塞戈达－诺内利（Bassegoda i Nonell）在《伟大的高迪》（*El Gran Gaudí*）里（第548页）对此提出了质疑，他认为这个数字应该是8000比塞塔——不过，他可能把购买家具的费用也计算在内了。

[3] Martinell, p. 332.

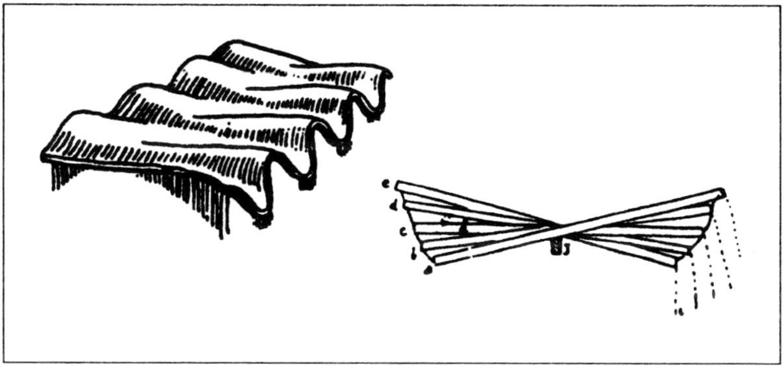

圣家教会学校独一无二的屋顶结构草图

排水功能。通过插图可以更好地理解，令人受蒙蔽的简洁外表，究竟如何掩盖了它给路易斯·坎德拉（Luis Candela）和内尔维（Nervi）这样的未来建筑师抛出的结构难题。这些人都曾经想努力再造出同样的效果。

精湛的技艺，不过是圣家教会学校在圣家堂这个经典设计方案里真正意义上的副产品。圣家教会学校严格遵守梵蒂冈通谕《新事》里的各项训令，它只是当时被设想为某个完整而全面融合的基督教社群的一小部分。假如说高迪是学校的设计师，那么教区牧师默森·吉尔·帕雷斯神父，托拉斯－巴热神父的亲密朋友，则是教会学校的精神领袖。[1]学校照看本地工人的孩子，而提供免费教育的初衷则是为了让他们更接近上帝。[2]教会学校

[1] 默森·吉尔·帕雷斯和伊格纳西－卡萨诺瓦斯（Ignasi Casanovas）都在1936年被处决。

[2] Bassegoda i Nonell, J., *L'Estudi de Gaudí, Seleccío d'articles publicats a la revista Temple entre 1971–1994*, ed., Temple Expiatori de la Sagrada Família, Barcelona 1996, p. 220.

的背后想法是基于博卡贝拉[1]坚信的观念。这也是高迪和家长制作风的天主教阶级社会共同拥有的想法：想要“改良社会”，就有必要“改良个人”。[2]所以，每个学生都各自收到一株盆栽植物，并把它们都放在操场角落的一个天井阴凉处。为了进一步增强归属感，每个班级都有自己的一面旗帜，由高迪本人设计。这样，在参加宗教游行经过教区时，他们可以跟随着旗帜前进。

即使时间已经到了1909年，圣家堂选址仍处于巴塞罗那城的边缘地带。因此，这里也是孩子们见面和玩耍的首选地点。从邻近地区成群结队而来的孩子们在这里追逐蜥蜴，捕获各种昆虫，而牧羊人则坐在圣家堂围墙的阴凉处守望着自己的羊群。飞来飞去的风筝很容易挂到工地脚手架上，所以每天早晨高迪的工人经常要爬上去把缠挂在外墙立面的那些风筝解救下来。在炎热的夏日傍晚，外出野餐的家庭会摆开长凳，邀请正在工作的石匠们一起喝点东西解渴。而到了盛大的节日，教堂地下墓室无法容纳众多的参观者，只好另外租借帐篷接待来宾。每年与圣家堂相关的两项重大节庆，都是在最冷或最热的季节：1月的圣家节和7月的圣何塞普节[3]。几年后，教堂管理委员会开始犹豫是否应该负担每年两次帐篷的租赁费用。他们建议，要

---

[1] 这里指的是何塞·玛利亚·博卡贝拉。事迹详见“天堂与东方内闱的景象”一章的内容。——译者注

[2] Matamala, p. 117.

[3] 原文Feast of Saint Josep，在西班牙通常是指“法雅节”（Las Fallas），即每年3月19日纪念圣何塞普（即圣若瑟）的瞻礼日。圣家堂的奠基之日，就是特意选在1882年3月19日。历史上有些基督教派曾依照伪经记载的圣若瑟去世时间（儒略历7月20日，格列高里历8月2日），确定其为圣若瑟瞻礼日。科普特正教会（Coptic Church）即依此例。另，巴塞罗那夏季最盛大的庆典活动是6月24日纪念圣若望的圣胡安节，以燃烧篝火或燃放烟花等活动而闻名。——译者注

么赶紧搭设一个水泥预制板临时棚屋，要么由高迪本人设计一个大帐篷。高迪担心临时解决办法会变成永久措施，因此，他选择了后一种方案。为了准备一个帆布结合支柱的帐篷模型，所有马塔马拉家族的女性成员花了几个月的时间将布料缝合到一起，准备再送到一家专营帐篷的工厂进行加工直至完成。然而，由于费用估算的高昂程度超出了想象，教堂委员会无奈之下只好继续租用帐篷。[1]

这年7月的圣何塞普节再次让高迪得以即兴展示他烟花绽放的才艺，他安排了一系列的烟火秀，活动高潮是以颜色绚丽的巨大字母在天空拼出“耶稣”“玛利亚”和“若瑟”的名字。在庆典中，“像苍蝇见了蜜糖一样被吸引到宗教机构周围”的乞丐们也受到了关心照顾。[2]一个患上脊髓灰质炎的乞丐优先得到地下墓室入口的好位置，另一个上了年纪的乞丐得到教堂委员会的许可，向游客兜售印有在建圣殿和已完工地下墓室的明信片，以及高迪公开不赞成他售卖的其他抽烟用具装备。正如高迪对工作室下属的一位艺术家所说：“圣殿的温暖大衣，和基督教的仁爱精神，让这两个人免遭厄运和恶劣天气的侵袭。”[3]

圣家堂的工程现场当时被视为完美和谐的基督徒社群典范。在这里，劳动的高贵品质可以和日常生活成功地融为一体。所有人都说高迪为人严格而公正。在那个时代，并没有社会保障制度，高迪却允许年过六十五岁的工人留下来继续工作，同意

---

[1] Ibid., p. 501.

[2] 这里指的是华金·米尔（Joaquin Mir），绘画作品《穷人教堂》（*Catedral de los Pobres*）的作者。

[3] Matamala, p. 268.

他们临时休息打盹儿，并且给他们安排点蜡烛和领送饮用水等轻体力活儿。[1] 有一个建筑工人瞒着高迪将工地的一处空闲角落挪用为私人菜地，在里面种了东西，供养他的家庭。高迪发现后，不仅欣然同意，还允许其他所有工人都仿效这位擅长耕种的基督徒榜样。后来高迪还收到了回馈给他的一篮篮瓜果蔬菜。在高迪看来，午休时间用来打理菜园子，远远胜过屈从于附近酒吧的诱惑。

这座工地逐渐变成了巴塞罗那大学建筑学院的一个非正式分校。进入 20 世纪以后，比较热忱虔信的天主教学生在结束上午的课程以后，下午又来安东尼老师这里"补课"，恭坐在他面前聆听教诲。对于 1900 年开始担任建筑学院领导的多梅内奇来说，这是他与高迪关系恶化的主要原因。[2] 高迪的授课风格是独白式的长篇大论，时常穿插着他典型的"重锤敲打"言辞。他主张，上帝专门挑选加泰罗尼亚人来继承悠久光荣的"普世基督教建筑"（arquitectura cristiana universal）传统，并将它带入新的世纪和尽可能久远的时代。[3]

1910 年初春，数年来的一场场争斗显然已经造成了最终的恶果。圣家堂工程一直依赖于教堂委员会起伏不定的资金来源，"停工—开工"的循环往复，令高迪的精神异常疲惫。拉蒙·卡塞利亚、悲剧周的余波，还有米拉之家正在展开的系列事件，让他难以释怀。一位亲历者曾这样描述高迪当时的状况，"他

---

[1] Ibid., p. 605.

[2] 数年前在一次非正式的建筑师协会晚宴上，高迪曾经羞辱过多梅内奇·蒙塔内尔，嘲笑他采用了历史主义的杂烩拼凑手法，在座众人无不解颐。

[3] Rorher, J. C., "Una Visió Apropriada", in essay collection *Gaudí i el seu temps*, ed. Juan José Lahuerta, Barcanova 1990.

由于过度脑力工作而患上了顽固的贫血症”[1]。即将参加拟定于1910年3月在巴黎的法国美术协会（Société des Beaux-Arts）展览，更让他不堪其苦。这将是高迪首次携作品赴国外参展。虽然高迪明确表示他不想参加（有些人认为这是假谦虚），但欧塞比·桂尔仍然答应承担全部费用，并设法说服他同意。

“别担心，这又不是考试。”高迪对他的学生兼助手霍安·博尔达斯（Joan Bordàs）说道，后者正在为一幅即将参展的草图而焦虑。高迪漫不经心的态度掩盖了他些许的紧张感，尽管在高迪看来，法国人根本没资格判断他作品的艺术价值——尽管他早年欣赏过法国建筑家维奥莱–勒–杜克。不过，几乎所有的法国艺术类报刊对他都是颂扬态度，艺术批评家勒布隆（Marius Ary-Leblond）甚至在《艺术与艺术家》（*L'Art et les Artistes*）上发表文章，大肆颂扬高迪的空间营造天赋。[2]不久前从圣彼得堡到巴黎为季阿吉列夫（Diaghilev）的芭蕾舞剧设计布景的埃尔泰（Erté）[3]对高迪的作品一见钟情，并立刻发誓要改行做一名建筑师。

比拉普拉纳提及的“顽固的贫血症”可能是高迪彻底奉行食素带来的后果，这只是医生对高迪情绪日益起落和精神萎靡进行综合诊断后的部分结论。高迪的朋友桑塔洛医生常向高迪提出一些建议，但高迪很少真正付诸实践。他更愿意采取严格

---

[1] 引自华金·比拉普拉纳（Joaquin Vilaplana），高迪不时去比克（Vic）的这位药剂师处就诊。

[2] 尽管很多有关高迪的书都强调，这次展览在高迪的艺术生涯中是一次不折不扣的失败。

[3] 谢尔盖·季阿吉列夫（1872—1929），俄罗斯著名剧团经理、导演和漫画艺术家，他创建的俄罗斯芭蕾舞团（Ballets Russes）享誉世界。——译者注

的养生方法进行自我治疗：呼吸寒冷的新鲜空气，进行锻炼，大量饮水。他宣称，持续的锻炼能战胜视力下降的毛病，所以他始终不愿意佩戴眼镜。

无论如何，到了1910年5月，高迪由于连续的高烧、皮疹、完全丧失食欲、风湿和腺体疼痛而病倒。尽管高迪仍然在与疾病搏斗，但他很快就不得不卧床休息。他感染了布鲁氏菌病，又名波状热。这种疾病能够导致劳动能力丧失，时至今日仍然是一种难以治愈的顽症。[1] 高迪在桂尔公园的年轻邻居阿方索·特里亚斯曾暗示，高迪患病可能是因为饮用了未经巴氏消毒灭菌的牛奶。[2] 高迪的午餐非常粗陋，通常是一碗新鲜生菜叶蘸牛奶，再就着一把坚果或糖渍杏仁。可是，即使到了这个时候，他还是那种典型态度，宁愿用建筑学而不是营养学术语来解释这种粗朴的选择，声称生菜卷曲的叶面能够形成更大的接触表面，比其他叶面相对平滑的蔬菜种类更容易裹住牛奶，类似于傅油圣事的效果。[3]

这种情况没有别的办法，只好等他刚能够出门旅行，就立刻离开巴塞罗那休息恢复一段时间。[4] 附近一座修道院中的加

[1] 没有充分扎实的证据说明，1910年高迪赴比克疗养之前是否已遭受贫血的折磨，或是次年（1911年）跟随别人到比利牛斯山区高地的普奇塞达（Puigcerdà）时感染的布鲁氏菌病，抑或他“神经”崩溃指的是同一件事。

[2] Trias, Alfonso, “Gaudí visto por un amigo”, *Jornadas Internacionales de Estudios Gaudinistas*, p. 94. 在路易斯·巴斯德那一代人看来，布鲁氏杆菌直接来自山羊奶，可能是圣家堂某位牧羊人的无心之失。

[3] 马丁内尔也写过一个类似的故事：高迪经常在衣兜里放一个生鸡蛋，作为一顿简便的快餐。他夸张地说，鸡蛋壳是自然提供的最坚固结构。后来他放弃了这个习惯，因为有一次阿尔贝托·巴斯塔德斯市长在弥撒仪式结束后开心地拍了拍高迪，结果鸡蛋被拍碎了，蛋液流了高迪满腿都是。Martinell, p. 114.

[4] Bassegoda i Nonell, J., *L'Estudi*, p. 180.

尔默罗会（Carmelite）[1] 修女们为他的健康而轮番守夜念诵玫瑰经。5 月份，高迪被送往托拉斯 - 巴热担任教区主教的比克，这里被称作加泰罗尼亚的精神家园。在高迪的耶稣会朋友伊格纳西·卡萨诺瓦斯（Ignasi Casanovas）的建议下，高迪转入“高尚而虔诚的洛卡菲戈拉（Rocafiguera）女士”为他提供的舒适环境里，接受周到的看护。卡萨诺瓦斯专诚致信这位女士：“他给众人带来了许多属于基督徒和美学意义上的快乐。由您来抚慰这高贵的灵魂，真是格外的好事。”[2]

在洛卡菲戈拉女士的庄园，高迪选择了最朴素的房间，他早餐也只喜欢吃烤得脆脆的吐司片。[3] 一年里多数时候笼罩着灰色冷雾的比克城，也许算不上是令人快乐的地方，但它的确为高迪提供了一次暂时远离工作室种种压力的机会。在这些日子里，他经常到那座藏品精彩的教区博物馆附近悠闲漫步，并且与博物馆馆长何塞普·古蒂奥（Josep Gudiol）神父攀谈。有时高迪还会到托拉斯 - 巴热的府邸共进午餐，然后把下午时间留出来，与药剂师华金·比拉普拉纳和牧师加斯帕尔·普格尼奥（Gaspar Puigneró）一起到城中心周围散步，仔细观察当地建筑的结构细节。

华金·比拉普拉纳回忆起这些下午的经历时颇为厌烦。高迪“长篇累牍的指责和抨击”劈头盖脸地朝他袭来。这位建筑师没完没了地低声嗡嗡絮叨着，目空一切地评论说“艺术仅在

[1] 加尔默罗会修道会，成立于 1155 年，隶属于卡梅尔山的圣母玛利亚教团。——译者注
[2] Castellanos J., essay “Torras i Bages i Gaudí” in *Gaudí i el seu temps*, p. 176.
[3] Elias, J., *Gaudí*, p. 168.

罗马和地中海沿岸才获得了真正的发展”。这一切都让比拉普拉纳医生达到了忍受的极限。显然，比拉普拉纳还没有像桑塔洛一样，学会在高迪喋喋不休时保持缄默，从而获得宁静。高迪的判断通常让人惊诧不已。比如，他对范艾克兄弟、范戴克和伦勃朗的作品不屑一顾，认为他们是“布尔乔亚起居室的艺术家”和“三流的装修工”。其实这些说法可能更适合用来评价高迪本人很欣赏的画家克拉佩斯。在另外一个场合，高迪还批评米开朗琪罗通过西斯廷教堂展现的空间体积理解，认为它表达的感觉程度就像是某个屠夫没完没了地挤灌出一长串香肠。[1] 据比拉普拉纳说，高迪是“一名好基督徒”，但“固执得像头猪”。比拉普拉纳显然被高迪激怒了，他在几年后曾写信向一个朋友抱怨：“我好歹也画过不少油彩素描，读过数不尽的艺术书籍，而且我也看过不计其数的著名建筑！”[2]

欧塞比·桂尔的孙子也同意药剂师的看法。“高迪对自己作品的价值非常自信。艺术家通常都是这样的，我想，这导致了他那种独断专制的性格。他对自己非常有信心，以至于有人对他有所隐瞒或表达反对意见时，他会极其恼怒。没有什么事情能让他开心，他也不喜欢任何人。”[3] 高迪的另一位熟人卡耶塔诺·索莱尔（Cayetano Soler）神父则更加直率地批评了他现在已经闻名遐迩的执拗性格：“跟高迪在一起的时候，你只有两个选择：杀掉他，或者向他屈服，承认他是对的。”[4]

---

[1] Martinell, p. 113.

[2] Ibid., p. 92.

[3] *Gaudí and Modernisme Catala—Human Love and Design*, exhib. Catalogue World Design Exposition, Japan 1989.

[4] Matamala, p. 529.

高迪粗暴、好斗和不可理喻的名声，从他暂居比克这段时间开始盛传。直到十六年后去世，高迪的这种行为也越来越明显。也许这些脾气发作都只是一个越来越缺乏容忍、日益傲慢的人无法自控的情绪爆发。不过，布鲁氏菌病最厉害、最使人痛苦的心理症状就是，它会带来强烈的情绪波动，有时候还会引发具有自杀倾向的抑郁。这些极度阴暗的情绪，时常夹杂着怒气迸发和注意力涣散的状态，与之伴生的是生理上的疲惫、头痛、失明、腺体肿大、盗汗和痛楚难当的关节炎症。病人继而有可能突然出现休克，同样还可能身心俱疲，其他普通的流感或病毒也会侵袭病人虚弱的免疫系统。这种情况无药可医。

尽管如此，高迪在比克仍然抽出时间为当地雅致的广场设计了一套街灯柱，以此纪念豪梅·巴尔梅斯[1]诞辰一百周年。假如说高迪需要在比克疗养三周，从根本上说只是神经疲惫和贫血所致，而不是布鲁氏菌病的早期征兆，那么1911年的春天，高迪可以说遭到了这种疾病的全面袭击。

桑塔洛医生现在对他朋友真实的状况已经确定无疑，他认为，罗莎日益严重的危急精神状态是其主要原因。于是他立即陪同高迪去比利牛斯山区的普奇塞达（Puigcerdá）疗养。[2]在静谧的欧罗巴度假旅馆，桑塔洛花费了四个月时间悉心照顾高迪，帮他缓慢地恢复。这一次没有再发生热烈的争执或其他火爆的场面。一开始，桑塔洛替高迪挡驾，明智地谢绝了所有来

[1] 这里指的是 James Balmes y Urpiá（加泰罗尼亚语全名为 Jaume Llucià Antoni Balmes i Urpià，1810—1848），出生于比克，知名的天主教神父，以政论和哲学著作著称。——译者注

[2] Matamala, p. 473.

访者——除了默森·吉尔·帕雷斯，圣家堂的本堂神父。有一次高迪的身体健康出现了危急状况，本地的一个公证人被召来帮助高迪拟定遗嘱：他在桂尔公园内的房子将被卖掉，售房收益归圣家堂，另外两个受益者和遗嘱执行人是桑塔洛医生和鲁维奥－贝利韦尔。

高迪的身体逐渐恢复，终于可以在桑塔洛医生的协助下参与一些建筑业务。朋友和雇主现在可以获许来看望高迪；路易斯·米列特、欧塞比·桂尔、达尔马塞斯－伯卡贝拉、贝伦维尔和鲁维奥－贝利韦尔都来拜访高迪。巴塞罗那和普奇塞达之间频繁的邮政联络让高迪能够逐步重新融入工作室的工作。但是，随着方案、草图、算式和账务一起来的，还有桑塔洛医生开的一包包药。高迪拒绝服用，他宁可相信自己那套严格素食计划的效果。[1]

这段休养时间也为高迪提供了专心阅读的奢侈机会。他最常读的，同往常一样，仍然是贝达格尔的史诗《亚特兰蒂斯》和《卡尼古山》（*Canigou*）。[2] 他的阅读书目还包括《罗马弥撒经书》、《旧约》、伊格纳西·卡萨诺瓦斯的散文集、托马斯·肯皮斯（Thomas a Kempis）[3] 的《效仿基督》（*Imitation of Christ*）和托拉斯－巴热的《苦难的学问》（*La ciència del sofrir*）。桑塔洛医生还鼓励高迪做些手工活作为进一步的消遣，尤其是速写、

---

[1] Matamala, p. 475.

[2] 前一组史诗描述了亚特兰蒂斯的沉没、地中海的诞生和美洲的发现；后者歌颂的是比利牛斯山脉中的卡尼古峰，卡尼古峰顶的十字架在加泰罗尼亚文化中具有重要的象征意义，每年圣若望节前夕，人们会在此举行被称作“卡尼古火焰节”（Flama del Canigó）的盛大庆典。——译者注

[3] 托马斯·肯皮斯（1380—1471），德国神学家。——译者注

素描和金属器物制造，以便驱散关节炎带来的痛苦。到了7月，高迪和桑塔洛已经能够在繁忙的度假城镇里短途漫步。此时海拔较低的巴塞罗那已经闷热如同火炉，而普奇塞达的天气却凉爽宜人。

高迪建筑工程的顺利运行，前所未有地需要倚靠各位助手与协作者的才智。鲁维奥继续负责马略卡岛帕尔马主教座堂的修复工作，工程仍在进行，但是问题也越来越多。贝伦格尔主管圣家堂工程，而胡霍尔已经做完了桂尔公园的蛇形长椅。高迪设计团队几乎所有成员都在继续照看桂尔纺织村地下墓室的逐步演化。

不过，正是在高迪患病的漫长时间里，他与胡霍尔合作创作出了最令人激动和愉悦的作品。矛盾的是，桂尔公园的蛇形长椅似乎提炼出高迪的全部痛苦，并将它转化为一种崇高升华的体验。1909年长椅最初只有纯粹的功能性作用：作为屋顶市集的边缘分界，兼具安全围栏和座椅的功能；中间是一大片铺满沙子的开阔空地，可以作为聚会场地，沙子还能起到过滤雨水的作用。当时长椅的外观设计主要是为了排水，并在干爽天气里提供舒适的座位。在尚未考虑装饰方案的时候，设计者只需解决它的构造问题。这座用水泥预制板建成的露台，成为西班牙最早也是最出色的材料应用范例。[1]承建商波·戈里纳回忆道："高迪让一名工人脱掉衣服，在新预制的石膏灰泥模型椅

[1] 在法国，维奥莱的一名学生阿纳托尔·博多（Anatole de Baudot）及他的助手科唐桑（Cottancin）开发了一套应用水泥的方法。但是，在1897年，出于安全原因，他们设计的拥有独特构造的蒙马特尔圣约翰（St Jean de Montmartre）教堂被迫关闭。

面上充分舒展开来坐好。这样等到材料干燥结实后，就可以获得完美的座椅形状。”

这种方法行之有效。但是高迪先前在处理“水”这个因素的时候，无论是近三十年前城堡公园内过度虚饰的海神像，还是桂尔公园入口处喷水的巨龙——他总是强调水的神秘和象征力量。桂尔公园长椅的装饰，则让一个纯粹实用的器物转变成为某种令人惊叹的东西。

这种绚目多彩的陶瓷展示装饰，首先显得非常随意，就像桂尔宫屋顶的情况一样，蛇形长椅表面已经过很大程度的翻修。[1] 然而，高迪的原创理念依旧灿然显明。[2]

远远望去，它既激起视觉愉悦，又逗弄着观者的目光。但它不仅是装饰，还是雕刻——一件需要亲身参与的艺术作品。坐在长椅上，可以产生一种心满意足的感觉。

在专注于细节的同时，这种乍看已经竭尽装饰之能事，甚至类似拜占庭式的混乱风格，慢慢融合成连贯呼应的整体。这座蛇形长椅是一个巨大的谜。沿着长椅一路望过去，上面布满了神秘的暗示线索、符咒、图示与刻意的涂鸦，它们永远是诱哄着人们进入两位创造者复杂心灵的登门路径。

随着它的蜿蜒盘行，陆续出现不同类型的叙事与视觉穿

[1] 碎瓷镶接法侧重于用心控制破碎分解和重新聚合的过程：我们原先认识的物件被砸裂破碎，形成了新的装饰图案和主题。因此这是创造的过程与高迪当时脆弱身体状况的一个完美隐喻。

[2] 很多批评者注意到它与毕加索和布拉克的拼贴技法之间存在着亲缘关系，但它也从高更采用浓烈色块的象征主义和分隔主义风格里吸取了营养，同时还向前跳跃到了两次世界大战之间柯特·希维特斯（Kurt Schwitters）在《梅兹堡》里表现的达达主义拼贴方法。这种技法是革命性的，是 20 世纪现代主义运动影响深远的作品。

插：从盘子碎片组成的镶嵌画到涂鸦，再到“现成物”（objets trouvés）。[1] 这是一种既充满奇幻现代性又古老的施工方法。胡霍尔让装饰整体与儿童玩具瓷娃娃破碎脑袋的形象产生了偶然结合。

长椅的表面布满了一簇簇团聚在一起的细小奇异提示。首先是大批量生产的廉价碎瓷片上留下的那些不起眼的系列数字……8-9-10-11。长椅上还有很多瓶子和贝壳的造型。在第五个内凹分隔处，两只断裂的胳膊朝着大海方向，骄傲地托举出洛林十字架。中世纪五大牧首里的任何一位都获准使用这种十字架升举开道，但它也是额我略一世的公认象征标识。还有从各自瓷盘边缘滑落下来的星星、蝴蝶和造型俗气、胖嘟嘟的小天使。五朵血红色的圣心百合，仿佛被钉牢在奶油色的背景上。有一段以深蓝色彩砖为主的通道上，镶嵌了一只白色的碟子，它的零散碎片悬凝在瓷片拼镶出来的天空里，仿佛一颗从左向右急速移动的流星。这种轨迹，无疑与绕着长椅缓慢前行的观看者的移动步伐形成了呼应。

从左至右的绿、蓝、黄三色，在高迪看来，对应了虔信、希望与仁爱这三种神学美德，它们自始至终共同协作，最后形成了天堂的耀眼白色。这三种颜色的协同主导，强化了丰富的细节，因为它们与天主教教会的相关色彩（红色代表基督受难，黑色代表哀悼，紫色代表悔罪），形成了较为鲜明的反差。高迪清楚颜色和象征配合起来能够怎样传递出它们超越理性疆域的意义。长椅上各种颜色的喷薄绽放，从总体来说就像沙特尔大

[1] Perucho, p. 140.

教堂那个著名玫瑰花窗的电影版本。

高迪在比克的短暂停留已经体现出惊人的重要性。他在当地的教区博物馆中漫步时，曾与何塞普·古蒂奥神父讨论加泰罗尼亚艺术的象征主义问题。古蒂奥神父沉迷于加泰罗尼亚铭文、碑刻、宗教交织字母、象形符号和古墓铭文，并在1902年出版了专著《加泰罗尼亚宗教考古学的观念》(*Nocions d'arqueologica sagrada catalana*)[1]。

这种符号与象征的语言是宗教崇拜的一种个人表达，同时也与当时加泰罗尼亚天主教复兴的思想有着密切的联系。肯特与普林德尔曾注意到，高迪和胡霍尔是“怎样不辞辛劳地再现了一些符号与表达习语，它们遍布于教义问答、连祷文、祈祷词和前往蒙特塞拉特圣母堂朝觐的歌谣，而这些资料则散落在加泰罗尼亚神学考古研究的新成果里”。

沿着长椅绕过四分之三的距离，在屋顶平台朝南的边缘，最初的设计几乎完整地被保留下来。胡霍尔在波状起伏的边沿瓷砖上勾勒出细密画像或具有象征意味的图案：滑溜溜的鱿鱼、鲜花和悬挂着一弯蛾眉月的灿烂星空。这些图案稚拙而神秘。字母“MARIA”(玛利亚)就出现在这组图案近旁，上下倒置，这样从头顶天宇望下来更容易看清楚。再往远处走，是代表“十字架苦路”的缩写字母VIA，周围洒满了刻画的群星——那是天堂里的一顶荆冠。整个长椅以微观宇宙的形式，代表了高迪、胡霍尔和桂尔希望通过开发桂尔公园而实现的目标，即创造一个神圣的公共空间。高迪在设计时再一次大胆运用流行艺术元

[1] Kent & Prindle, p. 179.

素。蛇形长椅的整体装饰酷似留多姆斯狭窄街道表面为宗教游行队伍铺撒的锯末上绘制的抽象阿拉伯风格花卉图案。随着长椅色彩的铺展延伸，还会出现其他一些词语，都是圣周游行队伍举着苦路十四站的画像缓慢前行时，沿途观众热烈直白、高声呼喊的虔诚话语。然而，如果说长椅的设计目的是“发出不曾沾染自矜或矫饰的真实信仰声音”，那么，它的整体寓意似乎更加深刻。

卡萨内里斯讲述了两个学生的故事，何塞普·加尔甘特（Josep Garganté）和圣地亚哥·洛佩拉纳（Santiago Loperena）在某个晴朗天气里靠坐着长椅。[1] 当三钟经的午祷钟声响起时，他们借着阳光看到一条彩带下面隐约映照出的经文字样“Angelus Domini nuntiavit Mariae”（上主的天使向玛利亚报喜）。在檐沿的更远处，卡萨内里斯发现了铭文“Ai urbs antiga i atresorada”（哦！古老而珍贵的城市）以及附有 1898 年日期的地名“REUS"（雷乌斯）。1898 年的雷乌斯发生了什么？卡萨内里斯问道。可以说，这些陈旧、晦涩的铭文比任何一部自传经历都更能揭示高迪对于艺术的态度。高迪和胡霍尔希望赋予蛇形长椅一种鲜活的宗教潜能，能够刺痛入座者的良心。两名学生在毫不知情的状态下，坐到了一个前工业社会的“天主教皈依用具”上面。林林总总、半掩半显的符号与象征，让座椅表面摇身变化为一件原始信仰机器。

在略夫雷加特河谷对岸，桂尔纺织村教堂地下墓室工程正在缓慢进行。1911 年，当高迪在普奇塞达疗养时，施工队伍

---

[1] Casanelles, p. 87.

锐减到了三人。贝伦格尔和鲁维奥都在主持纺织村里的其他建筑项目。例如，鲁维奥建成了著名的鹧鸪农庄（Mas D'En Perdiu），而地下墓室则等待着大师本人的关注。

情况很快就显而易见，高迪正朝着罗斯金所谓“感觉而非规律的科学”方向发展。工作室的“理论家”鲁维奥曾试图分析他们的理论演化，并用语言描绘高迪通过悬链模型留下的悬疑问题。在未刊行的手稿《论完整》中，鲁维奥提出基督徒精神为真正的艺术品赋予了三种超越的特质：完整、匀称和明晰。[1] 鲁维奥并没有为建筑要实现的目标设定任何限制。因为，他认为理性主义的终点正是追寻理想化之美的起点。在鲁维奥看来，高迪是他同时代最伟大也是招致最多误解的一位理性主义者。对于高迪而言，理论与实践显然联系得更为紧密，它们汇聚联结，形成了他从学生时代起坚守的态度和理想。这种被豪尔赫·博内特·阿门戈尔（Jorge Bonet Armengol）描述为“一以贯之”的特点，是高迪创意构造里最为本质的成分。[2] 高迪有一种顽强坚忍的能力，能够用数十年的时间琢磨同一个想法，并且不断地修正和完善这个想法。在高迪留下的复杂艺术拼图里，桂尔纺织村地下墓室是至今缺失的最后一块。

---

[1] 鲁维奥的未刊手稿《论完整》（“De la integritat”）第 14 页：“Tres grans qualitats ba de tenir l'obra perque sigui verament una obra d'art. Tres són las transcendentals participacions que l'esperit cristia ba comunicat als estils artistics-son aqueles qualitats sense les quals no pot existir res que es pugui der bell: són la integritat, la proporció i la claritat.”（真正的艺术作品需要具备三种品质，而基督教精神将它们赋予各类艺术风格。如果没有这三种超凡品质，任何称之为美的事物都不可能存在。它们是：完整、匀称和明晰。）

[2] Bonet Armengol, J., “La plástica de Gaudí”, essay in *Manuales de Arquitectura 7 – Jornadas Internacionales de Estudios Gaudinistas Jornadas Internacionales de Estudios Gaudinistas*, ed. Blume, Barcelona 1970, p. 36.

高迪练习的技法借鉴了罗伯特·胡克（Robert Hooke）的悬链拱理论和埃利亚斯·罗根特的建筑史系列讲座内容。[1] 罗根特深受德国哲学家伊曼努尔·康德的影响，而康德在《判断力批判》（1790）和更早的两部论述实践理性与纯粹理性的著作里，提出了经验研究的基本原则。康德的主张很快被席勒、瓦肯罗德（Wackenroder）和奥古斯特·施莱格尔等美学家采纳。

他们回溯到文艺复兴和“异教”新古典主义歧路之前的传统，从而形成了一整套美学理论。它从本质上带有怀旧性质，并盼望真挚、稚朴和诚实的情感——移情（Einfuhlung）。一方面，它代表着一种文化“原始主义”，主张弃绝文艺复兴中过于精致的人文主义，代之以更早时期的简朴。但悖逆的是，它又确实是现代的。罗根特鼓励他的学生在分析建筑风格时保持纠正它

[1] 青年高迪在建筑学院读书时曾钻研自然主义哲学家罗伯特·胡克的著作。胡克是克里斯托夫·雷恩爵士（Sir Christopher Wren）的密友，他作为新成立的皇家协会的实验负责人，曾经阐述过自己对悬链拱的看法。高迪可能研读过胡克的原著，或是读过皇家研究院的力学教授约翰·米林顿提供的更新、更清晰的论述。米林顿在1830年担任墨西哥瓜纳华托银矿主管工程师时出版的《自然哲学基本原理》（*Elementary Principles of Natural Philosophy*），在1848年已经译为西班牙语。让－巴蒂斯特·龙德莱（Jean Baptiste Rondelet）在1817年出版的《建筑艺术》（*L'Art Bâtir*）、安贝尔·叙佩维埃尔（Humbert de Superville）在1827年写的《试论艺术里的无限制符号》（*Essai sur les signes inconditionnels dans l'art*）和卡特勒梅尔·德昆西（Quatremère de Quincy）的相关文章也曾引起高迪的兴趣。悬链拱或抛物线拱以及与之相关的动力学，也曾引发伽利略、笛卡儿、伯努利（Bernoulli）、惠更斯（Huyghens）、莱布尼茨（Leibnitz）、苏格兰的大卫·格雷戈里（Scotsman David Gregory）和伊萨克·牛顿的长期思考。

在 Collins, G. R. 的“The Design Procedures and Working Methods of the Architect Antonio Gaudí”（《建筑师安东尼·高迪的设计思路和建筑方法》，格拉纳达1973年艺术史国际大会）里，柯林斯关注到其他的索状模型：18世纪的学者乔万尼·波莱尼（Giovanni Poleni）用来分析罗马圣伯多禄教堂穹顶的模型，还有19世纪30年代海因里希·许布施（Heinrich Hübsch）的相关理论。但他怀疑高迪是否受到了他们的直接影响。

们的缺陷、尽可能使之完美的想法。建筑首先要受到基础几何学原理的制约。每一种形状，如圆形、方形、三角形等，都拥有特定的表达潜能。圆形代表着平衡，立方体带来沉寂淡泊……贯穿于历史的横向与纵向、直线与曲线等概念用法，也表达了其他的抽象属性，比如无限、平衡、变化和恒久。如果说直线通常代表不朽和无限，那么，曲线的运用就增加了转换和变化的维度。[1] 罗根特声称，应该对建筑当中的几何学进行操控，以便回应具体的哲学和政治思想——他的主张与罗斯金将建筑视为终极“政治艺术”的理论遥相呼应。[2]

不出所料，天主教保守主义借助于哥特风格令人提振的纵向垂直感，选择了最能体现“完整”“匀称”和“明晰”的形式。高迪急于弥补的哥特建筑结构问题，是怎样移除飞扶壁那种拄拐似的突出部分。一旦解决了哥特式建筑的不当支撑物问题，高迪就可能提供真正具有超越意义的建筑风格。[3]

可以肯定，高迪认为在西班牙悠久的宗教建筑传统里，“几何学的比例匀称意味着深奥的基督教客观真理”，而自己则是这个传统的一部分。[4] 宗教建筑领域里的著名人物，包括胡安·德埃雷拉（Juan de Herrera），曾设想在埃斯科里亚尔修道院墙壁里砌入圣徒遗骸遗物，让教堂空间充满灵性；还有耶稣会建筑师胡安·巴蒂斯塔·比利亚庞多（Juan Battista Villapondo），他

---

[1] 这种观点可以回溯到托马斯·阿奎那的《神学大全》(“Summa Theologiae”)。罗根特的这篇文章拥有广泛的影响力，就连号称“加泰罗尼亚良心”的托拉斯 - 巴热也曾几乎一字未动地全文引用它。

[2] Ruskin, J., *Seven Lamps of Architecture*, p. 2.

[3] Bessagoda i Nonell, J., *El Gran Gaudí*, p. 371.

[4] John F. Moffitt, *The Arts in Spain*, Thames & Hudson, London 1999, p. 142.

是安达卢西亚马埃萨主教座堂（Baeza Cathedral）的设计师，建筑“节奏律动论”（eurythmics）的坚定信仰者，主张“神圣的秩序”能创造出完美的精神和谐。

桂尔纺织村地下墓室工程始于1898年建立的复杂悬链模型，但它真正的起源可以追溯至三十年前高迪求学时期的理想：高迪现在终于有机会在五百年后将建筑与基督信仰再次带回正途。

1910年，费利克斯·卡德拉赫·阿利维兹（Félix Cardellach Alivés）在他的著作《结构的哲学》（*Filosofía de las Estructuras*）里解释说，桂尔纺织村地下墓室很可能是最合乎理性的一座建筑。他所说的“合乎理性”，指的是通过最有效、最经济的方法，用材料实现某种具体的承载功能。

通过实践分析，高迪采用双曲线抛物面的形式建造地下墓室的几个外立面。双曲面有利于采光，而扭曲的螺旋面在桂尔公园的蛇形长椅上也使用过，可以用来制造运动感。它产生的效果美得令人窒息。

这种结构在多年实验基础上日益完善，并严格遵守几何学原理，现在几乎已成为不可改变的典范。高迪曾这样描述它：

> 造化永不停息地借助于人类而发挥作用。但是人类并不创造，而是在发现。那些寻求了解自然法则，并以此支撑起自身工作新计划的人，是在与造物主合作。

然而正是凭借材料的选择，以及细节、装饰和砌砖技术的无尽变化，高迪才能够建成一座独一无二的基督教圣殿。纺织村教堂坐落在松林之间，地下墓室里的柱子恰好与外面环绕的树木形成了呼应。

高迪曾经描写过这样的交互影映效果：

> 柱子宛如整根直木、树的躯干；屋顶就像山峦的脊顶和坡岭；拱顶形成了抛物线剖面的洞穴；悬崖峭壁下方质地较松的地方已经被侵蚀而空，而上面更结实的台地，则形成了过梁和挑檐。[1]

摄影师诺尔曼·帕金森（Norman Parkinson）称地下墓室为“我平生见过的最圣洁的地方”，这一点几乎无可争论。虽然在高迪如此众多的项目里，它仍然只是一件未完成的作品，是他过度心高气盛的证明。圣科洛马－德切尔韦洛教区档案记录了工程缓慢而艰难的进度。施工现场的工人也从未超过十二人。1911 年 7 月，尽管高迪仍在休养，司祭席的立柱仍在继续施工。四年之后的 1915 年 11 月 3 日，地下墓室经过教会祝圣，可用于礼拜。又过了三年，即 1918 年，地下墓室从此停工，保持着我们现在看到的模样。

在一年的任何时节，你都可以欣赏这个具有魔力的空间，但最好是在炎热的夏日与它邂逅。那时它的窗户洞开，沁透着松脂香气的热风轻柔地拂过窗口。[2]

地下墓室是一件不折不扣的杰作，但倘若没有桂尔这样宽

[1] Bergós, J., p. 96.
[2] *The Idea of the Holy*, Rudolf Otto.

纵而不乏耐心的出资人，它就不可能诞生。碎石外墙和刻意烧制过度的墙砖，就像是从土壤里生长出来的一样。高迪还特意调整了教堂的平面设计，以免影响到树林里生长的一株格外漂亮的松树。正如他说的："我可以在三周内建成一段台阶，但这样一棵瑰丽的树却要二十年才能长成。"

从地底通往拟建教堂的缓坡台阶，正下方就是墓室柱廊的顶部，它灵活采用了倒置的双曲抛物面几何形状，愈往下愈开阔，径直扩展到我们面前，似乎在挑战地心引力和传统的建筑形式。胡安·德埃雷拉也曾在埃斯科里亚尔宗座圣殿的入口处采用倒转的穹隆形式，彰显他对自身技艺的高超控制能力。高迪对他本人的结构分析能力相当自信，工人们在拆除临时的建筑支撑模架时，他直接就站在拱顶的正下方。据说，他还跟一位参观者开玩笑说，砖瓦匠在等待水泥干燥时，经常会给砖瓦催眠。[1] 人们在墓室外面继续游览时，视线必须不断重新调整关注点：从立柱到树木，再到装饰陶瓷，以及设计用途是为了保护易碎彩窗玻璃的古怪窗栅。高迪还用纺织厂的废弃旧针组构出一道薄薄的金属挂帘。整幢建筑的材料几乎是回收利用的，都来源于某座工厂。

当访客通过巨大的木门走进墓室，面对建筑内部的空间复杂性，会觉得眼花缭乱。每一根柱子都精准符合必要的角度，从而避免建造扶壁。每一根柱子都完全独一无二，用巴塞戈达的话说，它们形成了"一种筋肉迸张的真实效果，仿佛这座地下墓室是一个鲜活的有机体"。[2]

---

[1] Martinell, p. 113.

[2] Bassegoda i Nonell, J., *El Gran Gaudí*, p. 371.

中心区域的四根巨型玄武岩石柱更是强化了这种效果。它们承受着墓室的全部重量，乍看就像是由尼安德特人的石斧砍削而成。沉重的石柱通过一个扁平铅制垫板而缓冲了光滑水泥地面受到的压力，它们似乎能够抵挡任何地震波的冲击。目前人们认同的看法是，桂尔纺织村原本打算在教堂完工时再为蒙特塞拉特山举办一次默祷活动。当时的人普遍相信，这座山是在耶稣被钉十字架时发生了一次地质爆发而形成的。纺织村地下墓室因此将完成蒙特塞拉特山开启的事业。

地下墓室结构的强大力量形成一种诱惑，让人很难注意到其他的装饰细节，例如圣水波浪拍打的巨型海螺，或是带有精巧设计的彩色玻璃窗，那上面绘制的蝴蝶会随着窗户开合而翻飞扑动它们剔透的翅膀。

不过，每一处结构细节与装饰，都再次充满了“密集如林的象征”力量。有些人把高迪描绘成共济会成员、神秘宗教的高级祭司、业余占星家、瘾君子和炼金术士。[1] 所有这些说法的灵感来源，都是因为高迪使用了无比丰富的建筑语言：地下墓室数不尽的符号与象征，呼应着基督教教义包含收纳的其他宗教与异教信仰。大门上刻着“阿尔法”和“欧米伽”，而室内还有几副圣安德肋十字架，一个包含了圣若瑟木锯的杏仁形光轮，以及五颜

---

[1] 这些看法主要来自于Eduardo Rojo Albarrán 的著作《安东尼·高迪》(*Antonio Gaudí: ese incomprendido*)、Ernesto Milá 的著作《高迪之谜》(*El Misterio Gaudí*)、Joan Llarch 的著作《魔法传记》(*Biografia Magica*)，还有 Josep Carandell 的《桂尔公园：高迪的乌托邦》(*Park Güell: Gautí's Utopia*)，以及 Juan Antonio Ramírez 的诱人故事《蜂巢隐喻：从高迪到勒·柯布西耶》(*The Beehive Metaphor: From Gaudí to Le Corbusier*)。(原注引用的 Ramírez 著作名有误，此处已更正。——译者注)

六色的凯乐符号CHI-RHO[1]；闪光的碎瓷镶接花砖上有数不胜数的鱼的形象，进一步加深了这座建筑的象征意蕴。高迪采用双曲抛物面不只是因为考虑到它的结构价值，还因为它的象征内容：它扭曲的几何外形代表着三位一体。

爱德华多·罗霍·阿尔瓦兰（Eduardo Rojo Albarrán）这个自认为马克思主义者、无神论者和神秘组织夙敌的人物，声称在地下墓室的石制物品上看到了一段文字，其中坦承高迪是玫瑰十字会或其他某个共济会－天主教秘密社团的成员。这座建筑无疑代表了一种精神朝圣之举。高迪将建筑力学视为精神探寻与启示的完美隐喻。此外，罗霍·阿尔瓦兰认为十三座圣安德肋十字架的存在象征着基督的一生，这个分析显然也合乎情理。十三座十字架的排列顺序合乎逻辑：从生命的绿色，到紫色和黑色，最后是天青蓝色的耶稣受难十字架。不过，象征语言是一种无限灵活的语言——限制它就会忽略它的潜在解释可能。

桂尔纺织村的虚构天堂还具有一种潜在的社会象征意义。[2]因为，这里的工人有权拥有自己的一小块土地和微缩版“家宅”，作为回报，他们的自由被一揽子纳入天主教等级分明的整体范围内。1910年，高迪刚刚结束在比克的短期疗养并回到巴塞罗那的时候，桂尔纺织村作为第五届西班牙社会周（Semana Social de España）周年庆典的场所而成为众人瞩目的中心舞台。科米利亚斯侯爵先前曾积极推广过这个活动。无论是从时间还是地

---

[1] CHI-RHO是代表基督的符号，取自希腊语“基督”开头的两个拉丁化字母“Chi (X)”与“Rho (P)”。——译者注

[2] Lahuerta, pp. 193-201. Castellanos, J., “Torras i Bages I Gaudí”, essay in *Gaudí i el seu temps*, pp. 182-185.

理距离上与悲剧周的接近程度来考虑，这都是一种意味深长的选择。托拉斯－巴热发表了公开演讲《劳工问题中蕴含的人道精神》（*El espíritu en el problema del trabajo*），重申体力劳动如何尊贵，以及罗斯金与圣乔治行会早先倡导的基督徒劳工家庭等众多观念。

大约十年前，普拉特·里瓦曾构想出一种能够提供完美牧歌式场所的工人群居地，让资本与劳工能够在这里和谐共处。用桂尔纺织村在 1910 年印制的 142 页推广手册上的话来说，"希望与仁爱，加泰罗尼亚的真正遗产"，以及"我们祖辈的信仰"，仍然可以在纺织村的防护围墙内得以维系。然而，总体上来说，高迪并不完全赞成对桂尔纺织村进行意识形态的利用。他指责过相关组织者之一加夫列尔·帕劳（Gabriel Palau）神父过于专制的行为。"神父，您就是一位暴君！上帝已经直接恩准我不再接受您的任何命令！"

当高迪终于结束在普奇塞达的疗养活动并返回家中时，他需要立刻面对迫在眉睫的个人事务问题：罗莎的情况越来越严重了。高迪首先需要找一对已婚无子女的夫妇搬进桂尔领地，同时照顾他和外甥女罗莎。高迪没有找到合适的人选，就请住在附近的侄子何塞普代为照看罗莎，但何塞普自己工作也忙不过来，所以帮不上忙。在此期间，高迪和罗莎继续依赖几位修女和一位清洁工帮衬，但悲剧正在迅速临近。[1]

马拉加利也病倒了。1911 年 12 月 1 日，他给起居室角落里现代主义风格的座钟拧好发条。当年他和克拉拉曾经在新世

---

[1] Martinell, p. 479.

纪到来的第一个整点时间为它第一次上好发条。正是在这间起居室内，马拉加利夫妇曾经用英式下午茶多次款待过客人，而加泰罗尼亚艺术与文学界的几乎所有成员，出于对男女主人的尊敬，曾经在这里暂时搁置各自的分歧。马拉加利曾于 1902 年写信给他的朋友佩雷・科罗米纳斯（Pere Corominas）："冲突纷争有悖于我的天性，我总是试图在一切事物中寻找和谐与宁静的内核。"

马拉加利踱入他的一楼办公室，向窗外望了最后一眼，小心翼翼地取下结婚戒指，把它放在旁边的餐柜上，然后慢慢地上楼就寝。不到三周后，这位诗人辞世。

几周过后，罗莎也死了。向来不擅长寻求慰解的高迪匆匆逃走，登上了驶向马略卡岛的帕尔马的第一艘船。[1] 现在应该重新开始工作了。仅仅在 1912 年的 12 月，桂尔纺织村就十二次派车到最近的车站去接高迪，由此可见他这段时期的工作状态有多么疯狂。在 12 月的早些时候，高迪参加了在马略卡岛举办的圣母无染原罪瞻礼（Immaculate Conception），监督众人努力将市镇中心十字路口的巨大华柱在摇摆不定的状态下安装到位。当系着柱子的缆绳第三次断裂之后，高迪无可奈何地回家上床休息。直到十一点钟的时候，建筑工米克尔・桑斯找到了一条更结实的绳索，这才解决了问题。[2]

高迪整个人都变了。尽管他在努力支撑，但仍然需要更多照料。桑塔洛和马塔马拉轮流陪伴高迪，晚上还在屋里留宿以

---

[1] Abella, D., "Retrat caracterològic" in *Antoni Gaudí*, Criterion, ed. Franciscana, Barcelona 1964, p. 15.

[2] Martinell, p. 114.

便看护他。当他工作的时候，则是贝伦格尔夫妇或圣殿看管者一家为他准备食物。

不过，高迪的外貌形象不仅是由素食习惯和布鲁氏菌病的摧残所致，也是任何一种哲学或宗教信仰作用的结果。他的外表越来越像是从油画描摹《圣安当受到诱惑》(*The Temptation of St Anthony Abbot*)场面里直接走出来的人物。[1] 用卡萨内里斯的话说，高迪就像是"一个幽灵"，或是行走的活死人，越来越"透明"。患过一次疝气以后，高迪走路时喜欢用一根橡皮头的拐杖，以免滑跌。以前常穿的鞋子款型（用密生西葫芦根编制而成），因为越来越难受、不合脚，所以换成了自己发明的针茅草底皮面鞋。[2]

高迪的外套现在松松垮垮地挂在消瘦的肩头，长裤空荡荡地拍打着他瘦削而精力充沛的双腿。他每天早上都要打上绑腿，以抵御寒气。他越来越不修边幅，很多人都记得他那套隐约带着绿霉颜色、污渍斑斑的西装，软耷耷的旧衣服口袋，还有那些用松紧带绑系的鞋子。[3] 为了节约，他每隔几个月才理一次发和剃须，所以外貌也不断随之发生变化。有一天，高迪发着高烧站在乌尔基瑙纳广场等待奥尔塔开来的电车时，结果被误当作流浪者，并获得了一份施舍（limosna）。[4] 其实，为了充实圣家堂的资金，他确实四处化缘乞讨过。

在同时期的一张照片里，高迪周围是一群宗教界的显赫人

---

[1] 这幅画作的作者是德国画家希罗尼穆斯·博斯（Hieronymus Bosch，1450—1516）。——译者注

[2] Matamala, p. 625.

[3] Trias, Alfonso, "Gaudí visto por un amigo", *Jornadas Internacionales*, p. 95.

[4] Ibid.

物，他的表情焦躁不安而激动，正领着他们四处参观圣家堂，并向他们解释石材构件里隐藏的那些较为晦涩的典故。整个人群气氛显得有些紧张而欢快。

有一天，一群医生来参观圣家堂，高迪向他们解释说自己也像他们当中的大多数人那样，几乎一直生活在病患者构成的痛苦环境里，而医生们不啻为人类身体建筑的设计师。[1] 尽管高迪在拒绝医疗建议方面是头号顽固分子，但他却经常愿意向别人提供自己的家用偏方疗法和建议。比如，他曾向一位格外肥胖的雕塑家拉蒙建议多锻炼身体，步行去工作，少摄入脂肪。[2]

高迪变成隐士和落魄乞丐形象的传说从 1914 年就开始广为流传。这种说法当然是夸大其词。高迪的社交圈确实避开了公众的凝视关注目光。但在天主教教会和宗教礼仪复兴的框架范围内，高迪依然是活跃的角色。1913 年 10 月，他参加了加泰罗尼亚基督教艺术首届大会（Primer Congrés d'Art Cristià de Catalunya），托拉斯－巴热当场发表了就职演说《艺术的本质精神》（"Ofici Espiritual de l'Art"），仪式上还宣读了两篇论文：伊格纳西·卡萨诺瓦斯的《圣殿艺术》（"L'Art en el Temple"）和何塞普·塔雷的《艺术与礼拜仪式》（"L'Art i la Litúrgia"），两个人都向一起共事的建筑家高迪致意。[3] 高迪还是路易·卡雷拉斯神父领导的蒙特塞拉特圣母精神联合会的活跃成员——他怎么可能不是呢？1915 年，他还参加了首届蒙特塞拉特礼拜仪

[1] Cardoner Blanch, F., p. 87.
[2] Matamala, p. 275.
[3] Castellanos, p. 186.

式大会（Primer Congrés Litúrgic Montserrat）。

同样，高迪继续参加圣路加艺术协会的现场写生课；另外，他几乎每天都会去桑塔洛医生那儿。望弥撒和晚间告解，同样是他一天里不可或缺的部分。每天晚间和阿方索·特里亚斯环绕着桂尔公园漫步，也是例行的活动。当然，高迪还继续与圣家堂的全体雇员携手密切合作。

高迪是密切参与信仰机制运作的平信徒的完美典范。1916年，高迪成为额我略圣咏高级课程（Curs Superior de Cant Gregorià）的热心参与者。他嗓音低沉，缺乏调性，有可能格外适合单旋律圣歌的无伴奏齐唱。数世纪形成的韵律音调的微妙变化让他心醉神驰。1903年，庇护十世在文章里提到额我略圣咏"形式的圣洁与品质"以及它"无所不在的有效性"。在单旋律圣歌萦绕不绝的美感背后，高迪循迹探索着声音汇成的那座大教堂的和谐构造。

1914年，桂尔纺织村的工程由于经济衰退而实际陷入停顿以后，高迪手头的工作就只剩下一个项目：圣家堂。此后的数年间，他再也没有接到其他的新工作。1912年，高迪为布拉内斯（Blanes）的教堂设计了一座布道坛。1915年，建筑师亚历杭德罗·索莱尔·马奇（Alejandro Soler March）计划修复曼雷萨（Manresa）大教堂，高迪被请去监查这项计划。教堂原来的设计师就是海洋圣母殿的建造者，在风格上自然相当契合高迪的心意。[1] 但是，曼雷萨大教堂不像海洋圣母殿那样局促挤迫在其他建筑物之间，它高居山顶，荒凉之美和就地取材的效果，

[1] Berenguer de Montagut.

导致它具有一种近乎工业化气质的感觉。高迪立刻对索莱尔·马奇的方案提出异议，并且开始“激烈反对”他，态度上“极具攻击性”。[1] 最终索莱尔·马奇让步了，高迪也冷静下来。不过，这仍然不算是新工作。

高迪在第一次世界大战前两年里的演变，彰显出他在圣家堂的“封闭铁环”和自证其说的罗马天主教世界里怎样越陷越深。

遍及欧洲和美洲的新艺术运动（Art Nouveau）和现代主义风格正在日益过时。1910 年，弗兰克·劳埃德·赖特出版了颇具影响力的两卷本《瓦斯穆斯作品集》（*Wasmuth Volumes*）。随后他的设计首次风靡世界，并最终指明了一条走出“工艺美术运动”困境的道路。在欧洲，赖特的设计原则和他的“新教徒式的原理”（grammar of the Protestant）播撒到肥沃的土壤里。早期的包豪斯（Bauhaus）建筑和荷兰风格派（De Stijl）运动[2] 宣告了一种崭新而更为纯净的工业美学的诞生。

在意大利，未来主义建筑师安东尼奥·圣埃利亚（Antonio Sant' Elia）撰写了著名设计理论文章《讯息》（“Messaggio”）。他在文中宣称，现代城市看起来应该是“一个庞大喧闹的造船厂，活跃、流动，充满动感，而现代建筑就应该像一件巨大的机器”。我们必须“解决现代建筑的问题，而不用从中国、波斯或日本的照片里剽窃灵感”。表现主题与叙事的建筑现在显然已

[1] Bassegoda i Nonell, J., *El Gran Gaudí*, p. 557.

[2] 风格派运动由荷兰艺术家杜斯伯格（Theo van Doesburg）领导，聚集了一批建筑师、画家等先锋艺术家，发行艺术期刊，并将“寻求普遍性和个体化之间的平衡”“为现有的设计形式寻求新的抽象的文化基础”等艺术原则应用于设计实践之中。——译者注

经过时了。

加泰罗尼亚的艺术氛围也发生了变化。尽管巴塞罗那的现代主义建筑享有盛誉，但人们已经开始厌倦他们认为过度泛滥的风格。这种新的美学风潮被称作“新世纪”（Noucentismo）运动，它主要的实践者被称作“新百夫长”（New Centurions）。

欧赫涅·德奥尔斯确信，现代主义者的视线已经偏离并移向了巴黎和北欧，而新世纪运动首要的工作，就是让加泰罗尼亚人重新聚集于自己正当继承的地中海传统。“新世纪”当前召唤的是古典式和谐、纯净和普遍的风格简约化——高迪希望圣家堂“耶稣诞生”正立面采取的新哥特风格，恰好与之相反。然而，在两者之间的关系，以及他们对待城市与流行艺术诸理念的态度方面，还深藏着其他更显著的分歧。

现代主义从本质而言（尤其是在私人委托项目的领域里），是一种渴望成功、布尔乔亚，甚至是贵族式的风格。[1] 从另一方面看，新世纪运动一部分力量的方向目标，是试图将巴塞罗那打造成一个“正常”城市；通过“正常化”而有可能与欧洲其他任何一座城市同样现代，彼此相差无几。[2] 因此它代表的态度，是与过时的、局限于本地教区的现代主义风格彻底决裂，并认为现代主义或许过于刻意地强调逸闻式的加泰罗尼亚禀性。

然而，到了 1917 年，新世纪主义的能量开始消退。欧洲各国的流亡者受惠于西班牙的中立态度，纷纷移居巴塞罗那，

---

[1] 尽管事实上这一运动的主要参与者（高迪等人）来自于加泰罗尼亚平民阶层，如货店老板、小型企业主、熟练工人和工匠。

[2] Molas, Isidre, “Barcelona, a European City”, Arts Council Exhibition, p. 89.

带来了先锋艺术的最新成果。德洛奈夫妇[1]在1916年带着他们的“同步主义”（simultaneist）画作到巴塞罗那进行短暂访问。第二年，毕加索也回到他最心爱的城市，为芭蕾舞剧《游行》（*Parade*）做舞台与服装设计。与他协作的是编剧科克托（Jean Cocteau）、音乐编写萨蒂（Erik Satie）和舞蹈设计马辛（Léonide Massine），表演者是季阿吉列夫俄罗斯芭蕾舞团。当然，这场新艺术运动最具超前性的展示，是弗朗西斯·皮卡维亚（Francis Picabia）在1917年出版的达达主义杂志《391》。

对于高迪而言，最重要的变化就是新世纪主义被迅速接受，成为这座城市名正言顺的新风格。仅仅数年前的1905年、1906年，马拉加利、鲁维奥－贝利韦尔和卡德拉赫在持续不懈地争取让圣家堂这座“赎罪圣殿”（Expiatory Temple）成为文化争论的中心，已经让它获得巨大的收益。但是，到了1913年，很显然，“权威的”品位发生了决定性的变化。

新世纪主义的要诀之一，是通过成立类似于加泰罗尼亚研究协会（Institut d'Estudis Catalans）、加泰罗尼亚图书馆（Biblioteca de Catalunya）和加泰罗尼亚美术馆（Museu d'Art de Catalunya）这样的机构，对文化世界进行“专业化”和“机构化”。以德国工艺专科学校为参照基础的巴塞罗那工业大学在同一时期诞生，一系列人文学院也相继开办。新世纪运动“道德”规划的根本主题，是提升文明化水平和市民的自豪感：其核心是创建一批公园和公共花园。高迪的桂尔公园仅向特定人群

[1] 罗伯特·德洛奈（1885—1941），法国画家，首创仅依靠颜色来表现形状和深度的绘画学派。——译者注

开放，带有致命缺陷，而让·克洛德·弗雷斯捷（Jean Claude Forestier）却在面向所有人开放的蒙特惠奇山成功实现了结构改造与合理化。两者之间的反差，是新世纪运动目标的一种有效展示。[1] 新世纪运动孕育着一种势不可遏的乐观与希望之感。

意味深长的是，回顾 1901 年毕加索在“四只猫”咖啡馆举办的首次个展，在他这座万神殿里唯一缺少的重要文化人物就是高迪；高迪也成为唯一坚持远离政治的建筑家——他避免在这一历史过渡期发表文章或著作，有意识地回避新世纪运动群体设计的宏大市政项目。到了 1918 年，高迪俨然是彻底与世隔绝的人物，他唯一的资助方就是天主教教会。

人们仍然会来圣家堂会晤高迪，并对他的建筑赞叹不已。但其他人显然只是作为城市人类学学者来这里看望这位古怪的“浪漫主义者”，一个迅速消亡部族里的最后一名成员。

[1] 在接下来的十年里，桂尔公园也将像蒙特惠奇山一样对公众开放。

圣家堂前头发蓬乱的高迪
漫画作者为费利乌·埃利斯·“阿帕”（Feliu Elies“Apa”）

穷人的大教堂

已经抵达一个关键时刻，即使是石头也必须开口说话！

——托拉斯–巴热（Torras i Bages）

美只有一种类型，丑却有千种。
这是因为美，从人的角度来说，
作为一种被看待的形式，
只依照它与我们肌体之间最朴素的关联，
最极致的对称，最亲密的和谐。
因此它始终呈现给我们一个整体，既完整
又有限，就像我们一样。我们称为丑的，反过来看，
则是我们无从了解的一个更大整体的某个局部，
与之相谐的并非人类，
而是整个造化。这就是为何它永远向我们展示
各种崭新却不完整的层面。

——维克多·雨果，《克伦威尔》序言

匮乏的战争岁月结束后，高迪对于年轻一代的建筑师来说越来越无关紧要。他不得不面对身体健康的恶化、严重的精神危机和许多挚友的离世。1910 年，他年迈的老师何塞普·比拉塞卡逝世；1911 年，他告别了霍安·马拉加利（Joan Maragall）、性情古怪的雕塑家卡莱斯·马尼 – 罗伊格和他的助手胡安·阿尔西纳；1914 年，他的“左膀右臂”（brac dret）和代笔者贝伦格尔也撒手人寰；翌年，坎平斯主教去世；1916 年，托拉斯 – 巴热和佩雷 – 法尔凯斯也相继离世。然后，随着他的资助人唐·欧塞比·桂尔于 1918 年 6 月去世，桂尔公园和桂尔纺织村的工程也完全陷入停顿。

从 1909 年秋一直拖延至 1916 年的米拉之家诉讼案终于以胜诉告终。高迪赢得了 10.5 万比塞塔用以赔偿他被克扣的酬劳。高迪的一位熟人保罗·巴迪亚·里波利（Pau Badia Ripoll）记得高迪是“一个难缠的家伙”，他寸步不让，并强迫佩雷·米拉将米拉之家抵押以支付罚金。对高迪而言，这显然是原则和荣誉的问题，因为他迅速将这笔钱悉数捐给了伊格纳西·卡萨诺瓦斯和耶稣会。到 1918 年，他只剩下一项工程——作为“赎罪圣殿”的圣家堂。他终于形成了自己独一无二的风格，并全身心地效力于这座建筑，实现更宏大的神之荣耀。

多年来，圣家堂都是高迪生活和工作的重要部分。但是几乎从一开始，圣家堂就像是一位要求严苛的女主。高迪不仅要负责建筑设计，有时还不得不担任筹款人。从 1882 年至 1918 年，工程最初三十六年的进展远非一帆风顺。

教堂的地下墓室于 1891 年建成，从根本上继承了保拉·德尔·比利亚尔 – 洛萨诺的新哥特式元素。在这个早期阶段，教堂管理委员会甚至高迪都相信，无须等到 19 世纪结束，就可以举办庆祝整座教堂竣工的盛大庆典。然而，由于资金缺乏、高迪的灵感方向神鬼难测，再加上一连串的相关人士英年早逝，工程进度受阻。1892 年 4 月 22 日，圣家堂管理委员会主席博卡贝拉去世。他的女婿曼努埃尔·德·达尔马塞斯 – 德·里瓦（Manuel de Dalmases y de Riba）接替他的职务，却也在几个月之后的 1893 年离世；他的遗孀唐娜·弗朗西斯卡·德·P. 博卡贝拉 – 普伊赫随后接任主席的职务，但也在 1893 年年底辞世。从 1895 年起，经过一致同意，委员会主席的职位被授予在任的巴塞罗那主教。

1900 年，教堂第一个十字形耳堂的外立面——耶稣诞生立面、回廊的一部分外墙以及玫瑰礼拜堂（Rosario Chapel）建成。十八年后，无比关注细节的高迪团队仍然在无休无止地完善教堂中殿与十字甬道位置的设计理念与模型，并给十字耳堂另一侧表现耶稣受难主题的外立面绘制草图。然而，耶稣诞生立面上方的四座圆形钟塔进度缓慢。第一座钟塔于 1918 年完工，石雕的外壳遍布孔洞，像是一个蜂巢，非对称的组窗缓缓地螺旋上升直达塔顶。远远望去，它酷似加泰罗尼亚海岸边那些壳薄易碎的梯螺的放大版。镶嵌着穆拉诺岛（Murano）[1] 的玻璃碎片的圣巴拿巴塔（St Barnabas Tower）是高迪去世前唯一建成的钟塔。

高迪的抱负远超出他有生之年能够获得的任何成就。然而，

[1] 意大利威尼斯市北部岛屿，以制造色彩斑斓的玻璃器皿而闻名于世。——译者注

无休无止的工程延期不能完全归咎于他那劳动密集型施工方法。1903—1905 年间，莱昂·若瑟利（Léon Jaussely）[1] 已经开始研究他日后获奖的众多设计方案，重新考虑巴塞罗那的城市规划。

仔细征求了各位著名建筑师的意见后，若瑟利立刻意识到高迪对圣家堂和周围城市景观的建议颇为妥帖。高迪认为，在扩展区以内，这座圣殿周边所有的方形街区，都应该空置出毗邻的三角地段不加开发，以便从几百米开外能够清晰看到圣家堂的风采。尽管最终形成的星形设计方案从未贯彻落实到底，但它却完美贴合了多梅内奇在附近设计的圣保禄医院的布局原理，与之形成 45 度的精准对角。人们的视线能够沿着长长的道路，向南远眺到圣家堂的耶稣诞生立面。反思和改变，向来是高迪设计时秉持的两项绝对准则。他对这座建筑的方方面面不断进行重新思考、重新调整、重新确定比例、重新塑模——有时候甚至每天如此。“越高大越好”始终是这座圣殿背后的主要设计理念之一，[2] 但圣家堂并不像五百年前兴建的塞维利亚主座教堂（Seville Cathedral）那样狂妄自大。当初那些教士号称要建一座“无比恢宏、别具风格的大教堂，好让那些看见它完工的人都觉得我们疯了”。然而权力政治的得失权衡也在发挥作用。如果教堂规模太小，它将失去自主权，并将受制于辖属地圣马丁教区（Sant Martí de Provençals）的管理裁决，那么它的产权将转移到主教的掌控之下，而后者可以轻易提出迥然不同的建造方案。作为主教的母堂，那座哥特式大教堂虽然拥有富豪曼努埃尔·赫罗纳令人艳羡的资

[1] 莱昂·若瑟利（1875—1932），法国建筑师和城市规划师。——译者注
[2] Matamala, p. 140.

助，却在开始兴建的七百二十年后依然未能竣工。

1907 年，枢机主教卡萨尼亚斯以最具外交策略的辞令给圣家堂管理委员会写信，开始在门外逡巡试探：

> 鉴于圣马丁区的发展，兼虑新教区尚有待建设，枢机主教大人暨巴塞罗那主教卡萨尼亚斯恳请贵协会授权于圣家堂设立教区分会。此等便利供给若对贵堂造成丝毫损害，亦请畅所欲言，以便来日另寻解决方案。

圣家堂非常体面地屈服让步，将地下墓室提供给当地教区使用。圣家堂从此可以方便接洽教区的“三万灵魂”，或许终究有可能从中获益。然而，1912 年，教区的新主教拉瓜尔达博士（Dr Laguarda）在任时，外界出现传闻称：将圣家堂改为普通教区教堂的一项教会法令即将签发。它与高迪健康状况恶化的传言同时出现，引发了人们切实的担忧。高迪立刻向普拉特·德拉·里瓦寻求帮助，普拉特随即为他采取了干预手段。1912 年 12 月 21 日，《加泰罗尼亚之声》刊登了普拉特撰写的一篇文章，将他的斡旋结果公之于众。在报纸的通栏标题《高迪会撇下圣家堂的工程吗？》下面就是普拉特的解答：

> 在我国艺术家经常光顾的一处地点，关于高迪将放弃指导他的天才杰作圣家赎罪教堂的新闻，引发了许多激烈争论。人们担心，自己将目睹这座圣殿被降格到本城数目众多的教区教堂级别以后遭受的致命打击。

普拉特接着解释说，他已得到主教拉瓜尔达的口头承诺，这种情况绝不会发生。普拉特在这封信的结尾语气恭敬，却毅然决然地锁闭了向主教妥协让步的大门：

> 对于我们这些高级神职人员最值得敬重的言语，我们不应质疑其真诚，因此我们认为，从目前来看，可以放心地说，没有任何需要惊慌失措的理由。

1898 年，以创作色彩鲜亮的风景画而广为人知的“番红花帮”(Colla del Safrà)[1] 主要成员华金 · 米尔(Joaquim Mir)[2]，在自己一幅题名为《穷人的大教堂》(*The Cathedral of the Poor*) 的杰作中将圣家堂作为表现主题。[3] 这幅画的前景是饥肠辘辘的一家人坐在教堂的墙垣间乞讨。事实上，米尔的画很有可能是对这项耗资靡费的巨大工程的讽刺批评。[4] 然而，按照常见的解释，《穷人的大教堂》却被认为是精确描绘了面向所有人开放的平等主义宗教构造。

高迪多数时候会在每天早晨捎带着一个比塞塔到圣家堂，他为此感到无比骄傲，因为这是当地一家商店的捐赠。正如博卡贝拉 1884 年所写：“我们需要各种大小的石料。”受苦和克制是这座教堂精神特质的根本要素。“难道烟民们每天不能少抽哪怕一支烟？或者小店老板们每个礼拜就不能克制一下喝咖啡的

[1] 原书为 Col de Zafra，拼写有误。——译者注

[2] 华金 · 米尔（1873—1940），加泰罗尼亚画家，其画作以色彩著称，是加泰罗尼亚现代主义的代表。——译者注

[3] 1999 年由卡门 · 蒂森 – 博尔内米萨（Carmen Thyssen-Bornemisza）收藏。

[4] Rohrer, p. 195.

愉悦，哪怕只是少喝一杯？”博卡贝拉继续写道。不过，捐赠也是一项能够享受教皇全力支持的政策，捐赠者可获得一百天的赎罪券的奖励以及教皇的祝福。

多年来，甚至在高迪的有生之年，圣家堂就已经成为一处朝圣之地。阿方索国王曾亲临此地，而高迪除了加泰罗尼亚语以外不愿意说其他任何语言，则显然招致对方的不快。[1] 吕兹·德·波旁夫人（Doña Luz de Bourbon）到访过这里，伊莎贝拉公主也来过此地。教廷驻西班牙大使拉戈内西枢机主教（Cardinal Ragonesi）曾到此视察工作，史怀哲（Albert Schweitzer）也曾来此参观。史怀哲的遭遇和阿方索国王差不多，高迪用加泰罗尼亚语向这位“白人医生”解释说，有些东西唯有通过这种边缘化的地中海语言才能够理解。

然而，最具悲喜剧感觉的场面是1906年哲学家乌纳穆诺的到访，且这次访问的相关记载非常丰富。有鉴于乌纳穆诺曾来巴塞罗那参加过第一届加泰罗尼亚语大会（the First Congress of the Catalan Language），高迪估计他会说简单的加泰罗尼亚语，这一点并非完全不合情理。霍安·马拉加利尊敬的这位同盟者与朋友乌纳穆诺，慢吞吞地绕着建筑工地窥视打量，嘴里气哼哼地念叨着“No me gusta! No me gusta!”——加泰罗尼亚语“我不喜欢它！”的意思。高迪跟在乌纳穆诺身后几步远的距离，模仿他的一举一动。他用加泰罗尼亚语重复说“No li agrada! No li agrada!”（他不喜欢它！），丝毫没有逾矩进行自我推销。只要乌纳穆诺愿意支持，他在西班牙获得名声和认可的速度可能要

[1] 高迪觉得阿方索“身子长却见识短”。

快得多。[1]

然而，当天的结局却颇有古人之风：两个人将分歧抛诸脑后，在高迪工作室的桌边面对面坐了下来，尊贵的萨拉曼卡校长[2]炫露自己的折纸才艺，给建筑师折叠了几只造型完美的鸽子。虽然此后高迪一直珍藏着这些纸鸽子，但是听到三钟经的祝祷钟声传来，他就干脆利索地潦草结束了乌纳穆诺的来访活动。

几十年来，高迪一直在按照宗教礼仪对圣家堂象征意义与空间的精确排列进行协调演练和完善。幸好他曾在桂尔纺织村做过试验，并且已经展示了抛物线拱的有效性，所以圣家堂的建筑结构问题几乎全部得以解决。但在位于教堂旁边的工作室里，高迪每天都想竭力创造出一种“总体”的视觉效果。

圣家堂的每个边角都竖立了一块方尖碑，位于四个方位的基点，象征着天主教一年中的四次斋戒。用高迪的话来说，它们还会“提前歌颂神圣家族，宣扬忏悔的诸般美德”。为了陪衬方尖碑，他还设计了一个大型喷泉和一盏巨灯，用以象征罪恶被水火涤净。

按照高迪的计划，圣家堂内部能容纳 1.3 万名教徒，所有的承重立柱分别代表西班牙各地的使徒教区，包括巴伦西亚、格拉纳达、圣地亚哥－德孔波斯特拉、布尔戈斯、塞维利亚、托莱多、塞哥维亚等城市，甚至还包括布尔戈－德奥斯玛等人口

[1] 在关于加泰罗尼亚自治权的争论中，高迪与乌纳穆诺意见相左。乌纳穆诺对自己身为巴斯克人非常自豪，然而他对西班牙作为一个国家更感到骄傲，他认为只有通过效忠卡斯蒂利亚王朝才能维持这个国家的统一。
[2] 乌纳穆诺 1891 年任萨拉曼卡大学校长。——译者注

仅有五千人的小型主教教区。

高迪的建筑外观虽然寓意浅白、造型奇幻，但是这种极度直接的表达方式，却是欧洲数百年以来闻所未闻的。高迪与他的前辈戈雅和埃尔·格列柯一样，准确地描摹出精神世界的可塑真实。高迪曾说："聆听是在感觉信仰，而观看是感觉荣耀，因为荣耀就是上帝的目光所视。观看就是感觉光，感觉空间，感觉可塑性，而视觉则是空间的广袤无垠，它看见所是之物，也看见所非之物。"[1] 圣家堂完美地体现了这个宏愿。按照他的设计，这座圣殿不仅是天堂与人世间的沟通中介，还是各种感觉的战场。高迪深谙声音的心理效果与重要性，尤其是对于宗教建筑而言。

多年来，高迪一直尝试着给圣家堂的细长管钟设计几种新的款式。整个建筑的构造功用设计也像是一台巨大的管风琴。按照设计，风吹过多孔的高塔时，就会发出自然的合唱。"嗡嗡低语的石头仿佛在说'Noël'（意为圣诞）"，马拉加利在1900年写道。

色彩将扮演它自身的角色。高迪作品反映出的众多反讽之一是，对于许多人来说，他已经变成了一个象征人物，象征着我们与"黑色西班牙"相关联的种种品质：精神审查、猜疑与不宽容。但他设计出的某种东西却能够引起人们的极度关注，它远胜于遍布塔顶、熠熠生辉的那些镶嵌字样"HOSANNA"（"贺三纳"，意即"上主，求您拯救"）。他把圣家堂的整个内部视为一首绚烂多彩的赞美诗，用以光耀天主。

[1] Collins & Bassegoda, *The Drawings*, p. 43.

高迪的耶稣诞生立面确实令人顿生敬畏之情。关键不在于它整齐分布到“望”“爱”与“信”这三道大门的主题，而显然在于它的整体效果。站在巨大的雕饰檐壁下方，观者会觉得整个建筑随时都有可能从头顶坍塌下来。这种险峻悬崖般的效果，高迪在阿斯托加和桂尔纺织村也使用过，它似乎无视重力的存在，让观者自叹渺小。[1]

穿过空地走到朝北的“耶稣诞生”立面，我们将迎面看见一个仿佛山脉起伏的怪诞造型。居于正中的那道大门，被一根中央立柱分隔为二，门顶上方是真人比例的神圣家庭群雕。再看我们脚边，界定整座中门空间的两根棕榈树造型立柱，安放在两只海龟的后背上面。这是科西莫·德·美第奇选用过的箴言牌（impresa）象征物，它代表的意思是：“Festina lente”（紧追宜慢赶）。这正是完美匹配高迪这座圣殿的象征。当我们的视线从柱基上移到平视的角度，整个立面似乎上升聚合为一座尖塔，让左右两边的门相形见绌。翼护在大门两侧的是巴尔撒巴、西满、达陡和玛窦等使徒的雕像，离地 30 米处是一棵巨型圣诞树树荫下的圣母加冕场面。

“望”门刻画的真人比例群像有：若瑟和玛利亚的婚礼、逃往埃及、黑落德王屠杀犹太婴儿以及在父亲作坊里的耶稣。“信”门表现的是耶稣献于圣殿、跟东方三贤士在一起的基督和跟从

---

[1] 在建筑术语中，这种隐约不安的力量可以追溯至丘里格拉兄弟的作品，或内纳尔西·托梅（Narcis Tomé）为 1732 年建成的托莱多大教堂设计的小礼拜堂透明祭坛（El Transparente）。托梅的透明祭坛采用巴洛克的畸像手法，将视角逆转过来。这样呈现的效果，就像《启示录：4》中所描绘的：“天上有门开了。”仿佛是透过上帝的视角来观看。参阅 Moffitt, pp. 125-126。这种透视法的象征性形式被高迪用在了桂尔公园的蛇形长椅上。

父亲练习木匠手艺的成年耶稣。飞翔的鸟儿、一艘坎布里尔斯（Cambrils）港口的沙丁鱼船、伯利恒之星、圣灵与银河——类似的小型浮雕随处可见。双子星和黄道十二宫的其他符号仿佛凝固在肉冻里面，高悬在我们头顶上方。这里有个公牛头，那里有各种贝壳、爬行动物、海胆和海葵，蝾螈和蜗牛在海草上爬行，还有橄榄、橘子、石榴、杏树和绽放的玫瑰。[1]“我像达·芬奇一样相信，人类一旦忘记关注大自然，他们就会衰朽堕落。”高迪曾对霍安·马塔马拉说。[2]每个场景边缘的石头都被雕刻成火山熔岩缓慢流动的状态。

圣家堂的外部装饰不仅以当代人的方式寓示了核心家庭的重要性，也表达了对于诚实劳动的合理崇敬。它是梵蒂冈宗教政策的完美示范，但它同时也是一座赎罪圣殿。在玫瑰门（the Rosario door）的位置，高迪放置了两个柱顶，其中一处造型是魔鬼拿着钱囊去引诱一名女子，另一个是身形扭曲的魔鬼将奥尔西尼炸弹递给一名工匠。当年马拉加利在里切乌剧院就是险些被这种炸弹炸死。就像中世纪哥特教堂里高高隐藏在石雕作品之中刻意讽刺教士阶层的业内笑话一样，这样的雕像对当代人具有警示意味。它们还反映出一种可怕的悲观主义和凡夫俗子近乎虚无的信仰匮乏。

整个耶稣诞生立面具有明显的歌剧风格，囊括一切，气势雄浑。它就像奥尔特加对埃斯科里亚尔修道院的评价那样，是

[1] 这是像西班牙作家阿索林（Azorin）所说的那样，高迪是在阐释当时关于重生与悔悟的理念，抑或有可能与尼采的永恒回归（ewige wiederkunft）概念有关？或许这座建筑已经困陷在柏格森所说的意识流动（flux）状态？

[2] Matamala, p. 667.

“一部看得见的信经”。批评家们吹毛求疵地说，它不过是“一篇关于纯粹劳作的经论”罢了。但高迪这件未完工的宏伟作品发挥出一种疯狂的风格盗窃癖特征，将蜡像制作、透景画、狂欢节、风景画、洞窟、露天市场和神龛的语言汇集成一个复杂精致的整体。佩夫斯纳批驳它是“在丘里格拉的祖国才可能看到的奇怪混合”。

多梅内奇宫的设计师和修复者奥斯卡·杜斯盖（Oscar Tusquets）解释说，高迪“边工作边与上帝对话……除了日本陶工以外没有人能够驾驭的那种对话”。在某种意义上，他说得绝对正确。因为高迪工作时就像是一名微型雕像师，连微小的细节都要先用陶土做出模子。他是众人称道的模型建造者，可以制作出令人心驰神往的微缩版圣诞景象，再将它放大数倍。[1] 有些设计还反映了民间娱乐活动的内容。例如，几座高塔的造型就借鉴于“叠人塔”（Xiquets de Valls），一种节庆期间以复杂结构方式摞叠人塔的游戏，就像马戏团表演那样，可以按照任何数量的不同组合方式，有时候能够高达九层，令人望之目眩。[2] 人们经常分析讨论这些人塔的意义，认为它是以造型艺术的形式，呈现了加泰罗尼亚人集体劳作的能力。此外，耶稣诞生立

---

[1] 对于那些到巴塞罗那旅行却没能赶上一年当中的最佳时机参观风味十足的“belens”（毗邻圣家堂的微型雕像市集）的游客来说，佩德拉尔韦斯修道院（Monestir de Pedralbes）有一个全年的展览，展示蒂森（Thyssen）的收藏，不容错过。

[2] 加泰罗尼亚的许多城市都有叠人塔的活动，其中巴利斯（Valls）的团体最为著名。书店里有很多关于叠人塔的图书：Xavier Brutons 的《人塔与叠塔之人》（*Castells i Castellers*）是本图文并茂的好书，Josep Bargalló Valls 的《塔拉戈纳的叠人塔》（*La Colls Xiquets de Tarragona*）也不错，不过这两本书若与 1981 年 Rafael Dalmau 出版的两千页的两卷本巨著《我的叠塔人》（*Món Casteller*）相比，实在是小巫见大巫了。

面还是对透景画与影院如何通过掌控真实、运动与空间而影响公众意识的深入思考。

在一个“无神的时代”，高迪与身为主顾的圣家堂管理委员会一直在努力争取，希望给这座宗教建筑重新赋予道德目标和信仰权威。然而，为了解决这个问题，高迪采用了自己的典型做法，他尝试通过精心协调世俗品位的方案，达到道德的制高点。

教堂的整体规模设想纯属疯狂，是愚妄的。但是，正如塞涅卡所言：“没有哪位天才不疯狂。”毕加索同样也拿它开过玩笑。

> 在毕加索看来，高迪的著名建筑圣家堂就像是一个笑话——他有一次评论说，它更符合萨尔瓦多·达利的口味，而不符合他本人。他在戛纳加利福尼家中的起居室里，曾经有一块硕大的潘娜托尼面包被老鼠咬得乱七八糟。他说：“这就是高迪的模型。”[1]

站在圣家堂门口，置身于雕琢过半、在高迪去世后被遗弃不顾的累累石堆之间，难免会想起这项庞然工程带来的所有昂贵消耗，并产生出某种新教徒的厌恶感。

> 卡尔斯塔德（Karlstad）、茨温利（Zwingli）和加尔文不仅教导人们要摧毁艺术作品，他们还试图彻底重新构建

[1] Richardson, p. 162.

基督徒视觉体验的图景面貌……因为摧毁形象就是摧毁过去。[1]

就像在桂尔纺织村那样，高迪为了尝试建造教堂立面的新技术，还在教堂旁边盖了一间工作室。[2] 登上几级木质台阶，从圣家堂本堂神父默森·吉尔·帕雷斯（Mossén Gil Parés i Vilasau）的住所往高处走，有一间很大的绘图工作室，旁边紧挨着一间摄影工作室，带有活动屋顶，以便调节自然光线。这不禁让人回想起五十年前建筑学校里冰冷刺骨的绘图大厅"西伯利亚"（La Sibèria）。此外还有一个房间，其高度足够放下一副1∶10的教堂中殿模型，另一个房间则用来存放小件模型。不用拿石膏灰泥模型扩放比例或进行复制的时候，会把它们吊到天花板上，用马塔马拉的话来说，整个房间好像是"爬行动物的洞穴"。[3] 屋子尽头是个小房间，满坑满谷的设计图和纸张中间，是一张狭窄的铁床——它是高迪生命最后六个月里卧眠的地方。

高迪在准备教堂外立面的装饰图案时，一心想精确复制大自然的风物，所以他在教区里游荡数年寻找合适的造型典范。复制上帝的创造物，既是最高形式的赞美，也显示出艺术家的谦卑。"只有疯子才想要表现虚构的物体。"许多年前高迪在雷乌斯时曾在日记里写道。因为秉承这种哲学思路，高迪到处寻找可以充当基督、若瑟、圣母以及所有圣徒和天使的模特。后来因为酗酒死于震颤性谵妄的看门人何塞普充当了叛徒犹达斯

[1] Camille, *The Gothic Idol*, p. 347.
[2] Gómez Serrano, J., *L'Obrador de Gaudí*, Editorial UPC, Barcelona 1996.
[3] Matamala, p. 162.

的模特。大腹便便的牧羊人古铁雷斯充任彼拉多总督。屠杀犹太婴儿的黑落德王则是在酒吧里发现的一位脚上长着六趾的巨人。数字666代表魔鬼的含义，让高迪感到很有趣，因为他看到未来浩劫的所有魔性能量都形象地表现在这位模特身上。他的寻找范围不限于人类。他走了几天的路，找到了合适的圣诞树、模样恰当的鸡和看起来像是驮畜的毛驴。当地一个做废品生意的人把自家牲口借给他用。如果没办法找到模特，高迪就通过自己下属的表情和体态捕捉必需的高贵品质。一名雕塑家成了圣西满，一个石料搬运工充当了使徒达陡，而另一位格外英俊的泥水匠则是大卫王。

下面的步骤就更加怪诞。趁着鸡和火鸡被氯仿麻醉而尚未苏醒的时候，高迪往它们身上涂抹油脂，然后再用石膏取形。驴子被五花大绑，然后用一副挽具抬起来，这样可以更加方便塑形。某个早晨发现的一只死猫头鹰立刻被高迪拿来充当夜晚的完美象征。直到他给里卡多·奥皮索做等身模子，结果奥皮索在中途晕倒以后，他才意识到这种工艺的局限性。

高迪转而寻找其他能够体现自然真相的工艺。在摄影工作室里，他和奥皮索小心翼翼地把成排的镜子摆放成特定角度，这样就可以从立体层面检视并记录每一件物体——模特站好位置以后，就可以从五个不同角度进行观察。但高迪还是不满意。他真正想要的是一台X光机，可以用来确定皮肉下面的骨骼结构。于是有人给他从医院找来人体骨架，他把它们悬挂起来，从不同的位置拍照。为了展开进一步的调查，他甚至用弯曲的铁丝重新建构骷髅骨架。

但高迪仍然需要了解更多东西。经过特别许可，他获准在圣十字医院旁观尸体解剖过程。[1]“我们都是上帝的木偶。”高迪曾对马塔马拉说。[2]1919年，阿方索·特里亚斯还没拿到医学学位，但获得大学校长和解剖学教授的许可，解剖了一整具尸体，并将尸体的连接组合方式展示给高迪。解剖完成后，骨骼被带到高迪工作室，用金属丝连接起来，再用金属管稍加固定，最后穿上衣服，以便于进一步研究。[3]

高迪在另一天走进医院询问，有没有人刚刚死去。护士宣称，上帝仁慈，当晚没有人死亡，但如果他和马塔马拉想看别人真正咽气的场面，他们可以跟她去见证病人接受临终傅油礼的过程。他们在旁边观看，而高迪确信自己看见了神圣家庭欢迎接纳这个灵魂的瞬间。[4]高迪更古怪的做法，是用石膏给那些死亡婴儿塑模，代表黑落德王屠杀的成百上千名婴孩形象。他们在绘图室的天花板上挂满了成排的婴儿塑模，场景十分恐怖。

经过所有的研究，在最后成形的雕像安放到耶稣诞生立面之前，还有许多步骤需要完成。首先，石膏灰泥模型要悬空摆放到位。高迪感到满意后，会把模型放下来，带回奥皮索的摄

---

[1] 通常被视为文艺复兴和人文主义伟大遗产之一的解剖学研究的传统，其实在天主教教会完全知情和支持的情况下，自1322年就已经在瓜达卢佩修道院的医学院开始付诸实践了。Calvo Serraller, F.,《光明与死亡的景观》(*Paisajes de Luz y Muerte*, Tusquets 1998, p. 125, 引自《死亡与西班牙绘画》(*La Muerte y la pintura española*）一书，Manuel Sánchez Camargo 著，1954年出版。

[2] Matamala, p. 219. 另见 Martinell, p. 159。希洪（Gijon）的雕塑《濒死的基督》(*El Cachorro*）里耶稣的形象，据说是按照某个遭谋杀的人而雕刻/塑模的——如此来说，高迪采用的技法原来自有渊源。

[3] Trias, p. 95.

[4] Matamala, p. 256.

影工作室，让后者立刻拍照。印好的照片要钉在板面上，摆成必需的精确角度，用来弥补雕像居于平地时的高度造成的透视扭曲。最终的照片效果看起来就像埃尔·格列柯笔下的圣徒——他是当代潮流的顶峰。[1] 在此之后，高迪的最终版“变形”照片获得采用，再结合其他一些研究成果，例如身体处于运动状态或记录小鸡腾飞过程的照片，将它们整理就绪，更有利于转换为石膏灰泥形式的终极版三维模型。随后模型再度被吊上去，直到此时，高迪才同意雕塑师把石膏灰泥模型变为石头形象。

这是一个相当耗时的过程，有些雕塑家觉得很难适应。托雷斯·加西亚、利翁格斯（Llonguers）、帕斯夸尔（Pascual）、萨拉（Sala）与拉蒙·博内特－萨韦（Ramón Bonet y Save，此人后来去为罗丹的“地狱之门”工作了）都纷纷离开了高迪的工场。

在富丽堂皇的纽约圣瑞吉酒店（St Regis），萨尔瓦多·达利列举过他认为的“五大背叛”：

1. 没有发现他好斗目光的那些人是叛徒。

2. 没有触及他兴奋错乱的装饰下那些骨骼结构和鲜活肉体的人是叛徒。

3. 没有听见他色彩里的半音和炽烈刺耳之音、他从风琴管高塔传来的动人复调，以及他用变异的装饰自然主义制造出的冲突喧闹的那些人是叛徒。

---

[1] 关于埃尔·格列柯对于20世纪初的艺术家来说何等重要的精彩阐释，可参见加泰罗尼亚国家艺术博物馆（MNAC）展览目录“El Greco: La seva revaloració del Modernisme català”, Barcelona 1996。

4. 没有品尝到他卓越创意的恶趣味的那些人是叛徒。

5. 没有嗅到神圣性之恶臭的那些人是叛徒。

然而在舞台表演层面之下，却是一位忙于做事、低调隐微的批评者。在高迪的工场中，激情与偏执都被仔细提炼到石头作品里。

20 世纪 20 年代初，高迪每天的生活模式一成不变——参加弥撒，在圣家堂里工作，告解，然后回家睡觉。

在“悲剧周”十年之后，一些人相信国内的动乱已经解除了，但后来几年将显示出他们的幼稚。1916 年，尽管两年的战争带来物资匮乏，但西班牙的中立政策极大地促进了加泰罗尼亚经济的发展。然而，这一繁荣却导致产业关系的进一步紧张。加泰罗尼亚的工会组织全国工人联盟（CNT）与西班牙总工会在 1916 年实现联合之后，天主教团体“天主教辛迪加联盟”（Confederació de Sindicats Católics）很快在 12 月成立起来以示对抗。1917 年时危机发展到了顶峰。伴随着俄国发生的种种不祥事件，许多左派都清楚地意识到一场总罢工可能会推进问题的解决。到了夏季，加泰罗尼亚自治的呼声日益高涨，加上马德里的权贵们拒绝接受类似想法，整个局势再次陷入法律和秩序彻底崩塌的状态。8 月期间，军队受命进入巴塞罗那破坏罢工运动，结果数千人被捕，三十多人死亡。跟以往一样，流血和镇压只会迫使反抗暂时转入地下。

加泰罗尼亚的自治仍然是危机中的核心问题，并将蓄势发展。1919 年时，加泰罗尼亚政治家弗兰塞斯克 · 马西亚（Francesc Macià）声称，加泰罗尼亚的自治与工人权利从本质上不可分割。

2月，加泰罗尼亚最大的水力发电站工人举行罢工。结果几乎完全重演了导致1909年灾难的事件，双方的政治刺杀让巴塞罗那陷入瘫痪。各家工会每隔一周就更换效忠对象，互相刺杀对方成员和领袖，并轮番遭受国家政权的迫害。1921年夏，西班牙军队在摩洛哥里夫山又一次惨败，导致1.5万人丧生。

在政治暴风雨愈演愈烈的时候，高迪每日平静地度过，让自己与这个世界保持疏离。至于这个世界的人，每天十一点钟仍然可以到他的教堂寻找救赎。人们看见他过来，就会走到马路的另一边去，担心他过来伸手要钱。只要再来几个比塞塔，他就可以支付工人们下周的工资。

虽然高迪竭尽全力置身于政治纷争之外，但最终他还是被卷入其中。普里莫·德·里韦拉（Primo de Rivera）在1923年9月成功发动军事政变，虽然快速终止了无政府状态，但随之制定的一系列法律却对高迪所在的加泰罗尼亚封闭世界造成了直接影响。公共场合很快就禁止使用加泰罗尼亚语，飘扬起来容易“煽风点火”的加泰罗尼亚血红色条纹旗帜也同样被禁。文化方面最初的系列毁坏劫掠行为之一，是从比克的主广场移除高迪设计的、纪念豪梅·巴尔梅斯百年诞辰的装饰路灯柱。不过，1924年3月，里韦拉的独裁遭到了西班牙知识界一致的强烈抗议，1898年马德里事件那一代中的许多人签署了宣言，支持继续使用加泰罗尼亚语。但是这个要求遭到拒绝，争取地方身份认同的示威游行也被镇压。

正是这样的挑衅之举，让高迪的加泰罗尼亚性格与固执显现了出来。就在几年前，即1920年花神诗歌竞赛的庆典结束之际，当天活动演变成了一场轻微的骚乱。高迪被人用警棍殴打推搡之后，高声大骂对方是“倒霉催的”和“舔血猪头”。两个牧师把他拉走了，才使他不至于被继续殴打。[1]

然而，1924年9月11日，高迪前去参加纪念1714年在圣胡斯托教堂英勇献身的加泰罗尼亚殉教者追思弥撒时，他终于被激励起来，展现出自己与加泰罗尼亚团结一致的立场。当天的事件在第二天西萨·马丁内尔与高迪的交谈中留有记录。[2]

据马丁内尔称，高迪想进圣胡斯托教堂参加弥撒，结果被堵在半路，于是他向国民警卫队表示抗议，随后遭到逮捕。

“他们对加泰罗尼亚的敌意非常强烈，”高迪告诉马丁内尔，“加泰罗尼亚语就是我的语言，因此在横遭迫害的关头我并不想放弃这种语言。他们对我产生敌意，就是因为我对他们说加泰罗尼亚语。”

高迪被带进牢房，跟一个从莫德罗监狱转过来的犯人和一个街头小贩关在一起。高迪被捕的消息很快传遍全城，一位助手立刻赶来交付50比塞塔保释金。不过，这次短暂的囚禁经历却让高迪长期痛恨国民警卫队。“整件事情对我产生的影响，就好像一个缩小版的地狱：一个皮包骨的看守，类似人们所说的‘可怜鬼’长相，还有报酬更高、大腹便便的主管们，就是发号施令的一群魔王。”

然后他又预言道：

当我回想起发生的事情，就很担心我们已经走进了死

[1] Martinell, p. 105.
[2] Ibid., pp. 106-107.

胡同，一场激烈的变革势所难免。

他在有生之年不会看见这种情况了。但是十二年后，1936年，默森·吉尔·帕雷斯和伊格纳西·卡萨诺瓦斯将成为内战最初的两名受害者，肆意劫掠的团伙则冲进地下墓室亵渎高迪的灵寝，随后点火焚烧了圣家堂。濒临崩溃的共和国很快被佛朗哥的天主教独裁统治所取代。他以另一场圣战的语汇，窝藏着企图冒充救世主的祸心。但是佛朗哥并不比里韦拉更赞成加泰罗尼亚自治并使用自己的语言。高迪直到去世都还不需要做出这个艰难抉择：选择正统信仰，还是选择他热爱的加泰罗尼亚。

洛伦索·马塔马拉在患面部癌多年以后，最终精力不济放弃工作；多年来，他一直与桑塔洛住在桂尔公园里守夜值班。这是高迪工作生涯中最漫长的一段创作伙伴关系。1883年11月，高迪邀请马塔马拉加入他的团队。“跟我一起来建教堂吧，洛伦索先生，这样你一辈子都有活儿做。”四十三年之后，他们的合作终于走到了终点。

1925年秋，高迪终于做出决定，搬到圣家堂的工作室里居住。他的样子越来越像俗话说的“可怜鬼”；他继续在傍晚穿过这座城市到圣斐理伯内利堂看望自己的精神导师阿古斯蒂·马斯，然后去探访前列腺手术后正在缓慢恢复的桑塔洛医生。高迪在艺术界最后的出击，是参加了萨拉帕雷斯举办的礼拜仪式艺术展，展出了他设计的一些教会陈设。[1] 但从其他方面看，每日的生活还是一切照旧地进行着。

[1] Ràfols, p. 212.

1926年7月7日，星期一下午五点半，高迪准点从圣家堂出门，步行三公里去圣斐理伯内利堂。离开的时候，他最后一次吩咐道："明天早点儿来，文森特，我们可以做些更漂亮的东西。"

沿着习惯的路线，高迪从拜伦街走到加泰罗尼亚法院那条更宽阔的大街上。霍安·马塔马拉几天前曾在高迪的惯行线路上和他偶遇，注意到他异常地心不在焉，跟他打招呼他也没有马上反应过来。[1] 根据电车公司的报告，刚过六点钟，一辆30路电车因为无法减速，撞到了司机声称的一名"醉酒流浪汉"。电车暂时停了下来，流浪汉被推到一边，然后电车继续往前开走了。

现在已经无法准确重构事故现场。从目前的许多记录里可以看到电车司机是怎样不耐烦地开车从人群里强行穿过，还有刹车失灵的情况。马丁内尔回忆起自己与高迪的谈话时，其中有件事可能给我们一些启发。高迪一直认为行人应该比电车和汽车优先。他有一次过特拉法加街和布鲁赫街的交叉路口时，一辆迎面驶来的电车不停鸣笛警告他，他却拒绝改变步伐节奏停下来，逼得对方只好立刻刹车。愤怒的司机抓起一把沙子（平时用途是防止车轮在陡坡上打滑）用力扔到高迪脸上。[2]

1926年7月7日晚，30路电车的司机声称高迪当时没有看路（他很可能会这样），结果被电车轨道绊倒，脑袋磕到了一根路灯柱上。（不过这也不足以成为司机随后采取冷酷行为的

[1] Matamala, p. 681.

[2] Martinell, C., *Conversaciones con Gaudí*, Ediciones Punto Fijo, Barcelona 1969, p. 108.

借口。）

伤者耳朵里流出血来，两个行人过去帮助他，但都没有认出他就是著名的圣家堂设计师。他身上没有任何证件，口袋里只有一把葡萄干和坚果。他的帽子也不见了。[1] 他们招手拦了四次出租车，想送高迪去最近的医院，但每次都被拒绝了。（其中三名出租车司机后来因为触犯《好撒玛利亚人法》被罚款，因为他们在别人处于明显的危难状况下没有伸出援手。）最后，一名国民警卫队队员出面帮忙，命令一辆出租车将伤者送到圣佩雷环路上的诊所。两位路人不想留下姓名，随后就各自离开了。不过，如今已故的布料店店主安赫尔·托马斯·莫伊诺（Angel Tomás Mohino）最近出面讲述说，当年二十三岁的他目睹了现场其他人的冷酷，难过之余就陪高迪一起去了诊所。[2]

诊所很快诊断出高迪肋骨骨折、脑挫伤、耳出血，于是决定将他送往巴塞罗那诊疗医院（Hospital Clínico）。这场悲惨的闹剧至此仍未结束。开救护车的急救员当时快要下班了，为了节省时间他就把高迪放在了自中世纪以来就存在的圣十字医院。高迪因为做过解剖学研究，对这家医院非常熟悉。这次还是没有人认出他，他的入院登记姓名是安东尼奥·桑迪（Antonio Sandí）。他被安排在一个公共病房的 19 号床，送进病室后他整夜昏迷不醒，只不过是众多病人里新增的一例而已。

八点钟左右，高迪的朋友默森·吉尔·帕雷斯发现高迪还

---

[1] Trias, p. 96.

[2] 2000 年 1 月，我有幸见到了约翰·博尔顿（John Bolton），他是多塞特（Dorset）的一位西班牙语教师，与托马斯一家很熟，他对我说托马斯一家人都清楚这件事。安赫尔·托马斯一直都想淡化自己出手相救的举动，尤其是在高迪之死引发全社会歇斯底里的时候。

没有回来享用他的简朴晚餐，于是开始警觉起来。帕雷斯打电话给建筑师萨格拉涅斯（Sugranyes），两个人一起等到天色漆黑，最终决定去城里警察局、医院和急救站进行系统搜寻。到了圣佩雷环路的诊所时，有人告诉帕雷斯说有个流浪汉被电车撞了，模样大致符合帕雷斯神父描述的高迪的形象，那人口袋里有一卷福音书，衬裤用安全别针别着。[1] 他看起来衣衫不整，一副吃不饱饭的样子，膝盖上为了防止关节肿胀还缠着厚绷带，穿着卧室的拖鞋、松松垮垮的破西服。讲述者绕了一大圈才说到出租车司机是怎样不愿意接活儿，不想接受那个付不了车费、还可能弄脏自己崭新垫子的客人。[2] 帕雷斯和萨格拉涅斯开始追寻高迪的踪迹。他们首先到了巴塞罗那诊疗医院，不过高迪似乎根本没去过那里。直到深夜，他们终于在圣十字医院的公共病房里找到了高迪。

第二天早上，"经过一整夜，病人重新恢复了知觉，他要求为自己举行临终圣礼，并热切地领受了仪式"。高迪的悲惨遭遇很快传遍了全城。星期二晚上，他被转入单人病房，重新接好肋骨，然后徘徊在生死边缘。名人显贵、朋友以及仰慕者在医院走廊里排成长龙：包括马拉莱斯（Miralles）主教、普伊赫－卡达法尔奇、坎博（Cambó）、鲁维奥－贝利韦尔、锁匠马纳奇（Mañach）、萨格拉涅斯、诗人梅尔乔·丰特（Melchor Font）以及市长派来的公使比瓦尔男爵（Baron de Vivar）。男爵还提出要把高迪转到一家更豪华的私人诊所，不过被婉言谢绝。高迪想

---

[1] Martinell, p. 116.
[2] Alvarez Izquierdo, p. 291.

在众人环绕陪伴的状态下死去。他几乎一言不发，偶尔只有深深的叹息打断他沉重的呼吸声："耶稣，我的神明！"他的右手无法动弹，轻轻地搭在一块白色手帕上，手心里紧握着一个十字架。

周三早上所有报纸都刊登了这个悲剧，表达社会公众的哀伤：他们努力拼凑起前两天凌乱到让人绝望的事件碎片，无不感到悔恨羞愧。

1926年7月10日周四下午五点，安东尼·高迪最终离世。[1]

高迪的死清楚地表明一个英雄时代的流逝，而在这个时代里，加泰罗尼亚为了重新建立真正独立的身份而进行了长期抗争。高迪曾经怀着史诗般的雄心，意图构建天主教信仰历史与信条的三维记录，将加泰罗尼亚置于基督教世界的中心。这一切已经绝无可能。

不过，高迪身为基督徒而特有的谦卑让他明白，我们都应该在各自的天赋与局限范围内努力尝试，在上帝更伟大的计划中扮演自己的角色，不管这角色如何伟大或渺小。每当我们推开圣家堂的转门进去一次，就是在为另一块将要搭建的石头支付资金，赎清了另一笔罪债。我们永远不要企图结束圣家堂的工程，否则就破坏了精心织入这道神秘宗教咒语的大能之网。试图让这座圣殿过早完工是一种可怕的虚荣。一切都取决于时机。"完成后的作品是死掉的作品，它已被杀死。"毕加索曾发

[1] 根据洛伦索·马塔马拉的妻子和女儿特蕾莎所述，恰好就在这个时间点，卧床不起的洛伦索·马塔马拉抬起了头说："看，这不是安东尼吗？怎么不进来呢？"过了一会儿，他又说："很高兴你来了……那地方光线好亮！"Matamala, p. 690.

出这样的警告。

假如出于某种原因，高迪的圣家堂在末日审判前完工，那么必然还有某个人在某个地方重新开始建设。这是对我们信心程度的考量，看究竟有谁能够起而应对高迪发出的挑战任务。

有鉴于他宛如赫拉克勒斯式的丰功伟业，人们需要用一场规格相当的葬礼向这位伟大的加泰罗尼亚建筑师致敬，并以此为祭文墓志，请他接受最近以来外界曾拒绝给予的关注。马拉莱斯主教给教宗拍电报，请求将高迪葬在圣家堂的地下墓室。周四晚上，霍安·马塔马拉连夜赶制高迪的遗容面模，并且用铅笔素描稿摹画了他宁静的遗容形象。在场观看的一群人都经过特意挑选，包括高迪的助手、朋友和最早传记作者：阿方索·特里亚斯、拉福尔斯、普伊赫·博阿达（Puig Boada）和西萨·马丁内尔。就在三条街以外，桑塔洛医生躺在病床上，仍然等候着朋友的到来。人们有意没有将这个噩耗告诉他。

周五，人们为高迪的遗体傅油，穿好隐修士的黑袍，左手握一串玫瑰经念珠，然后安放在灵柩里。[1] 1926 年 7 月 12 日周六下午，马车牵引的送葬队伍缓缓驶出医院大门，驶向兰布拉大街。灵柩后面跟着高迪生前参与和支持过的每一个正式团体派出的代表：有加泰罗尼亚建筑协会这样的专业组织，有加泰罗尼亚合唱团、加泰罗尼亚远足者协会、“雅典娜神殿”文化中心和圣路加艺术圈；宗教界人士有圣家堂管理委员会和巴塞罗那主教，以及从雷乌斯、蒙特塞拉特、塔拉戈纳来的神职人员，还有在推动礼拜仪式改革过程中兴起的各家协

---

[1] Martinell, p. 121.

会派出的代表，例如蒙特塞拉特山圣母精神联合会、礼拜仪式艺术之友；还有从雷乌斯、留多姆斯、巴塞罗那市议会以及不久以前解散的加泰罗尼亚联邦政府（Mancomunitat）来的政界人士。当然还有各个工人行会的成员，高迪的建筑帮助他们推广了自身手艺，从而能够抵挡冷酷无情的机器化进程，并得以维系生存。这是一场最接近于加泰罗尼亚国葬级别的仪式。种种溢美致敬之举，反映出高迪广受爱戴的程度，体现了一种普遍的民众心理状态。送殡队伍进入卡门大街时，来自加泰罗尼亚合唱团的数百名歌咏者唱起了圣诗。当队伍蜿蜒穿过哥特区，进入圣豪梅广场，再经过主教座堂时，数十万人沿街列队致哀。当送殡队伍进入加泰罗尼亚广场时，天使之门前宽阔的平台上万众仰首，如海如潮，到处都挤得水泄不通，一眼望不见边际。当队伍来到圣家堂，灵柩被缓缓地抬入地下墓室。合唱团随行走完了最后一程，他们唱颂起感人的宗教应答歌《求主赦免》（*Libera Me*）。它选自腓力二世最喜欢的作曲家托马斯·路易斯·德·维多利亚（Tomas Luis de Victoria）创作的《追思弥撒》（*Mass for the Dead*）。对于一个创造力非凡、充满虔诚信仰的人来说，这是完美的结局。

加泰罗尼亚媒体的反应很迅速。伴随着悼词、讣告与诗歌，同事和好友们的追忆也纷至沓来。他的死讯遍布所有的报纸头版，旧日的敌意与建筑领域的争斗悄然成为过去，没有人再谈论社会分裂问题或是现代主义风格的衰落。高迪最喜爱的报纸《加泰罗尼亚之声》为这一切定下了基调："巴塞罗那的一位天才已经死去！巴塞罗那的一位圣徒已经逝世！即使是顽石也在为他哭泣。"[1] 人们称颂高迪，不仅是因为他杰出的建筑才华，还因为他圣徒般的道德品质，所以在短短几天之内，他的声望就已经变成了神话。许多悼词的结束语都说，高迪的苦难经历在死亡熔炉里获得了进一步的提炼净化。[2]

他的死亡方式充满了象征意味，引发了人们的反复思索。一些讣告指出 30 路电车的名称反讽：人们通常称它为"红十字"电车。同样引人注意的事实是，正是因为上帝的旨意——由于救护车担架员的懒惰——高迪被送进了他本人最喜欢的圣十字医院。[3] 冥冥天意显然已经在暗中插手。此外，高迪的忌日正是另一位伟大的加泰罗尼亚人物——诗人哈辛托·贝达格尔的逝世周年纪念日。有人说，如此杰出的两位天才在同一天死去，让加泰罗尼亚的家乡土地获得滋养，这是何等的幸事。

对于高迪的第一位传记作家拉福尔斯来说，高迪与普通人之间存在着一道深渊。大多数人都同意他所说的，认为高迪代表了"基督徒的典范"——在贫困中生活，并且承受着患难与苦痛的涤荡净化。[4] 但是，在拉福尔斯看来，如果脱离信仰，高迪的作品可能就毫无意义。更有甚者，一些人认为高迪不亚于"上帝的中介"，用我们俗世的石块去创造宏大的诗篇。[5] 一份

---

[1] 喀戎（Chiron），霍安·隆格拉斯（Joan Llongueras）在《加泰罗尼亚之声》上使用的笔名。

[2] A. 马蒂·蒙特伊斯（A. Martí Monteys）发表于《加泰罗尼亚之声》。

[3] R. 卢卡巴多（R. Rucabado）发表于《加泰罗尼亚之声》。

[4] 何塞普·F. 拉福尔斯（Josep F. Ràfols）发表于《加泰罗尼亚之声》："现今的普通人与建筑师高迪这样的人之间存在着不可逾越的鸿沟，因为现今的普通人无法忍受贫穷的精神，尤其是自愿选择的贫穷。"

[5] 曼努埃尔·特伦斯（Manuel Trens）发表于《广告报》（*La Publicatat*）："他以一种全然中世纪式的谦卑做了独特的中介，即使没有他，作品自身也不言而喻，它是圣母玛利亚隐秘而又神圣的珍宝的一部分。"

名为《基督道言》(*La Paraula Cristiana*)的天主教月刊将他比作圣多玛斯·阿奎那和阿西西的圣方济各，并承认他对加泰罗尼亚天主教复兴运动带来了持续的激励。

在高迪凌乱不堪的(却具有方济各会修士特色的)外表之下，隐藏着一位举世无双的建筑师兼创造者。忽然之间，关于高迪的创意以及他善于发现新形式的天赋，已经彻底变成了普遍的共识。安德烈·埃斯库德尔(Adrea Escuder)比何塞普·普拉更早指出：高迪之于建筑，就像是拉蒙·鲁尔(Ramón Llull)[1]之于文字。高迪在马略卡岛的帕尔马主教座堂工作时，略伦斯·里韦尔(Llorenç Riber)时常见到他。里韦尔形容他兼具泰坦巨人和查理大帝的气质，并特别强调他那双锐利的蓝眼睛“给人留下的印象宛如一片神秘的深海”。[2]极少有讣告关注高迪的作品特质、他的工程学天资或结构分析；相反，它们近乎清一色地聚焦于他的灵性。如果提到什么建筑，充当主角的几乎总是圣家堂。正如马拉加利预料的那样，这座赎罪殿已经坚牢恒久地嵌入加泰罗尼亚人的集体心魂。高迪去世后不过数日，所有将他诠释为建筑师与圣徒典范的未来说法，此时都已经埋下了根基。

高迪的墓志铭写在砖石上。建筑史学家大卫·麦凯(David Mackay)这样断言：

> 他丰饶的想象、隐秘的机智和公开的自信，最终成为

---

[1] 拉蒙·鲁尔(1232—1315)，中世纪西班牙著名文学家、哲学家和逻辑学家，方济各会修士。——译者注

[2] 略伦斯·里韦尔(Llorenç Riber)发表于《加泰罗尼亚之声》。

一种宗教感的质押品。这种炽烈而反动的宗教感，正是通过他在圣家堂这座神殿的工作而在他周身滋长蔓延。他误读了自己收获的指令，这一点毁了他。他的建筑逐渐屈从于一种象征符号的宗教。[1]

他认为，高迪被托拉斯－巴热主教带进了艺术的死胡同。过度的野心，以及终究无法理解人类尺度的致命缺陷，把他变成牺牲品。

为高迪送葬的哀悼队列从圣十字医院一直延伸到圣家堂，单是人群数量就体现出与上述论断截然相反的意味。当今数百万前往巴塞罗那朝圣的人肯定不会赞成上述看法。然而，高迪作品外表那种装饰性的愉悦或许是有意的误导。胡安·何塞·拉韦尔塔（Juan José Lahuerta）着重强调，他从高迪的建筑生动诱人的外表之下看到了那种悖论式的无从抵御的悲凉：

圣家堂不仅仅是一座教堂，也不仅仅是一座圣殿：它是一座山峰，通过泛滥洪水而不断增长，它逐渐积聚泥沼，而泥沼中翻搅着鲜血。用马拉加利的话来说，正是这样的鲜血铺成了巴塞罗那的街道。然而不仅圣家堂如此——高迪的所有作品，都是建造于邪灵之上、地狱之上！[2]

这种说法过于严苛。高迪的雄心无疑是像奥林匹斯诸神那

[1] Mackay, p. 48.

[2] Lahuerta, J. J., *Dalí Architecture*, exhibition catalogue in the Casa Milà, Fundació Caixa de Catalunya 1996, p. 54.

样超然于世。他努力尝试的目标，是想再造出加泰罗尼亚自然的完美仿制品，就像米拉之家那样，成为另一个无尽虚荣的典范。然而，高迪作品的纯然深度与影响，使之相当于建筑界的瓦格纳系列歌剧《尼伯龙根的指环》，蓄满了能量张力。

一些人将高迪的建筑视为先知性的力作。近几十年来一直负责圣家堂耶稣受难立面装饰工作的雕塑家何塞普·苏比拉克斯（Josep Subirachs）就是这么认为的。苏比拉克斯担心我们正再次滑向另一个黑暗时代，他如此写道：

> 如果情况确实如此，而且种种迹象似乎也证明了伊斯兰教再次兴起；大瘟疫、艾滋病和癌症蔓延；地方分权和庞大的意识形态集团盛行；作为新型海盗的恐怖主义及秘教道门再度兴盛——那么可以说，高迪就像他在诸多领域里表现的那样，堪称是一位先知。他说过："圣家堂并不是最后一座大教堂，而是新时代的第一座。"[1]

与苏比拉克斯的新千年论调截然相反的是，无论是出于规划还是无心的成果，高迪天赋里的一个重要特征，是他作品中无拘无束的生机与丰饶。复杂的结构与意义，掩藏在喷薄而出的质感、色彩和诱人图案里。迄今为止，历史上再没有哪一位建筑师能给予我们如此之多的愉悦和欢乐。

关于高迪的建筑与雕塑天赋，最恰当的颂词来自于巴伦西亚建筑师圣地亚哥·卡拉特拉瓦（Santiago Calatrava）。许多人

---

[1] Gimferrer, essay by Subirachs, "Nocturnal Gaudí", p. 150.

克卢斯（Quelus）绘制的高迪晚年画像

认为，他继承了高迪的独特禀赋，善于寻觅意味深远的形式。

人们一直试图从异教信仰、共济会、佛教或无神论等角度去理解高迪。我认为他的确是侍奉某个宗教信念的人。但是高迪崇敬的那位神，或者不如说是女神，其实是建筑艺术本身。

然而，从严格的建筑学正统来说，高迪留下的遗产内容仍然极不明朗。他有一些追随者，却没有创造出任何风靡世界的新风格。如果高迪的宏愿是重新思考建筑学语言的整体，那也是不可能实现的。从早年在马塔罗墙壁上的涂鸦开始，高迪就在风格历史的研究中孜孜不倦地跋涉前行，从摩尔式的拼贴镶嵌，到洛可可和巴洛克；从维多利亚式的工程学，到泥屋农舍精致的朴素。尽管徒劳无功，高迪努力追求的，正是风格的普适性。

当我们注视盖里（Frank Gehry）设计的古根海姆美术馆——看它如何在空间的流畅利用方面深受高迪的影响——就足以认识到高迪是怎样超前于他的时代。直到如今，我们方才开始探索他是怎样充分调动着自己的天才潜能。随着圣家堂的继续兴建，我们不得不承认，他的名望和声誉仍在继续增长。然而，如果我们过分关注这件极容易引发争论的作品，就会疏于关注高迪成就的真正内涵程度。

因为他造就了有史以来最伟大的两座建筑——米拉之家和桂尔纺织村教堂。无论是基督徒还是无神论者，都一样可以欣赏它们。

高迪本人偏爱的墓志铭更是极度谦逊：它只是简单重复了东方三贤士目睹大星时说的话："*Fa Goig!*"——它让我欢喜！

我是一位老者，贫穷而遭人嘲笑，
活着的人谁也不愿帮我，
而我又承担了过于艰巨的任务。
我在这世间追寻一种浩瀚的事业，
还留下过许多好的榜样：
我无人来爱也无人可知。

——拉蒙·鲁尔，《拉蒙之歌》（“Cant de Ramon”）[1]

[1] 原书误拼作 *Cant de Roman*。——译者注

致 谢

任何关于高迪的著作在开篇时都应该感谢那些早期研究者。首先必须感谢的是胡安·巴塞戈达－诺内利（Juan Bassegoda i Nonell, 1930—2012），他在加泰罗尼亚理工大学担任高迪讲席教授，其间鼓励并帮助了几代学者。如果不是因为他的无私、亲切和十足的幽默感，以及他通过那部杰作《伟大的高迪》（*El Gran Gaudí*）而体现的渊博学识，世人对于这位卓越建筑师的研究仍将停留在黑暗之中。

当然，我在加泰罗尼亚开展研究时还探访了其他的图书馆和机构，它们独到的收藏经常有助于我更加深入地了解高迪的一生和现代主义世界。我要感谢加泰罗尼亚图书馆，在任何时候都回复迅捷，有求必应。值得一提的是，它所在的建筑过去曾是圣十字（Santa Cruz）医院，高迪就是在这家医院去世的。我也要感谢马拉加利（Maragall）档案馆、塔皮（Tapiés）基金会艺术图书馆、加泰罗尼亚建筑学院图书馆，以及远足者协会（Excurcionistas）位于天堂街（Paradis）的那一间颇具氛围的图书馆。在巴塞罗那，以下这些机构也向我敞开了大门：巴塞罗那省议会，米拉之家的加泰罗尼亚基金会，滨海卡内特的卢尔德·菲戈拉·依博茹尔，圣家堂的雕刻师苏比拉克斯，杰欧·莫雷拉之家的几位产权人，圣德肋撒教会学校的修女们，巴特略之家的玛丽亚·塞拉特，莫哈宫，高迪设计的美景屋的几位产权持有者，桂尔宫的管理人员，阿兰达烧烤店的“白衣托钵修士”，埃斯帕菲亚酒店，卡尔韦特之家餐馆，加泰罗尼亚国家艺术博物馆现代馆的全体人员，加泰罗尼亚政府文化部，加泰罗尼亚旅游局伦敦办事处的戴维·米莱，巴塞罗那旅游局的玛丽亚·路易莎·阿尔巴卡，加泰罗尼亚旅游局的布兰卡·克罗斯，锡切斯考费拉博物馆已故的贾维尔·阿玛特·德玛尔蒂、玛丽亚·安吉莱斯·托马斯和安娜·里埃勒斯·依杜塞特。巴塞罗那的很多私人住宅也允许我这位窥视打探的陌生人登门入室，从而有机会观摩到 19 世纪晚期的生活场景。

我在留多姆斯（Riudoms）和雷乌斯（Reus）的村落里受到了热情的接待，那里的人们有时又带着点儿好奇：我这个外国人怎么会对他们最著名的国民之子饶有兴趣？雷乌斯的讲座中心允许查阅相关的文件和档案，那里的博物馆同样慷慨。在纳瓦斯之家（Casa Navas）、加苏尔（Gasull）橄榄油工厂、佩雷·马塔（Pere Mata）精神病诊所、蒙特塞拉特山（Montserrat）圣殿、埃斯普鲁加·弗兰克利（Espluga de Francoli）橄榄油合作社、波夫莱特（Poblet）的修道院，我获许进入了一般人很少能去的地方。考尔德若拉庄园（Mas de la Calderera）的现任主人塞瓦斯蒂亚（Sebastia）领我进入了花园和住宅；留多姆斯的神父带我参观了他的教堂并加以讲解。

很多人对我敞开了心扉。在童年时代，来自蒙地罗奇（Montroig）的巴迦罗一家，比任何人都更能激发起我对加泰罗尼亚的喜爱，他们还帮我办理了去西班牙的护照。我永远不会忘记在比克（Vic）时托尼·普约尔的亲切和好客。在巴塞罗那的时候，我要感谢尼古拉斯·洛和梅塞德斯·达尔布拉所做的一切，还要感谢蒙瑟·阿尔巴斯、奥瑞亚·马尔克斯、若默·格罗、卡瑞斯·卡帕罗斯、费兰·茹斯特、谢尔盖·赫尔南德斯、罗吉尔·德杜和乔迪·达洛迦。

在其他西班牙城市所进行的研究也使本书获益。在马德里的时候，彼得·威赛尔和玛尔迦·卢卡斯总是给我提供像家一样舒适的环境。阿力克斯·卡耐蒂和罗玛娜·卡耐蒂夫妇经常把自己的房子供我应急，而鲍勃和克莱尔也给我提供了他们在科米利亚斯（Comillas）的居所。我还要感谢马德里的索菲亚王后国家艺术中心博物馆的职员们。

在塞哥维亚（Sergovia），建筑师胡安·约瑟·孔代、拉娜·卡拉斯科－穆诺兹、米盖·安吉尔·莫莱诺和葛洛莉娅·阿拉耶托始终是那么好客而友善。怀着特别的感情，我一直都没来得及回报，我要感谢特蕾莎·桑兹、安吉尔·雅基、乔伊·安古洛和卡洛斯·安古洛、卡门·洛伊斯、朱利奥·米歇尔、庇拉尔·索里亚、维基·阿尔曼提亚、刘易斯·玛尔法贡、尼维斯·莫兰、克鲁兹·奇瑞亚、费尔南多·埃斯特班、玛蒂尔德·洛萨诺、迪戈·佩菲亚洛萨和胡安·佩菲亚洛萨、安娜·洛佩兹、雷吉娜、阿索恩、吉玛·桑兹、洛莉·波根特克和彼得·波根特克，他们加深了我对伊比利亚半岛的热爱。与阿雷瓦利略德塞加（Arevalillo de Cega）的那一批佳邻和挚友共同生活、体味温暖、参加宗教节日、感受友情，也让我学会了很多东西。

关于伦敦这方面，我要感谢大英图书馆、历史研究学院、塞万提斯学院、埃克塞特大学图书馆的全体职员，以及伦敦图书馆的各位理事，他们为我的研究提供了各种便利。在伯恩茅斯大学艺术学院，我受到了该院图书馆吉姆·亨特、凯思·巴尔特莱特、爱玛·亨特和保罗·布瑞格林的特别帮助。我要格外谢谢汤姆·蒂瑟林顿和丽贝卡·霍森，他们总是为我提供住所。还要感谢马丁·兰道尔和费奥娜·乌尔古哈特——他们是我的战友。我要感谢我的大家庭的成员：索尼娅·马丁内兹、桑德拉·波维尔、瓦内莎·吉尔·费尔南德兹、罗勒斯·卡贝尔、玛尔塔·托里罗·圣胡安和米雷阿·费莱尔。关于西班牙的事务和礼拜仪式，何塞·里亚尔·费尔兰德斯和帕特里克·奥利尔瑞神父经常为我答疑解惑。我还要感谢西班牙学者迈克尔·雅各布斯、胡安·博尔顿、达夫妮·芒迪。康多轮渡公司（Condor Ferries）非常慷慨地协助我完成了多次旅行。

关于我的文学代理柯蒂斯·布朗公司，我应该感谢尤安·索恩尼克罗夫特，他不断地帮助和支持我，当然还有简·布拉迪什－艾拉迈斯，她的充沛精力、非凡热情和信念，形成了一种极大的支持力量，这一点她或许从未意识到。

我特别想感谢哈珀·柯林斯公司的卡罗琳·霍特布拉克。无论是怎样鲜为人知的图片，她都能帮我找到；还有设计师薇拉·布赖斯，编辑迈克·菲什威克、阿拉贝拉·派克和乔治娜·莱科克，他们宝贵的审读和明智的建议使这份手稿变成一本像样的书。我对此感激不尽。

在本书写作的整个过程中，两位特殊的女性兼友人不断给予我帮助。在家里，我的妻子亚力珊卓拉·库尔特井井有条地操持家务，把孩子们看管得服服帖帖，同时耐心等候这部书的出版。在巴塞罗那，黛比·钱伯斯则是天底下最慷慨的女主人，当我一大家子人出现在她的门口时，她根本没表现出任何的迟疑畏缩。

译后记

本书历经坎坷终得出版，最应感谢的是生活书店的青眼赏识和李方晴编辑的大力拔擢。

高迪生活在新旧时代交替的岁月中，生活在工业快速发展和社会急剧动荡的旋涡中，他是新艺术运动的代表人物，以其天纵英才创造出一系列具有超高辨识度的建筑精品，不但迥然有别于此前种种，也卓立于后世现代主义标志性幕墙，直为世界人民留下颇具魔幻色彩的建筑瑰宝。

高迪是“一人一城一传奇”的鲜明代表，就此而言，很难想象哪位建筑师的名气能出其右。借助建筑语言，高迪将独特而神秘的加泰罗尼亚艺术气息彰显出来，使世人在巴萨足球之外，对伊比利亚半岛东北部的那片土地更怀几分景仰。

作为世界人民之一员，我对加泰罗尼亚早就心向往之，并已交好费用打算在 2020 年春节赴西班牙一饱眼福，奈何疫情猛于虎，惜乎未成行。辗转到 2023 年底，遇见博物馆将带有近百组文物的展览“遇见高迪：天才建筑师的艺术世界”搬到北京 798，终于使我稍有寄托，看到最后，高迪令人伤感地以车祸离世，不禁令我念及家严，悲从中来。2024 年 4—10 月，中国建筑科技馆、西班牙高迪研究院继续在武汉联袂举办展览“高迪：瞬时即永恒”，读者终于可以捧着本书亲近大师，“获取新知，开阔视野，启迪思维，激发好奇心和想象力”。

我时常会心而笑，在中文世界，大师的名字便有“于高处迪导”之意；然而在中文世界，大师却一直没有一本中等厚度以上的传记可以供人亲近。幸赖黄华主任慧眼选中本书，其后延宕于曲折的出版过程不再细表，真让人情不自禁地比附于圣家堂的漫长建造。

交待一下本书的大致分工，这也是不得不写个后记的由头。我翻译了前半部分，李静韬翻译了后半部分，颜筝和张惟翻译了中间部分各一章，鲍准翻译了最后一章。全书由北京语言大学高级翻译学院李晖兄审定，真是太感谢你了！

事实上，高迪的传记本身就难产，因为高迪的档案和模型不幸在西班牙内乱中被毁，当时这些东西就存放在圣家堂地下室里。幸运的是，大教堂无恙，一路风雨走来，目前还剩最后一座中央塔楼尚未完工，西班牙官方称圣家堂将在 2026 年高迪逝世百年之际全面完工。

出版、展览、完工，都是大好事，也愿各位好事连连。

徐国强

2024 年 5 月